3400
PLA
3/98

LOS NIETOS DEL CID

· La España Plural ·

ESPAÑA, SUEÑO Y VERDAD
VIDA Y LITERATURA ESPAÑOLAS

ANDRÉS TRAPIELLO

LOS NIETOS DEL CID

LA NUEVA EDAD DE ORO
DE LA LITERATURA ESPAÑOLA (1898-1914)

PLANETA

Colección: La España Plural

© Andrés Trapiello, 1997
© Editorial Planeta, S. A., 1997. Córcega, 273-279, 08008 Barcelona (España)

Diseño de la colección: Josep Bagà
Ilustraciones de la sobrecubierta: Archivo Publio López Mondéjar,
Archivo Espasa-Calpe y Archivo Venancio Gombau/Filmoteca
de Castilla y León (propiedad del Ayuntamiento de Salamanca)
Ilustración del interior: Archivo del autor, Archivo Editorial Planeta,
Archivo Espasa-Calpe, Archivo Mas, Archivo Publio López Mondéjar,
Biblioteca Nacional, Cortés, Institut Municipal d'Història
y Venancio Gombau/Filmoteca de Castilla y León

Primera edición: octubre de 1997
Depósito Legal: B. 37.858-1997. ISBN 84-08-02171-0
Composición: Foto Informática, S. A.
Impresión: Liberduplex, S. L.
Encuadernación: Eurobinder, S. A.
Printed in Spain - Impreso en España

Índice

La juventud intelectual de España no se preocupa de lo que podrá venir; todo lo niega, nada afirma. No quiere habitar el viejo caserón de sus mayores y trata de derribarlo sin saber bajo qué techo ha de albergarse mañana. Lo usual, lo corriente, le causa tedio, y de aquí que se apasione por lo exótico. El arte de ayer le parece viejo y busca el arte de anteayer; tiene vergüenza de sus padres y echa de menos a sus remotos abuelos.

FRANCISCO FERNÁNDEZ VILLEGAS,
en *Las Provincias*, 1902

Prólogo

I

En el prólogo a *Las armas y las letras* se decía que «es difícil hablar de cien escritores y dar opiniones de cada uno de ellos y de sus libros, y esperar que todos los lectores se muestren de acuerdo enteramente con uno». Se decía también que no era improbable que en un centón de aquellas características no se emboscaran los pequeños errores, las omisiones y las inexactitudes involuntarias, pero que por encima de todo, en la literatura y en la vida, lo importante era defender al débil de los fuertes y poderosos, y a éstos de sí mismos.

Para este libro, al ser de parecida hechura que aquel otro, se deben hacer de entrada las mismas advertencias.

Sobre lo que llamamos hoy generación del 98 se ha escrito muchísimo ya; de casi todos los autores que la integraron, incluso de los de segundo o tercer orden, existen a mano ediciones críticas, estudios solventes y rimeros imponderables de papel, y de todos ellos hay ideas bien definidas y encajadas, me parece a mí, y, por lo mismo, numerosos lugares comunes.

Muchos no aceptan la división de la literatura en generaciones y bastantes de quienes la aceptan piensan que la del 98 se debiera llamar de otra manera, el modernismo, «la crisis del fin de siglo» o «movimientos que se cruzan», como llamó Cernuda a estas dos corrientes de modernismo y noventayochismo, en un intento razonable de sincretismo literario.

Hay un libro de Ricardo Baroja que recoge unos artículos de recuerdos de aquella época, y que en un principio iba a llevar el título de «Bohemia del 98». Luego lo cambió y al final se publicó con el de *Gente del 98*. Seguramente es, para mi gusto y con todas sus limitaciones, el mejor libro de conjunto sobre el particular, con personalidad y una visión razonable, sin mixtificaciones ni leyendas absurdas. Desde un punto de vista erudito o universitario son unos escritos de escaso valor; ahora, para el lector no profesional de la materia no hay otro más claro ni gustoso. Si se hace caso de tales recuerdos, la generación, en esos años, estaba formada por jóvenes más o menos simpáticos que se pasaban la vida alborotando en los cafés, en los teatros y en las redacciones. Una mezcla rara, pues por un lado eran jóvenes entusiastas de la literatura nueva, dispuestos a triunfar en ella, y por otro gente con la voluntad en permanente lasitud, acoquinados por el medio. Unas veces, mosqueteros que se querían merendar literalmente a los viejos carcas en sus viejos periódicos, en la carcundia de sus academias y casinos, y otras, hombres razonablemente burgueses, capaces de estrechar muchas manos y con deseos de formar parte de esos mismos periódicos y de esas mismas academias.

Uno de los tópicos de la generación es presentárnosla integrada por hombres atribulados por el problema de España, insomnes como los místicos y con la perenne febrícula de los profetas. Alguien incluso como Salinas habla de «un inmenso examen de conciencia, preludio de la confesión patética», lo que es un poco excesivo atribuido al Benavente, Zamacois, Valle-Inclán, Darío, Silvestre Paradox o Azorín del novecientos.

Cuando se leen los artículos de esos escritores, sus cartas de entonces y polémicas, la impresión de personas preocupadas por la salvación de España en general no se percibe o se percibe en medio de otras muchas preocupaciones no menos acuciantes, de orden estrictamente literario y personal, como encontrar trabajo, colocar el articulito, batirse con alguien. En fin. Un poco después, hacia 1910, tal vez. Antes, menos.

II

Hay un par de hechos significativos creo que no valorados del todo hasta ahora: según la teoría de las generaciones, que tanto defendió Ortega, la acción de la de 1898 se extendería hasta 1914, y fue Azorín, contestando un artículo de Ortega, el primero, con Gabriel Maura, que la llamó de esa manera, «generación del 98», en 1913, el año en que Ortega, que iba a ser jefe de filas de la generación de 1914, organizaba un gran homenaje en Aranjuez a Azorín, como si ésos hubiesen sido el lugar y el acto elegidos para el pactado traspaso de poderes de una a otra, del jefe de la vieja generación al jefe de la nueva.

Después de eso, Ortega obtuvo su puesto de director intelectual en el «problema de España» que hasta entonces era exclusivo de los escritores del 98, pero ese hecho, lejos de clarificar las cosas, vino a complicarlas algo, pues es lo cierto que los primeros grandes incomprendedores de los escritores del 98 fueron los del 14, quienes tampoco acabaron de encontrarse cómodos en ese lugar por el que habían luchado, quizá porque sospechasen, con cierta impaciencia ante la estatura literaria de sus predecesores, que su movimiento constituía de modo ineluctable el manierismo de lo anterior, como el manierismo fue consecuencia lógica del Renacimiento, sin olvidar que Renacimiento llamó Juan Ramón Jiménez al modernismo, un renacimiento en el que Azorín encarnaría el ideal de sencillez, Baroja el de la sentimentalidad, Unamuno el de la claridad o Machado y Juan Ramón el de la pureza. Desde ese punto de vista, ¿no es Gabriel Miró el manierista de Azorín; o D'Ors y Ortega, con sus peculiares modos de entender la filosofía, mucho más floridos, unos estilistas frente a la prosa seca del Unamuno pensador; o Azaña, en la política, el Bruto del Unamuno político; o Pérez de Ayala el de Baroja o Galdós; o Pedro Salinas o Moreno Villa los manieristas en poesía de la de JRJ; o Ramón Gómez de la Serna, en cierto modo, el del mundo esperpéntico de Valle-Inclán?

No son sencillas las cosas, como se ve, y tenemos muchos ejemplos en los que percibimos cómo los hijos, que aportaron a la literatura la mecánica de los estilos, influenciaron en los padres, que encarnaron los ideales, y cómo «entre 1910-1915 hay una reorientación de valores, en todos: en finiseculares y en nuevos», dicho en palabras de Mainer, reorientación que nos obligará tarde o temprano a estudiar y replantearnos toda aquella época y la siguiente.

III

Tres o cuatro amigos hemos ido adquiriendo, con el tiempo, una fama absurda de reflotar ahogados y resucitar fantasmas a base de libros viejos, periódicos viejos y revistas viejas, o sea, metidos en el negociado de «raros y olvidados», y alguna vez alguien ha dicho que uno hacía estos libros a base de aquellos otros que vamos comprando en el Rastro o por ahí, en la pendencia con las almonedas.

Eso es verdad. Estos libros sólo es posible escribirlos con materiales viejos y absurdos, aunque eso también les proporciona, me parece a mí, una perspectiva interesante: la de dar entrada a lo menor, a lo que solemos llamar «lo menor», no siempre menor. Tampoco se podrían hacer, creo yo, sin un verdadero amor por nuestra literatura, y libros como *Las armas y las letras* o este mismo son sobre todo testimonio de ese amor sostenido en todo tiempo, y como tal le gustaría a su autor que fuesen leídos: no como obras de erudición o de estudio, con aportaciones novedosas, aparte de que pueda haberlas, sino como literatura misma, con su vida dentro y su visión honesta y entusiasta, deseoso de que el lector pasara de aquí a aquellas otras obras en las que él ha encontrado en reiteradas lecturas tanta compañía y «maravilloso silencio». Durante aquellos años absurdos y desdichados del franquismo fueron muchos, sobre todo entre nuestros intelectuales y escritores más «concienciados», quienes repudiaron la literatura española sólo por española, posiblemente sin haberla leído, prefiriendo otras foráneas, a veces muy inferiores, sólo porque venían de fuera. Si los regeneracionistas de aquel 98 trataron de abrir España a Nietzsche, Ibsen o Pirandello, los regeneracionistas de este otro 98 han tenido que abrírsela, oh paradoja, a sus propios Unamuno, JRJ, Azorín o Baroja.

En fin, habrá que dar término a un prólogo que ha salido más largo de lo que debiera, pero es preciso hacer dos últimas observaciones. La primera es que nadie busque en estas páginas criterios objetivos. No los hubo en *Las armas y las letras* y no los podía haber aquí, y escritores como don Ciro Bayo o Silverio Lanza, por ejemplo, están tratados de una manera más dilatada que otros, como Costa, Cajal o Benavente, que fueron mucho más importantes desde todo punto de vista. ¿Por qué? Eso sería muy largo de explicar, pero no difícil.

La segunda de esas observaciones es de índole personal. Lamentaba Unamuno en el prólogo a su *Vida de don Quijote y Sancho* que fuese a aparecer ésta en 1905, fecha en la que a bombo y platillo se celebró el centenario de la publicación del *Quijote*. Le molestaba a don Miguel que se pudiese ver oportunismo publicista en la coincidencia, pues era aquél un libro que tarde o temprano habría escrito, con o sin efemérides en la que acostarse. Se festeja el año que viene, como es bien sabido, otro centenario, y digo lo mismo que Unamuno entonces, que estaba este libro llamado a escribirse con o sin centenario, y que me molesta la coincidencia por lo que pueda tener de equívoco.

Nada más, lector. Me embarco en un libro que yo querría el mejor de los posibles, sabiendo que es «de toda imposibilidad imposible componerle tal, que satisfaga y contente a todos los que le leyeren», como decía nuestro bachiller.

Madrid, abril de 1997.

Agradecimientos

Los libros de esta naturaleza se hacen a lo largo de muchos años, aunque se escriban en unos pocos. De modo implícito en el origen de éste está Rafael Borràs, sin el cual parece improbable que uno se hubiese metido en *Las armas y las letras*. Creo también que sin la compañía y la complicidad de unos cuantos amigos esta vindicación de nuestra vieja literatura española no se habría sostenido con la misma ilusión. Sin el aliento y los consejos de Dolores Albiac, Juan Manuel Bonet, Manuel Borrás, Miriam Moreno, José Muñoz o Carlos Pujol, sin su atención y sus indicaciones, un libro como éste es seguro que valdría mucho menos, en lo que valga. Y sin la asistencia de Abelardo Linares, cuya generosidad y agudeza de lector sólo son comparables al volumen de su biblioteca, o sin la de José-Carlos Mainer, que llegó a muchos de los finisterres de la literatura española antes que nadie, este ensayo sería diferente, de eso no hay tampoco duda. Por todo ello quiero que consten sus nombres en esta página, expresión de reconocimiento y de afecto.

A. T.

Capítulo primero

O BAZAR UN POCO CONFUSO, PARA QUÉ DECIR OTRA
COSA, DONDE CABE UN POCO DE TODO: LAS CONSIDE-
RACIONES GENERALES, QUE SIGUEN, LAS FIGURAS DE
GALDÓS, ECHEGARAY O CAMPOAMOR O LA MÁS SUTIL DE
CAMILO BARGIELA, QUE SE EXTRAVIÓ EN CASABLANCA
COMO ERRÁTICA LUCIÉRNAGA

> De cuando en cuando se produce entre la gente nueva
> —escritores, artistas, ateneístas, etc.— una protesta, más o
> menos ruidosa, más o menos trascendente, contra lo que,
> con excesiva rudeza, se llama *los viejos*.
>
> AZORÍN (1913)

Antes de preguntar quiénes eran *los viejos* convendría saber
cómo era España entonces, a finales de aquel siglo, cuál era
la tonalidad dominante. ¿Había una *España negra*, como nos
contaban Verhaeren y Regoyos en sus crónicas? Si se entraba
en un café, si se subía a un tranvía, ¿cuáles eran los olores?
¿Eran ingratos, dulzones? ¿Cuál era la dieta del pobre, cuál
la del rico? ¿Se pasaba, como hemos leído, de los doce platos
a la pobretería y la locura? Si se iba por la calle, ¿cuál era
la proporción de hombres y mujeres con los que uno se
cruzaba?

A veces, hojeando revistas ilustradas de la época, hemos
sorprendido fragmentos de la vida: en unas fotografías llama
poderosamente la atención la ausencia de mujeres, en otras
la mirada embotada de los hombres nos asusta, en otras la
alegría dolorosa de la miseria nos intriga. ¿Cómo eran las
ciudades de provincias, las ciudades levíticas de provincia,
las viejas y averiadas ciudades españolas? Los mendigos, los
golfos, las modistillas, el burgués, el señorito, la marquesa
jamona, la prometida clorótica, el perdis, ¿qué tenían en
común? ¿Dónde esa España diversa se daba la mano, en qué

callejones comunes se volvía sombría, en qué otros su alma, temblorosa y naciente, buscaba la claridad, el campo abierto, la alameda serena de los ejidos?

Desde hace muchos años, quizá desde la mirada sesgada e inamistosa de algunos de aquellos escritores jóvenes, precisamente los que aún eran muy jóvenes al entrar el siglo XX, se tiende a creer que el XIX ha sido el siglo más viejo y reaccionario de la historia de España, ocupado por gentes vetustas de nacimiento que no dejaron sino obras que, apenas concebidas, daban ya muestras de senectud y caducidad. Eso es una absurdidad y una estupidez.

Se han hecho muchas nóminas de esa generación, a la que se ha llamado, como hemos dicho, de muchas maneras. La fórmula que antes prosperó y que aún sigue vigente, aunque cada día con más protestas, fue la de llamarla del 98, «generación del 98».

Yo creo que la gente seguirá llamándola «generación del 98». Eso ya no lo cambia nadie, aunque una manera de englobarlo todo sería hablar del novecientos, «la generación del novecientos». Esta fórmula integradora es más razonable, pero no creo que prospere tampoco, como otras que de vez en cuando se oyen. En algo como el novecientos cabría todo, los regeneracionistas y los modernistas, los tremendistas y los esteticistas, pero es difícil corregir algo tan arraigado. A lo que sí parece que se ha puesto término es a la distinción artificial entre noventayochistas y modernistas, según la cual, más o menos, unos, los primeros, eran escritores concienciados por el problema de España y otros graves asuntos, y los segundos unos frívolos partidarios del cante y los cisnes a partes iguales.

Aunque sean datos que vienen en cualquier diccionario, conviene repasar algunas fechas. El primero que la denominó generación del 98 fue Gabriel Maura, en 1908, y luego Azorín, en 1913. Éste había intentado, algunos años antes, llamarla generación del 96. La intentona no cuajó, y el maestro de Monóvar volvió a la carga en 1913 al comentar un artículo de Ortega y Gasset en *El Imparcial.* A partir de entonces, unos aceptaron esta denominación y otros no. Baroja la atacó siempre por cómica e interesada. A unos les convino, se ve, más que a otros. Juan Ramón Jiménez habló siempre de los modernistas, y más que de una generación modernista, de toda una época modernista, con su manera específica de pensar y sentir, como si se hablase del Renacimiento, idea que también en 1913 había expresado Azorín: «En la literatura española, la generación de 1898 representa un renacimiento, un renacimiento más o menos amplio, o más o menos reducido, si queréis, pero, al cabo, un renacimiento». Nos dio incluso la nómina cerrada de él. Lo dice bien claro: «Hombres de la generación de 1898 son Valle-Inclán, Unamuno, Benavente, Baroja, Bueno, Maeztu, Rubén Darío.» Como renacimiento era, sí, muy interesadamente reducido. Él no se incluye en la lista, pero se da por supuesto. Nos informa incluso de ascendientes. «Indiquemos las diversas influencias que han obrado sobre las modalidades literarias de tales escritores:

»Sobre Valle-Inclán: D'Annunzio, Barbey d'Aurevilly.

»Sobre Unamuno: Ibsen, Tolstói, Amiel.

»Sobre Benavente: Shakespeare, Musset, los dramaturgos modernos franceses.

»Sobre Baroja: Dickens, Poe, Balzac, Gautier.

»Sobre Bueno: Stendhal, Brandes, Ruskin.

»Sobre Maeztu: Nietzsche, Spencer.

»Sobre Rubén Darío: Verlaine, Bainville, Victor Hugo.»

De sí mismo no dijo nada Azorín. Se hubiese referido sin duda a, en primer lugar, Montaigne, y luego a Taine, quizá al Leopardi moralista.

Azorín tuvo desde el primer momento interés de que en la fotografía de grupo hecha por él cupiesen cuantos menos mejor. Si Azorín, quien en 1898 elogiaba mucho más a Eugenio Sellés, Valentín Almirall o Pompeyo Gener que a Montaigne, si Azorín, decimos, hubiese ultimado esa lista en 1950, habría borrado de ella a alguno más; sin duda a

Bueno. Si viniese ahora de la tumba, habría dado incluso un repaso, un último retoque, y habría eliminado de ella a Maeztu. De esto no hay duda. Y a Benavente. Es claro. En su lugar habría metido a Antonio Machado y quizá a Juan Ramón, según le conviniese, para sustituir a Rubén.

En 1901, unos cuantos jóvenes hicieron una visita a la tumba de Larra, que estaba entonces en el cementerio de San Nicolás. Luego trasladaron sus restos, pero entonces estaban en ese cementerio que quedaba por la calle de Ibiza. Cuando Madrid creció sacaron los huesos de la sepultura y se los llevaron a la Sacramental de San Isidro, que mira las terrazas del Manzanares. A propósito de aquella visita y de Larra escribió Baroja sus cuartillas y Martínez Ruiz las suyas y una crónica de la visita que publicaron al día siguiente en forma de cartel, como los viejos bandos del siglo XIX que anunciaban las levas, las pestes y los abastecimientos. En un rincón de dicho afiche figuran los concurrentes al acto, que no fueron muchos. Los Baroja, los hermanos Fluixá, un tal Gil, un tal Alberti, Martínez Ruiz y Camilo Bargiela.

De este último, por ejemplo, no se saben muchas cosas. Pero era uno de los jóvenes, aunque era mayor que todos ellos, por lo menos diez años. Había nacido en Tuy en 1864. Había estudiado Derecho y más tarde se metió en el cuerpo diplomático para terminar de cónsul en Casablanca, donde se labró una bonita leyenda de hombre duro, con experiencia para someter las cabilas. Valle adornó la historia de otra manera; según él, Bargiela se había querido hacer cónsul, lo suspendieron y logró un nombramiento para Manila. Al volver, el barco hizo escala en Casablanca, se bajaron y le sorprendió una revuelta callejera. Bargiela escapó a refugiarse en un portal, y cuando llegó a España le condecoraron con una medalla al valor militar. Lució la condecoración, se fue a Galicia y se murió. También tenía veleidades literarias, y publicó en 1900 un libro que tituló *Luciérnagas*. Es un libro precioso, una de esas pequeñas rarezas que hacen la delicia de los maniáticos. El libro es extraño, partido en dos. En una parte hay unos relatos de corte maldito, amantes inicuas y fatalismos que conducen a la más negra de las melancolías. La segunda, en cambio, la dedica a estudiar y hablar sobre los escritores que considera de su generación, los modernistas. La titula incluso de esa manera, «Modernistas y anticuados».

En la época, los nuevos se llamaban modernistas, aunque no todos aceptaron el calificativo, como Unamuno, a quien desagradaba. «Modernista del año tres», se llamó a sí mismo Antonio Machado, con fina ironía. Un hecho curioso es que en 1898 nadie era de la generación del 98. En ese apartado aludido, Bargiela hace un recuento de las personas a las que él consideraba de los «nuevos». La lista la encabezan Benavente, Valle-Inclán y Baroja, al que califica como «enamorado de las vidas humildes». Y en la relación figuraban también Salvador Rueda, Ricardo Gil y Lerroux, al que Bargiela llama un «panfletista lírico, sugestivo, vehemente». Nos habla de Eduardo Marquina, Blasco Ibáñez y Alejandro Sawa, «espíritus sensibles», y de hombres de los que el tiempo ya ha dado cuenta sobrada: Navarro Ledesma, Altamira, un Carretero, hermano del *Caballero Audaz*, Fuente y Ruiz Contreras; salen también Dicenta, el autor que triunfó con su drama social *Juan José*, y Manuel Paso, un poeta tristísimo pero superficial. Entre los periodistas cita a Bonafoux, Luna y Rovira, Costa, Maeztu y Martínez Ruiz. Cita también a Cuéllar y a Orts Ramos, y a Martínez Sierra y a Villaespesa, «dos niños casi». Entre los catalanes menciona a Adrià Gual, de quien Benavente se dijo había plagiado *Misteri de dolor* para *La malquerida*, a Rusiñol, el pintor y poeta, a Maragall e Iglesias. Salvo que no incluye a Unamuno por ninguna parte, la lista es relativamente completa.

De modo que, según quien haga el cómputo o escrutinio, los modernistas son más o menos unos u otros. Hay que pensar, pues, que Bargiela se acerca más a la realidad que el propio Azorín, desde el momento en que su diagnóstico está hecho sobre el mismo fenómeno, sin haber tenido tiempo a la modificación, a la focalización interesada. Azo-rín, con más campo por delante, prepara el tiro y compone la figura. Bargiela no; Bargiela escribe para los contempo-ráneos, en tanto vemos a Azorín queriendo escribir La His-toria.

Bargiela se fue de España después como cónsul. Resultó uno de esos personajes que están durante la juventud en contacto con la literatura pero a quienes la vida lleva por vericuetos increíbles. Se dijo de él, durante unos años, que había sido el autor de la novela La casa de la Troya, de Pérez Lugín, novela que conoció innúmeras ediciones; el bulo, sin embargo, carecía de fundamento.

En fin, todos ellos eran los jóvenes. Los jóvenes contra los viejos.

Y ¿qué era lo viejo en España?

Para ellos, España entera era vieja.

En primer lugar era vieja su política. Lo que en Francia había dado para una revolución, un imperio, una comuna, una restauración monárquica y otra republicana, en España sólo había dado para dos o tres guerras carlistas, con su bo-nita fanfarria de reyes y brigadieres idiotas, por un lado, y por el otro para una reina a la que acometió ninfomanía galopante y a quien se enviaría al exilio. Luego una regencia convulsionada por los cambios de gobierno que sembraron el país de enloquecidos cesantes y furiosos pretendientes que prolongaban en la Administración las conversaciones mantenidas en la barbería o el café. No se habrá visto más confusionismo que en la política de aquel final de siglo. No sabemos si el término se acuñó entonces o un poco antes (a Martínez de la Rosa se le llamaba «Rosita la pastelera») pero no sería raro que la palabra *pasteleo,* aplicada a la po-lítica, nos venga de aquellos momentos en que conserva-dores y liberales eran casi como dos gotas de agua; no muy clara, por cierto. Pasteleo para conseguir empleos, actas de diputado, contratas, crónicas amañadas, ministerios, jefatu-ras, votos, incluso en el momento en que la nave del Estado

Los jóvenes escritores encontraban
en Larra algo que les gustaba: que
había mirado la realidad española de
una manera a un tiempo ácida
y misericordiosa, con un estilo ejemplo
de antirretoricismo.

A Galdós los hombres del novecientos
lo metieron entre los viejos, sospechándolo más
actual que ninguno de ellos, ignorando
«su genio con envidia rencorosa», nos dirá
Cernuda.

R-61067

ELECTRA

DRAMA EN CINCO ACTOS

POR

B. PÉREZ GALDÓS

Representóse en el Teatro Español la noche del
30 de Enero de 1901.

—

28.000

MADRID
OBRAS DE PEREZ GALDÓS
132, Hortaleza
1901

¿Es posible que una obra como Electra pudiese
causar tal escándalo en la sociedad española?
Sabemos, desde luego, que la dividió en dos
mitades. A un lado los curas, los jesuitas,
el beaterio; al otro, los ingenieros de caminos,
los darwinistas, la ciencia médica, la higiene
sexual.

se iba a pique en unas guerras coloniales llevadas de manera demencial por cuatro generales lunáticos, jaleados por unos periodistas atacados de idiotismo que creían firmemente que España, con media docena de barcos viejos, vencería a Estados Unidos.

Quizá convenga recordar brevemente los pasos de la catástrofe: España, que conservaba, aparte de las africanas y las islas Marianas, tres grandes colonias, Cuba y Puerto Rico en América, y Filipinas en Asia, estaba metida en unas guerras coloniales con los respectivos movimientos independentistas. Estados Unidos, con intereses comerciales y estratégicos directos sobre las colonias, llegó incluso a proponer, para evitación de la guerra, la compra de la isla de Cuba, transacción orgullosa y airadamente desechada por las autoridades españolas, a las que terminaría acusándose de la voladura de un barco norteamericano, el *Maine.* Ése fue el desencadenante directo de la guerra con Estados Unidos, que se resolvió con la derrota de España y la pérdida de las colonias, las cuales pasaron a gobiernos locales estrechamente vigilados por los propios Estados Unidos.

El acontecimiento fue verdaderamente traumático, más para la nación española que para el pueblo español, como diagnosticó Unamuno en 1898, y quizá por esa razón todo el mundo trató de volver la vista hacia otra parte, quitando importancia a un hecho que por otro lado *se sabía* de gran trascendencia, todo lo cual, aquella mezcla de ignorancia, inconsciencia y venta en almoneda, dio origen a un clima moral irrespirable que exigía la ventilación de las limpiezas generales.

Eso era lo que a los jóvenes escritores les parecía viejo; el país sin instrucción, y la política sin decencia ni sentido común.

Y desde luego les parecía vieja la literatura. En realidad, más que España, más que la política, lo que a aquellos jóvenes les parecía vetustísima era la literatura. Eran cleró-fobos, politófobos, anarquistas, disolutos, habían perdido toda esperanza para que el mundo cambiara, pero, paradójicamente, al hablar de literatura se mostraban entusiastas, grandes entusiastas de lo nuevo, del porvenir. De Tolstói, de Ibsen, de Nietzsche, de Dickens. De Beethoven, incluso de Wagner.

Ahora bien, ¿aquellos jóvenes fueron tan radicales como ellos mismos escribieron más tarde? ¿Atacaron furibundamente a sus predecesores, los llevaron al patíbulo, se mofaron de ellos? Esto conviene explicarlo algo.

¿Fueron extremistas con los directores de periódico, lo fueron con don Juan Valera, con Campoamor, con Menéndez Pelayo? Sería revelador un estudio que se hiciese con las dedicatorias que esos hombres les pusieron al frente de sus libros y de sus poemas. Que les pusieron o que les quitaron, como la de Ortega a Maeztu en las *Meditaciones del Quijote*. Dedicatorias y artículos de elogio no necesariamente insinceros. O al revés. Nada más que esa lista. Los tesinandos, en vez de perder el tiempo en trabajos absurdos, podrían hacer alguna vez algo útil para la Humanidad. Nada más que esa relación sería una joya. Sólo con eso quedaría esclarecida buena parte de la literatura española, mucho más que con la mitad de las tesis que se han publicado. Las dedicatorias que Azorín, Benavente, Juan Ramón Jiménez, los Martínez Sierra, Maeztu o Unamuno pusieron al frente de sus obras, o los artículos que unos a otros se escribieron. El resultado sería aún más elocuente que cincuenta tesis doctorales. El juicio, por ejemplo, de Azorín sobre la Pardo Bazán el año 97 y el de 1905, el de Juan Ramón sobre Azorín en 1913, y en 1915, el de Antonio Machado sobre don Juan Valera, el de Unamuno sobre Valle...

Del pasado sólo Larra, eterno adolescente, parece salvarse de la quema. Encontraban en él algo que les gustaba: que había mirado la realidad española de una manera a un tiempo ácida y misericordiosa, con un estilo ejemplo del antirretoricismo. Les gustaba que hubiese sido un escritor laico, libre y razonablemente bien humorado. Un hombre lo bastante triste como para, pese a todo, encontrar buena la vida, lo bastante apasionado para entristecerse en ella y lo bastante sentimental como para morir de amor en un país donde el amor, a diferencia de París, no era aún posible. Alguien como Larra a los jóvenes del novecientos tenía que gustarles por fuerza, de eso no hay duda.

Había también otras figuras en el XIX que les caían simpáticas. Goya, por ejemplo. Es el más próximo a su sensibilidad. Y Alenza. Los pintores jóvenes adoraban a Goya; Regoyos, Solana, Ricardo Baroja, que iba con el tiempo a aguafortar la vida oscura y sombría, lo tuvieron por maestro.

En poesía, Bécquer o Rosalía, en medio de la calma chicha, no suponen más que una brisa, fina y descolgada; de suspirillos germánicos calificó a los poemas del primero Núñez de Arce, éste sí verdaderamente viejo.

He ahí el siglo tal y como se lo representaban «la gente nueva» del novecientos; de «la gente vieja», de Alarcón, de Pereda, de don Juan Valera, de la Pardo Bazán o de Palacio Valdés ya ni hablamos.

Y con esta distribución, con esa planimetría, nuestros «hombres del 98» se habrían quedado conformes de no haber sido por el escollo de Galdós, el hombre que llenaba él solo todo ese siglo, en realidad el hombre que después de Cervantes se había levantado en nuestra literatura con el santo y la limosna.

De las figuras cercanas había dos que en principio les gustaban a todos. Una era Galdós, y la otra Clarín.

Ah, Galdós, parecían decirse. ¿Qué hacer con Galdós?, se preguntaron una y mil veces. Se diría incluso que llegaban a este mundo literario, uno a uno, haciéndose esa pregunta: ¿Qué hacemos con el viejo Galdós? ¿Dónde lo ponemos?

Y lo más gracioso de todo es que Galdós ni siquiera era viejo en 1898, a menos que se quiera llamar viejo a alguien de cincuenta y cinco años, edad, en efecto, avanzada para el tiempo, pero no tanto como para inutilizar a nadie. Pero las cosas terminaron por torcerse. Valle-Inclán, que lo admiraba hasta la adulación, ofreciéndosele como colaborador para adaptarle la novela *Marianela*, se creyó perjudicado por el escritor canario cuando éste ejercía la dirección literaria del teatro Español, no favoreciéndole una obrita suya de teatro, *El embrujado*. Desde entonces le juró un odio fiero, tomándole por el centro de sus burlas. Fue cuando Valle-Inclán, extremando el agravio, le llamó *garbancero*, seguramente el insulto peor intencionado y más dañino de toda nuestra historia literaria. Aunque, fuese por azar o por alguna otra razón, esperó a injuriarle cuando Galdós hacía unos meses que había muerto, en 1920, lo mismo que a Mariano de Cavia, que también se lleva lo suyo (y no desconocemos la sutilísima teoría según la cual sería Dorio de Gadex quien profiere el insulto, haciendo hincapié incluso en que Galdós es ya difunto, y no Valle-Inclán, al que se le quiere dejar a un lado por mor de espejismos estéticos).

También Baroja frecuentó a Galdós, lo buscó y lo admiró; luego sostendría que menos, siempre con reservas un poco cómicas: reservas morales y objeciones a sus procedimientos novelísticos: que si le habían contado que Galdós se había portado mal con cierta comedianta, o que si Galdós se asesoraba de los secretarios de ayuntamientos de pueblo para escribir sus *Episodios* sin tener que desplazarse hasta los escenarios.

Mientras no se normalice la figura de Galdós en la literatura moderna, mientras no se le reconozca su papel primordial en la renovación y modernización de la novela, no se habrá conseguido nada, y la verdadera valoración de esta edad de oro no tendrá crédito alguno.

Ni siquiera Azorín fue justo con él. Azorín, que trató poco al maestro canario, realizó de él algunos certeros diagnósticos, pero no quiso rozarse demasiado con su obra: el artífice de Monóvar era más partidario del artífice de Vetusta, al que sí apoyó a lo largo de su vida en sucesivos artículos y ediciones, bruñidor de la umbría Vetusta, un Clarín, por cierto, que tenía a su vez a Galdós como el más grande novelista de su tiempo y el mejor después de Cervantes, hasta el extremo de mendigar de aquél, en correspondencia conocida, un prólogo para *La Regenta*.

El frutero de la literatura es, como vemos, caprichoso, y las cerezas nos llegan unas con otras, en encadenados sorprendentes y chocantes.

Benavente, que admiró el teatro de Galdós, veía en él un serio competidor en el favor del público. De entrada, jamás Benavente conocería un éxito como el de *Electra*. ¿Cuándo le aclamaron a él como se le aclamó a Galdós en plena vía pública?

De modo que también a Galdós, aunque por razones diferentes, los hombres del novecientos lo metieron entre los viejos, sospechándolo más actual que ninguno de ellos, ignorando «su genio con envidia rencorosa», nos dirá Cernuda. Era, sin embargo, previsible: a Galdós le tocó hacer esa figura del padre que al parecer deben tener a mano los principiantes para meterle en la espalda el simbólico puñal, acompañándose de alguna frase memorable, como la que le dedicó Unamuno: «Galdós es sólo un jornalero.»

Volveremos a Galdós dentro de un momento.

Así pues, para aquellos jóvenes era lo viejo casi todo: los viejos que hemos nombrado hasta aquí, los Campoamor, los Cánovas y Sagasta, los reyes (incluso Alfonso XIII, que no era más que un niño), y España. España era vieja. La política, los caciques (uno de los precursores literarios, *Silverio Lanza*, no habló en toda su vida más que de caciques, al igual que uno de los precursores políticos de esa generación, Joaquín Costa, en el que más de uno acabaría viendo arrequives prefascistas).

Era vieja también la manera de relacionarse las personas, la manera en la que un joven debía acercarse a una joven, estrechar relaciones y abordar cuestiones importantes, encaminadas, naturalmente, a la vicaría. Era viejo no poder hablar a las mujeres como a iguales. (¡Y lo que los escritores trabajaron para una literatura en la que la mujer adquirió importancia capital!) Vieja era también la corruptela de la Administración, en la que la figura clásica seguía siendo aún el cesante, institución que iba a conocer cotas impensables desde que la pérdida de las colonias llenara la Península de soldados cesantes, gobernadores cesantes y militares de carrera cesantes.

De todas cuantas interpretaciones se han hecho de aquella juventud del novecientos, quizá sea la más sensata e inteligente la que formuló, hace bastantes años, el crítico Ricardo Gullón.

La opinión, es cierto, recogía ideas de Juan Ramón Jiménez, razón por la cual la crítica ha solido ponerla a un lado por sospechosa, siendo como son las ideas que en ella se contienen muy atinadas en general y estando como están razonablemente expuestas.

Gullón puso el dedo en la llaga, viniendo a dar una nueva y determinante vuelta de tuerca en la discusión sobre si a toda esa promoción debería o no llamársela del 98. Su teoría está correctamente formulada y diríamos que fue la primera con sentido común y que no ha habido ninguna después que la haya mejorado. Lo inadmisible de la «invención del 98», como la llama él, el error, se asienta sobre dos pilares. Fue algo *perturbador*, nos dice Gullón, porque escindía la historia literaria en antes y en después del 98, cuando la verdadera renovación de la literatura moderna española arrancaba de atrás; en novela y teatro, de Galdós; en poesía, de Bécquer y Rosalía; en crítica, de Menéndez Pelayo. Y fue algo regresivo, porque mezclaba conceptos históricos y literarios, el concepto del desastre con el de la literatura, sin beneficiar a nada ni a nadie, conceptos además que guardaban poca relación entre ellos.

La ingenuidad del 98, de la mayor parte de sus hombres, fue, sin embargo, imputable a su juventud. Creyeron de buena fe lo que han creído siempre los jóvenes: antes de nosotros, nadie, y después, el diluvio. Aunque si se leen con atención los escritos de esos jóvenes de 1898 tampoco resultan tan radicales como ellos mismos llegaron a creer en 1913. No eran ni siquiera antigaldosianos, por conveniencia o temor, como lo fueron luego.

La invención del 98 habría sido perfecta si hubieran podido incluir en ella a Galdós, pero era muy grande Galdós para que se pudiese hacer nada con él, por eso todos a una lo tildaron de viejo. El viejo Galdós.

Lo paradójico, sin embargo, es que en el 98 Galdós, como hemos dicho, ni siquiera era un viejo, sino al contrario, alguien en plena madurez y capaz de dar a la luz obras de capital importancia en el tiempo, como *Electra*, o de no inferior calidad a otras de la década gloriosa de los ochenta, como alguno de los nuevos *Episodios* o *Alma y vida*.

Lo que sucedió, por ejemplo, con esta *Electra* habría bastado para explicarnos no pocas cosas de las que sucedieron no sólo con Galdós, sino con la literatura.

Para empezar, cabe decir que la práctica totalidad de los jóvenes escritores, entre los que estaban muchos de los que iban a distinguirle con sus insultos o su desdén, se pusieron junto a Galdós en el formidable escándalo que supuso el estreno de esa obra. Al menos la tarde del estreno.

A los dos días, algunos, Azorín o Baroja entre ellos, se desentendieron de su opinión de hacía dos días. Pero ¿se desentendían de *Electra*, de Galdós o de la figura del padre? El escándalo de *Electra* algunos testigos lo compararon al que casi cien años antes se había producido en París con el *Hernani* de Victor Hugo, aunque gracias al médico anarquista Pedro Vallina, autor de unas memorias tan divertidas como desconocidas, sepamos que los altercados que siguieron al estreno fuesen meticulosamente preparados por él y unos agitadores profesionales que no dudaron en recurrir incluso a cómicas patrañas para alcanzar su propósito.

En el estreno de Galdós estuvieron presentes Baroja, Martínez Ruiz, Maeztu, Valle, Benavente, primero en previsión de las algaradas que se temían, y después cada uno de ellos con sus gacetillas apoyando al maestro en periódicos

Echegaray era un ingeniero y un autor de teatro. Valle-Inclán, que fue uno de los muchos españoles dotado con el don del insulto, lo llamó «el viejo idiota».

La imagen que de Campoamor tiene Azorín es compleja: la de un hombre que era liberal y que gracias a su dulzura poética conseguía pasar, envueltos en sacarina, verdaderos petardos disolventes que la burguesía encontraba muy divertidos, sin sospechar su verdadera médula.

Éste fue un curioso panfleto paródico del tono «Nietzsche» que era común entre los jóvenes, escrito por un amigo de los escritores del 98, el comandante Burguete.

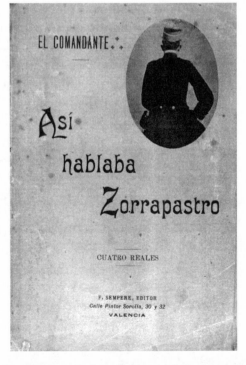

«No obstante ser el sol tan bello al salir como al ponerse, el alma contemporánea, por analogía sin duda, comprende mejor la belleza de la puesta que de la aurora» (José María Llanas Aguilaniedo en su Alma contemporánea. Estudio de estética).

y revistas, haciendo de él un ariete contra los prejuicios de aquella sociedad, contra los jesuitas y contra el clero, en un momento en el que la realidad conocía un caso parecido en la figura de una beata cuyos bienes habían sido poco menos que expoliados por la codicia de los reverendos padres de la Compañía.

Es cierto que no ha tenido el teatro de Galdós la fortuna que conocen hoy sus novelas, y el tiempo se ha encargado de cubrirlo con un muy espeso manto de polvo, igualándolo con el de otros célebres autores del día, los Dicenta o los Echegaray, pero el de Galdós fue entonces un teatro capital, al que sólo desbancaría Ibsen, Strindberg o, ya en España, el del propio Benavente.

¿Es posible que una obra como *Electra* pudiese causar tal escándalo en la sociedad española? Sabemos, desde luego, que la dividió en dos mitades. En un lado, la conservadora, dominada por los prejuicios y el funebrismo, por el confesonario y la tradición, y, en el otro, el fermento racionalista, administrado por la ciencia y la limpia electricidad. A un lado los curas, los jesuitas, el beaterío; al otro, los ingenieros de caminos, los darwinistas, la ciencia médica, la higiene sexual.

Sin embargo cuesta comprender hoy, cuando no han pasado cien años, que aquella sociedad fuese así de vieja, viendo su reacción ante una obra como *Electra*. Cualquiera de los culebrones que se emiten en los televisores después del almuerzo dejan en historia de tiernas adolescentes el dramón de *Electra*, donde cada uno de los personajes serían de carcajada de no saber que Galdós no hizo sino traernos la realidad casi sin tocarla. De ahí el escándalo. La vieja sociedad española se miraba en el espejo y no le gustaba lo que veía. Unos, ante su caricatura, veían que la solución era cambiar. Otros, por el contrario, ante lo que juzgaban un escarnio, eran de la opinión de romper el espejo. Galdós, una vez más, como había hecho en *Doña Perfecta* veinticinco años antes, señalaba la vieja y ulcerada realidad española.

Y contra lo viejo y los viejos dijeron los del 98 que había que luchar. Es cierto que no les gustaba la sociedad, los políticos, los curas. Pero tal y como contaron años después la historia podría desprenderse que a Galdós o Clarín, por ejemplo, o a Bécquer o Rosalía, les gustaban los políticos, la sociedad, los curas.

No les gustaban tampoco los literatos, los pintores de salón, los oradores. Quizá en eso fuesen más radicales los del novecientos que los anteriores, pero, a un siglo de distancia, vemos que tal radicalismo es relativo, y un pintor como Rosales es muy superior a quien, como Regoyos, representaba lo nuevo, con todo el indudable encanto de éste, o más sensible que Zuloaga, que embaucó incluso a sensibilidades privilegiadas como Rilke, convencidas de hallarse ante un nuevo Velázquez.

Cambiaron, no obstante, algunos hábitos. Frente a la decidida vocación urbana de la generación anterior (todos los pintores y escritores de la Regencia viven en ciudades más o menos principales y son hombres de tertulia, de casino, de Parlamento, de Academia), los nuevos hombres del novecientos van a combinar sus estancias en Madrid con las escapadas al campo o al pueblo, buscarán los viajes, el natural, la geografía española. Descubrirán España. Les gustaban los escritores puros, los pintores al aire libre, los hombres taciturnos y solitarios. Ni tenían dinero ni les gustaban los buenos hoteles, iban por fonduchos y pensiones provincianas. Hicieron de la necesidad virtud. Ni siquiera les gustaban los toros y el flamenquismo, y abogan por la «extinción de las corridas de toros, y las rondallas, y las jotas, y los entusiasmos fetichistas por la Pilarica y por el Cristo de aquí o allá, y quitar del ambiente esa morralla de pensamientos bestiales sobre el honor, y la sangre y el vino», diría Baroja. Y aunque no hubieran renunciado a París, las legumbres (en eso seguían siendo garbanceros) seguían siendo la base de su dieta. Poca carne, poco vino y poco perfume. Si acaso, que tampoco mucho, agua y jabón y a macerarse en ayunos como san Jerónimo. Les gustaban el habla castellana de Castilla, las palabras arcaicas y cierto casticismo. Les gustaba todo lo que de puro viejo pudiese ser moderno. Una ruina gótica, sugestiva e imponente, antes que el edificio de la Bolsa recién inaugurado, con su parquet bien lustroso. No les gustaba lo moderno que es viejo a los dos días. Luchaban por la vida y un poco de dinero. Querían lo preciso. Ni siquiera les gustaba la bohemia. Eran, más bien, partidarios de la vida ordenada y un trabajo metódico y constante. Y por paradójico que parezca, aquellos jóvenes constituyeron el verdadero romanticismo que España no había tenido, de todos ellos podría decirse lo que de Baroja escribió Antonio Machado: fueron los últimos románticos españoles. Sin duda.

Descubrirán los viejos pueblos. «España está por descubrir y sólo la descubrirán españoles europeizados», advertirá Unamuno en su temprana salida al mundo de las letras, en su *En torno al casticismo*. Y así lo hicieron los escritores. Arrostraban la incomodidad de la galera o la diligencia para conocer las ciudades levíticas y sombrías de Castilla, de Galicia, de las Vascongadas, del Levante morisco. Los poetas del sur subirán al norte sombrío para ensordecer la luz de los pueblecitos andaluces, y los del norte bajarán a Castilla para orear la bruma y el orvallo. Si alguien tuviera que valorar adecuadamente nuestro pasado, al menos el más remoto, ésos precisamente iban a ser los hombres del modernismo, es verdad que siguiendo la senda krausista de la benemérita Institución Libre de Enseñanza.

El modernismo era moderno porque miraba lo viejo como nadie quería verlo.

Gracias en parte a ellos, se vuelve hacia nuestro medievo: aman a Berceo, al Arcipreste, el romancero, el *Cantar de Mio Cid*. En pintura adoran a los primitivos frente a los barrocos, descubren a Zurbarán y, sobre todo, al Greco, al que ponen en sus preferencias incluso por encima de Velázquez, lo que nos declara que aquellos jóvenes no querían tanto la realidad como cierta alucinación, la sugestión, el aquelarre, el sueño, la visión, la profecía. Dicen que todo lo viejo los espanta, pero lo cierto es que no hubieran podido vivir sin ello.

Cuando hace la crítica de *Hacia otra España*, el libro que Maeztu publicó en 1899, Baroja escribía: «Yo que no pienso y, casi podría añadir, que ni quiero ser nada en la vida, miro a Maeztu como un paralítico podría mirar a un gimnasta, me asombra su decisión, su acometividad, su entusiasmo y su fuerza, pero no lo sigo. Es más: el día en que esa nueva España venga a implantarse en nuestro territorio con sus máquinas odiosas, sus chimeneas, sus montones de carbón, sus canales de riego; el día en que nuestros pueblos tengan las calles tiradas a cordel, ese día emigro, no a Inglaterra ni a Francia... a Marruecos o a otro sitio donde no hayan llegado esos perfeccionamientos de la civilización.»

¿No suena en todo ello algo de aquel «que inventen ellos», que se ha convertido en uno de los principales argumentos para dejar sentado que Unamuno no era más que un energúmeno, como interesadamente lo pintaría Ortega algunos años después?

Cuando Azorín acometió la tarea de fijar y canonizar su generación del 98, en un libro muy posterior, *Madrid* (1941), recordaba los consejos que en una carta le daba su querido Clarín, a quien el primero había dedicado su librito *Soledades*: «Y Dios le preserve —declaraba el autor de *La Regenta*— de buscar originalidad, que para ser verdadera ha de ser espontánea; y más de buscarla en la falta de respeto, y en la afectación de ir contra corriente, *porque sí*, en gustos, ideas, sentimientos y actos. Como observa bien Tarde, en un reciente estudio filosófico, es un modo moderno de ser vulgar, el empeño de ser de la minoría, de ser excepción, de ser oposición [...] Yo bendigo a Dios siempre que puedo estar conforme con algo tradicional.»

Pero avancemos un poco. Vayamos a los nombres, a los hombres y a sus obras.

Baroja, en un artículo que escribió para la revista *Juventud* un poco más tarde, en el año dos, concluía al respecto de una forma graciosa: «Alguno de esos vejestorios se reúnen a banquetear una vez al mes. Les propongo que en cada banquete se coman a uno de sus vetustos compañeros. Hay un peligro: la intoxicación. ¿Por qué? ¿Quién es el valiente capaz de engullir una chuleta de Balart, de Grilo, de Núñez de Arce, de Pereda, de Echegaray, de Sellés o de tantos otros que figuran en la inconmensurable lista de los viejos?»

En uno de esos artículos en los que Azorín acometió con entusiasmo la tarea de fijar la generación del 98, naturalmente se refirió a los viejos, los viejos a los que ellos tuvieron que enfrentarse en cuanto desembarcaron en Madrid.

Estaba en primer lugar Echegaray.

Echegaray era un ingeniero y un autor de teatro. Valle-Inclán, que fue uno de los muchos españoles dotados con el don del insulto, lo llamó «el viejo idiota». El insulto prosperó. Por esos años, después de que le fuese concedido el Premio Nobel, se dijo que Valle-Inclán, sólo por comprobar su acierto, le había dirigido una carta únicamente con tal anotación en el sobrescrito: «el viejo idiota», y que la carta había llegado. A primera vista se ve que una anécdota como ésa es una mixtificación, pero la literatura está llena de muchas parecidas que hacen fortuna. Echegaray era uno de los viejos. En cambio, «el teatro de Echegaray —decía en 1913 Azorín— ha sido un grito de pasión y una sacudida violenta». Antes lo había insultado, por ejemplo en 1905: «En la literatura, en el arte, en la política representa una España pasada, muerta, corroída por los prejuicios.» Pero en 1913 Azorín había cambiado ya muchas ideas y opiniones, y sobre todo la manera de expresarlas, y nos hablaba de gritos de pasión y sacudidas violentas, esas que sólo suelen comprender los jóvenes. En cambio, Unamuno matizaría aún más el juicio al justificar su voto como primer firmante de la protesta de los escritores en 1905 por la concesión del Premio Nobel: «Le debo a Echegaray alguna de mis más hondas emociones de los dieciocho años —nos informa Unamuno en una de sus desconcertantes pero no ilógicas paradojas—, y es por esto por lo que me he permitido suscribir la protesta.»

La imagen que de Campoamor, otro de los viejos inamovibles del tiempo, tiene Azorín es compleja: la de un hombre que era liberal y que gracias a su dulzura poética conseguía pasar, envueltos en sacarina, verdaderos petardos disolventes que la burguesía encontraba muy divertidos, sin sospechar su verdadera médula.

Dijeron los jóvenes: el teatro, Echegaray; la novela, Galdós; la poesía, Campoamor. Afirmación en la que se descubre una evidente mala fe, pues es obvio que no eran ni presentaban las mismas cosas Echegaray o Campoamor que Galdós.

Pero así y todo, aquellos jóvenes que tenían tanto de radicales como de conservadores, tanto de anarquistas como de burgueses, acordaron venir a Madrid y disputarles a los viejos el espacio vital, los teatros, las revistas, los periódicos y los cafés con todos aquellos vejestorios. Por eso vinieron a Madrid. Y así lo entendieron todos, la gente vieja y la nueva, y de ahí la acritud de los jóvenes, que sólo remitió cuando se hicieron sitio literariamente, demostrando entonces ser menos feroces, como es natural.

En España todo lo que se había hecho hasta entonces se hacía desde Madrid. Eso no tenía discusión posible. Baroja, no sé dónde, daba aquel consejo a un joven escritor: «Joven, vaya a Madrid y póngase a la cola.» Incluso escritores notables que de modo permanente vivían fuera de Madrid se veían en la obligación de pasarse por la capital de vez en cuando. Fue el caso de Clarín, fue el caso de Unamuno, por no citar a todos los escritores hispanoamericanos que no concebían una carrera sin pasar en algún momento por la metrópoli camino de París.

Viejas eran también las formas en las que los escritores viejos se movían, su manera de entender la vida.

La apreciación es de Pérez de Ayala: «En el siglo XIX, segunda mitad, hay siete grandes novelistas —nos dice—: Valera, Alarcón, Galdós, Pereda, la Pardo Bazán, Clarín y Palacio Valdés. Casi todos ellos, antes de ponerse a escribir, tenían resuelto el problema económico. Para ellos escribir era un lujo espiritual y no una profesión utilitaria. No escribieron por dinero. Y lo que es más, ninguno hubiera podido vivir del producto de sus obras; salvo Galdós. Pero con Galdós la mano derecha, la de escribir, nunca supo lo que hacía su mano izquierda, la de dar calladamente, y así como le entraba el dinero por la una, así le salía por la otra como un puñado de arena.»

De modo que ésa es otra de las características de aquellos hombres del 98 que, al contrario de sus ilustres colegas, sabemos que no eran ricos, pero que tampoco querían transigir con la bohemia. Todos ellos quisieron vivir de su trabajo y vivir decorosamente, sin buhardillas, sin cafés, sin noches en blanco, sin extravagancias, para lo cual trabajaron como galeotes en el articulismo y la literatura, de la que obtuvieron discretos beneficios y bien saneados y regulares ingresos, incluso Valle-Inclán, que trató de mixtificarse en su leyenda de pobretería, como veremos.

En las memorias de Cansinos-Assens sale, es verdad, una gran tropa de bohemios. Pero parece una verdad probada que la bohemia, al menos entonces, en Madrid era inversamente proporcional al talento literario de quienes la practicaban. Vino a ser la bohemia un sarampión tardío del tardío romanticismo español, que fue, como se sabe, un hijo póstumo del siglo XIX. Había naturalmente excepciones. Valle fue una. Otra, poco después, fue la bohemia de Noel. En cierto modo lo fue, en tanto le duró la mala suerte, la de Villaespesa. Pero tales figuras, por contemporáneas, resultaban insuficientes.

Hay un libro de un autor curioso del que jamás se suele hablar fuera de un restringido ámbito académico; ni del libro ni de él. José María Llanas Aguilaniedo terminó muy malamente sus días en la guerra civil, pero en 1899, en que publicó su *Alma contemporánea. Estudio de estética*, era todavía un joven más que trazaba con una gran perspicacia y aventajada visión lo que ese grupo de contemporáneos era. «No obstante ser el sol tan bello al salir como al ponerse (Verlaine), el alma contemporánea, por analogía sin duda, comprende mejor la belleza de la puesta que la de la aurora.» El libro es prolijo y no se entiende siempre lo que quiere decir, pero saca uno la conclusión de que aquellos jóvenes llegaban a la vida intelectual con la contradicción en la sangre: pensar en una regeneración moral de España siendo como eran amantes de los crepúsculos y los finales, querer cambiar la sociedad sin dejar de ser ellos mismos tipos asociales y misantrópicos, intervenir en la política y en la regulación del Estado teniendo tendencias a la anarquía. Pero, sobre todo, meterse en la literatura sin tener que transigir con los viejos literatos.

Los jóvenes del novecientos necesitaban, pues, descubrir, por interés propio, el hilo que los mantendría unidos a la literatura, pues nadie es tan idiota, por muy renovador que se considere, como para suponer que se hacen mundos de la nada. Precisaron por eso inventarse sus predecesores.

Fue cuando los modernistas encendieron el farol de Diógenes y salieron a buscar por España el hombre justo, el literato puro que les sirviera para demostrar que no eran hombres devoradores del pasado, y que por cada Echegaray que se zamparan, tenían a mano un alka seltzer. El primero que cumplía tal requisito fue *Silverio Lanza*. A éste lo encontraron en Getafe. Fue el primero de sus descubrimientos. Era viejo sin serlo demasiado. Vinieron luego otros; unos a quienes jalearon, como los Sawa, y otros, como Salvador Rueda, para la poesía, a quienes silenciaron. Pero quedaba demostrado con ello que la reforma era en realidad algo que había partido, secreta y silenciosamente, de un poco más atrás.

Capítulo segundo

PARA HABLAR DE LOS ESCRITORES UN POCO INÚTILES
PERO MUY PINTORESCOS, DESDE SILVERIO LANZA Y DON
CIRO BAYO HASTA RUIZ CONTRERAS, PASANDO POR
OTROS MUCHOS DE MUY GENUINA Y HONRADA LOCURA
Y BOHEMIA

El primero en escribir el ditirambo de don Silverio Lanza fue Baroja, un hombre, como es sabido, que jamás habló bien (es un decir) de nadie.

Después de Baroja, lo hicieron, mucho y bien, Azorín y, al final de la vida de Lanza, Gómez de la Serna, como antes que ninguno lo había hecho Alejandro Sawa, que le dedicó su novela *Criadero de curas*.

Con todo, fue Ramón en realidad su principal turiferario, publicó algunos relatos suyos en *Prometeo*, lo iba a visitar a Getafe y penetró en alguno de los secretos íntimos del maestro, al que tampoco se tomó demasiado en serio. A Ramón, Lanza le sirvió un poco como personaje, para hacer armas, para lucirse algo en el género de la biografía, del que llegó a ser un maestro deslumbrante, con esa medio inconsciencia de los jóvenes hacia los viejos que se van muriendo entre dos cotillones. Cuando se murió, Ramón dio a conocer incluso algunos inéditos en la obra póstuma que se le hizo a Lanza y que se tituló *Páginas escogidas*. En realidad, todo lo de Lanza tiene algo de póstumo. Cada veinte o treinta años alguien trata de sacarlo del olvido, sin que todos esos esfuerzos sirvan para nada, porque la literatura que hizo tampoco acompaña gran cosa. Sin embargo, el personaje da para resurrecciones periódicas porque resulta una figura simpática. La literatura que fatigó, en cambio, no deja de ser extraña, un poco como la carne de la ballena, a la que todo el mundo reconoce propiedades superiores que no se descubren ni en los bistecs ni en los besugos propiamente, pero que raramente se consume.

Silverio Lanza se llamaba Juan Bautista Amorós y había nacido en Madrid en 1856. Su vida en general es un misterio porque las cosas que se saben de él son todas inciertas y las que parecen comprobadas siempre son las mismas repetidas en los diccionarios y en las pocas historias de la literatura donde se le mete, unanimidad reiterada que precisamente le hace dudar a uno, datos como que fue marino, que se casó, que dejó la navegación de altura en la marina de guerra y que, sin que sepamos la razón, se marchó a instalarse en Getafe, una *Orbajosa* de secano, que entonces era algo que nadie, viviendo en Madrid y en su sano juicio, habría hecho jamás. Se desvinculó de todo y de todos, y algunos encuentran que fue un hombre extraordinario, precursor de las ideas de los hombres del novecientos. Pudiera ser. Quizá en la conversación. En los libros, a mí esos antecedentes me ha costado más descubrirlos, como no sea en su obsesión por el caciquismo, que creía el principal mal de esta nación.

En Getafe le visitaron también los Baroja, Pío y Ricardo, el pintor, que escribió algunos años después una semblanza de él. Para entonces, para cuando hubo ya trabado estas amistades, Silverio Lanza había escrito unos cuantos libros, no muchos, media docena, dos o tres novelas y dos o tres colecciones de relatos y cuentos. Lanza los recibía en su casa de Getafe o bajaba a Madrid, a las tertulias que mantenían en Madrid literatos más jóvenes que él. Seguramente a los jóvenes los atraía la pequeña leyenda de aquel hombre que había retratado pequeñas lacras de la Restauración y la Regencia. Había estado preso también en la cárcel por un libro que se titulaba *Ni en la vida ni en la muerte*, denunciado por una señora que se creyó retratada de modo poco simpático.

Desde entonces pensó Lanza que no se le había hecho justicia, y eso fue larvando en su páncreas un secreto rencor del que seguramente creyó ponerse a salvo en la soledad y el aislamiento, que suele ser, por el contrario, el caldo de cultivo donde se agrían los humores.

Si Lanza hubiera sido francés, los surrealistas hubiesen sacado de él un buen padrino, porque había algo en él de la alegre fanfarria de Satie, era raro como Lautréamont, simpático y solitario como Jarry, y moderno e inútil como los esperantistas. Tenía sus rentitas saneadas que le permitían vivir con decoro y dedicarse a lo que en verdad le debía de gustar más que la literatura y en lo que es posible conociera en vida más fortuna que con aquélla: los experimentos eléctricos.

Gómez de la Serna cuenta que tenía la casa comunicada con alambres eléctricos que ponían en comunicación todas las cámaras, así como timbres y bombillitas alarmantes. Se decía que era por temor a los ladrones, pero no debía de ser cierto porque no se habrá visto jamás que nadie haya querido robar en aquellos años ni a un maestro de escuela ni a un literato.

Había fundado una ciencia que llamó Antropocultura, más que ciencia, doctrina, a medio camino entre la gimnástica y la magnesia (el miedo como motor de la humanidad), pero tales concienzudos estudios le sirvieron de poco pues el corazón le reventó cuando aún no era viejo, en 1912, antes de poder encontrarle las aplicaciones empíricas a sus especulaciones.

¿Y su literatura? Baroja dijo de él en 1901: «He hablado con hombres de talento; he conversado con Eliseo Reclus, con Pi y Margall, con Salmerón, con don Juan Valera, con Galdós, con Benavente; ninguno me ha producido el asombro, la admiración que me ha producido Lanza. [...] Y este hombre, ¿qué es? Sobre todo, y por encima de todo, es un pensador de una originalidad violenta, de una independencia huraña y salvaje.»

Baroja debió de decirlo muy en serio, a pesar de haber escuchado alguna vez del propio Lanza en público algún reparo a la obra del vasco, como cuando dijo en el banquete que le dieron a Baroja que el defecto de la obra de éste es que «carece de mujeres, que no hay en ella una sola mujer verdadera».

No hay, pues, por qué desconfiar de Baroja, en general con buena memoria para los agravios, ni tampoco de Ramón Gómez de la Serna, pero, leyendo los libros del hombre magnésico, parece más bien que el personaje era fascinante y que a ellos, a unos por unas razones y a otros por otras, les convenía. A Baroja y a Azorín, por anarquista y caótico; y a Ramón, por humorista, muy cerca siempre del absurdo. En ese sentido podría ponérsele de precursor y volver a darle cierto bombo. Esos libros, *El año triste*, *Mala cuna y mala fosa*, *La rendición de Santiago*, *Artuña*, los *Cuentecillos sin importancia*, y los otros, los que tituló *Cuentos políticos*, están llenos de personajes que recordarían un poco a los de Jardiel Poncela, en escenas sin solución de continuidad, hablando en un morse humorístico que nos hace sonreír sin llegar a sentir pena, como ante esos locos a los que no les duele nada pero que no tienen juicio ni remedio. Un ejemplo de diálogo podría ser éste, de uno de sus relatos:

«—Pero tú no concibes el amor físico.

»—¿Qué es eso?

»—El placer del cuerpo.

»—Yo no.

»—¿No has amado nunca?

»—Sí, a ti.

»—¿Y cómo me quieres?

»—Con esto.

»—Eso es el hígado.

»—Bueno, me he equivocado. Te quiero con el corazón.»

En su literatura no hay descripción, no hay sentimientos, no hay nada más que un mundo rarísimo y una manía extrañísima también, la de matarse en todas las novelas. Al final de cada relato o de cada novela, el protagonista, que suele ser el propio Lanza, se muere. «La muerte es mi capricho constante, quizá porque es el único que espero con-

Silverio Lanza

seguir», decía el personaje de otra de sus narraciones. Ramón lo vio muy bien: «Se asistió a sí mismo en la muerte, tranquilo, irónico, para volver a resucitar en la obra futura.» También, en medio de toda esa realidad descosida, hay ideas, las ideas de un hombre práctico y modesto, ideas universales basadas en la higiene, en una alimentación sana y en los fluidos magnéticos, adobados de cierto epicureísmo. Ideas de un hombre que no cree en los tres pilares básicos de esa sociedad, la Religión, la Ley y la Justicia, ni tampoco en sus ministros, los curas, los jueces y los políticos. Vago socialismo y un anarquismo estético y pacífico. Sabido esto, sus libros, destartalados siempre y escritos de una manera que es casi graciosa por lo ingenua, no hay por qué leerlos, pese a que descubramos a veces en ellos un humorismo de ley. Hay relatos inesperados entre las charadas de calendario del Sagrado Corazón y la sesión dadaísta. Pensemos en uno en concreto, sin título, que sucede en Pueblo Nuevo del Terrible, muy divertido, creo que publicado en el tomo que le hizo Ramón. Por lo demás se podría decir que su literatura es lo que queda cuando a la literatura se le quita la literatura y no se le añade más, ni bueno ni malo. O sea, como en los sueños, como en las alucinaciones, donde está comprobado que no hay estilo.

Por eso resulta extraña la pervivencia de Lanza, aunque sólo sea como caso curioso de la literatura. De cualquier manera resulta más raro todavía eso de examinar con lupa en Galdós todos y cada uno de sus poros, objetarle las preposiciones y los asuntos, para después tener que tomar un tranvía hasta Getafe y perder el día con Silverio Lanza. A Galdós lo tenían mucho más a mano. No deja de resultar una pequeña extravagancia. Seguramente, todo esto sucedía como capricho, como dijo Azorín: «En la generación de 1898, el espíritu novelesco impera. Y Silverio Lanza, con su vida misteriosa y sus libros geniales que nadie lee, es la culminación feliz de ese novelismo.»

Algo parecido se habría podido decir también de Ciro

«Sobre todo, y por encima de todo, Lanza es un pensador de una originalidad violenta, de una independencia huraña y salvaje» (Baroja en 1901).

La literatura de Lanza es lo que queda cuando a la literatura se le quita la literatura y no se le añade más, ni bueno ni malo. O sea, como en los sueños, como en las alucinaciones, donde está comprobado que no hay estilo.

Don Ciro habría sido sin lugar a dudas un buen discípulo de Francisco de Asís, por la moderación con la que lo vivió todo.

Ciro Bayo

Bayo y de Eugenio Noel, mucho más joven que Lanza o Bayo, pero epígono suyo en cierto modo, un hombre al que siempre se le cita como «el pobre Noel», de la misma manera que se hace con las nueras o cuñadas que han tenido la mala suerte de malograrse jóvenes.

El caso de Bayo es algo diferente al de Lanza desde el principio, desde el mismo nombre, como si dijéramos, que es en literatura un pórtico importante. Así como Lanza había tenido el acierto de bautizarse con uno de los seudónimos más sonoros y con empaque de la literatura, a don Ciro Bayo no le hizo falta porque el suyo, no menos eufónico y prodigioso, lo tenía desde la cuna.

De don Ciro ha escrito también mucha gente, del trato con él o de la vida que llevó, más que de los libros.

La bohemia de don Ciro fue más aventurera que la de Lanza, y su literatura más modesta y menos genialoide, pero más perdurable quizá por ello, aborrecedora de toda afectación, y en tal sentido de un cervantinismo modesto y afectivo.

Baroja aseguraba haberle oído contar al propio don Ciro que era hijo natural del banquero don Adolfo Bayo, muy conocido entonces, y hermanastro del barítono Perelló de Segurola, nombre no menos sonoro.

Antes de que Bayo fuese don Ciro, en plena juventud, se le metieron unas grandes fantasías en la cabeza, interrumpió los estudios y quiso ser soldado alfonsino en la segunda guerra carlista, pero no le dejaron alistarse y se vio obligado a pasar las líneas y engancharse con los partidarios de don Carlos. Eso lo contó luego en un libro entretenido que tituló *Con Dorregaray*, con el que estuvo en el Maestrazgo.

Después de la experiencia volvió a la universidad, pero tampoco esa vez pudo terminar los estudios ya que la tentación vino esta vez en forma de mojiganga.

Con una compañía de cómicos se fue a La Habana, pero al llegar a aquellas tierras pantanosas e infectadas de mosquitos y ratas concupiscentes y poco consideradas, la peste negra los diezmó. Ciro Bayo marchó entonces a la Argentina, donde solicitó una plaza de maestro rural que le fue concedida sin más preámbulos. Fue por entonces cuando don Ciro atendió a la llamada de la literatura y empezó a escribir, en los primeros años de los noventa.

Para festejar de una manera original el centenario del descubrimiento de América se le ocurrió montar a caballo en la Patagonia y marchar a conocer Chicago, donde iba a tener lugar una Exposición Universal, pero lo cierto es que a la altura de Bolivia se le complicó el viaje (o se le murió el penco: hay versiones) y tuvo que quedarse en tierras bolivianas. Allí, para ganarse la vida y aprovechar la experiencia argentina, se dedicó a fundar colegios y revistejas de literatura, en aplicación de teorías pedagógicas de su sola invención. Curiosamente, las cosas no le salieron mal del todo y pudo vivir unos años de la docencia con decencia, como decía él. Todos esos años le sirvieron a don Ciro para escribir, con el tiempo, un gran número de libros de tema americano, a medio camino entre libros de viaje y de antropología social y cultura. Uno no los ha leído todos, ni mucho menos, pero algunos, como *Por la América desconocida,* que le publicó Caro Raggio, el cuñado de Baroja, o su magnífico relato histórico *Los Marañones,* sobre la ruta que siguió Lope de Aguirre, están muy bien, son amenos siempre, de un hombre prudente en sus hipótesis, serio en sus fuentes y fino en sus conclusiones, con un castellano limpio y sin campanillas estilísticas o casticistas.

Cuando, cansado de toda esa errancia americana, volvió a Madrid, se instaló en una guardilla de la calle Antonio Grillo, guardilla que fue también un Getafe en el centro de Madrid.

A partir de entonces empezó a publicar unos libros rarísimos de ocultismo y de higiene; dos de ellos se titularon: *Higiene sexual del soltero* e *Higiene sexual del casado,* libros en los que se ocupa de asuntos acuciantes como el safismo, la pederastia o el uranismo, y en los que acopió trastornos que no sabemos de dónde se los sacó don Ciro o quién pudo contárselos, aunque tan bien escritos que, gracias a ese castellano suyo, aún pueden leerse con gusto, como cuando nos aseguraba que «el tribadismo en la mujer pudiera dimanar también de un estado mental patológico, de lecturas perniciosas, de la excitación producida en los órganos genitales por la máquina de coser, la bicicleta, la vida sedentaria, etcétera, y la perversión de las malas compañías». En una época en que todo lo del sexo estaba destinado o a la sicalipsis o al oscurantismo, dos libros como aquéllos, un poco esperantistas para todo con todos los frutos prohibidos, desempeñaron cierto papel. Para empezar, no se vendieron mal, ni mucho menos (pensemos incluso en el auge que conoció por entonces la venta de máquinas de coser), y le permitieron a don Ciro cierta holgura que se apuntaló con unas rentas modestísimas que le llegaban puntualmente desde Barcelona por un administrador. A esos libros sexualistas siguieron otros como la *Venus catedrática,* medio biografía, medio novela, con candorosos picantismos.

Los Baroja lo trataron unos años, alrededor del novecientos. Incluso hicieron con él un viaje a pie y en burro hasta la Extremadura. Las vicisitudes de aquella odisea Pío las contó en una novela, *La dama errante,* y en sus *Memorias,* y Ricardo en *Gentes del 98.*

A don Ciro, que había hablado de los peligros de «encenagarse en la crápula», la profesión andarina le debía de gustar porque por esas fechas inició en solitario un gran recorrido por el sur de España, que luego recogió en un libro, que es el que más nombre le dio. Un nombre, se entiende, relativo. *El lazarillo español, notas de un errabundaje,* lo premió la Academia Española y conoció en su primera edición un prólogo de Azorín, que fue quien había puesto de moda el género de viajes con *La ruta de don Quijote, Castilla* y *Los pueblos; El lazarillo español* fue, decimos, el primer paso serio de don Ciro en la literatura castellana.

Se trataba de un libro interesante y entretenido. Está escrito por un hombre sensato. No hay grandes ni agudas reflexiones en él. Cuenta lo que le va pasando. Lo que le sucede en general son pequeñas cosas o pequeños casos: que le detienen en un pueblo, que le sueltan, que entra en otro, que va a una fonda donde conoce a unos y otros, que sigue el viaje a pie, con un carretero, que bebe de una bota un vino bueno o malejo, según, que se come unos huevos fritos con longaniza. No es más que eso. La España que sale es bonita, tiene cierto carácter, y gusta verla como gusta ver fotografías viejas una tarde de lluvia en invierno, sacarlas de su caja e irlas pasando, sólo por el placer de ver que la vida pasa y se pone amarilla pronto. El hombre que queda detrás de eso es un hombre franciscano, amante de la libertad, que sale como Francisco de Asís a los caminos para mirar las cosas, pero sin esperanza en la redención ni demás teologías. En eso se parecería mucho a Regoyos, el otro franciscano. Es algo así como el canto al hombre salvaje, pero en Castilla, respetuoso de todas las leyes viejas de la hospitalidad. En el siglo XVI, don Ciro habría hecho de alcalde en Fuenteovejuna; o en Zalamea. Le habrían servido ambos papeles.

El libro fue saludado con simpatía en los periódicos por los hombres del 98, que le miraron siempre con cordialidad y crédito ilimitado, y esa tranquilidad que nos produce hacer discípulos entre los que deberían ser, por edad, nuestros maestros. Consecuencia de esa actitud y crédito fue que don Ciro volvió al errabundaje y al género en otro libro, que tituló *El peregrino entretenido*, de la misma hechura que el anterior, con ese costumbrismo amable y bonancible, con apenas mordiente y escrito sin florituras. Don Ciro habría sido sin lugar a dudas un buen discípulo de Francisco de Asís por la moderación con la que lo vivió todo, al contrario que el «pobre Noel» o el otro de los bohemios y extravagantes literatos anteriores a los hombres del novecientos, Alejandro Sawa, excesivos ambos como esos anacoretas que se destrozaban el pecho con una piedra. La piedra de uno fue el hambre; la del otro, el alcohol.

SAWA

En Sawa sí, en Sawa hay ya todo un personaje moderno, inútil, mitómano, inofensivo y, ay, estéril. En cuanto a personaje, sin embargo, da el tipo enteramente. Es el gran bohemio español, el primero, el hombre al que los bohemios españoles tendrían que levantar una estatua en algún jardín público para edificación de los niños y las niñeras, que habrían de tomarlo como ejemplo de lo que no debería hacerse en esta vida.

Es difícil saber cuál habría sido su destino en la literatura española si Sawa no se hubiera encontrado con los escritores del 98, sin los Baroja, sin Valle, sin Ramón, sin Cansinos. Cuando don Ramón María del Valle-Inclán le convertía, muchos años después, en el Max Estrella de su *Luces de bohemia* estaba llenándole la lámpara para toda la eternidad con el aromado aceite de una leyenda que desde entonces ha brillado sin desmayo. Pero ¿y sus libros?

Una de las grandes aportaciones del romanticismo a la literatura y a la humanidad fue precisamente esa de poder ser romántico sin haber escrito una línea de mérito. La vida: eso era suficiente. Años después, ese presupuesto se lo apropiarían también los soviets y las vanguardias. En ese sentido diremos que los futuristas, las hélices y los humeros industriales fueron también, a su manera, unos artefactos románticos.

Sawa desde luego lo fue. Fue, según se mire, o el último romántico o el primer cachivache moderno, aunque lo cierto es que entre los hombres del novecientos compitieron muchos por el título de último romántico. Machado lo dijo de Baroja, Darío de Unamuno, Juan Ramón de Ferrán.

Había nacido Sawa en Sevilla, en 1862, y quemaría la vida no se sabe muy bien ni en qué ni cómo.

Fueron cuatro hermanos, todos metidos más o menos en eso del cuento. Pero, de los cuatro, quienes descollaron fueron Manuel, Miguel y, sobre todo, Alejandro.

Miguel aún escribió algo, pero Manuel nada. Manuel, según Ricardo Baroja, no fue nada, no era pintor, no era

En Sawa hay ya todo un personaje moderno, inútil, mitómano, inofensivo y estéril.

Rubén cuenta la vida del «pobre Sawa» y lo retrata en tres adjetivos: «brillante, ilusorio y desorbitado».

«Sawa tuvo el final de un rey de tragedia. Loco, ciego y furioso, como uno de esos personajes shakespeareanos» (Valle-Inclán a Darío).

Una de las grandes aportaciones del romanticismo a la literatura y a la humanidad fue precisamente esa de poder ser romántico sin haber escrito una línea de mérito.

escritor, no era autor de teatro, no era nada más que bohemio. Había sido cabecilla de una partida en la guerra de Joló, en las Filipinas, pirata en el Pacífico y negrero de coolies y siameses. También se sublevó con el general Villacampa. Con una biografía así es absurdo tomarse la molestia de hacer nada más. Era, pues, uno de esos bohemios geniales, llenos de recursos dramáticos, de frases memorables para una generación y de sablismos encantadores para dos, pues los sablazos se olvidan menos que los apotegmas estupendos.

Cuantos trataron a Alejandro aseguran que tenía una magnífica planta, con una estampa aparente y gallarda, de gran belleza, bucles, ojos negros y brillantes, en fin, todo eso que es imprescindible cuando se cree en el Ideal, escrito con mayúscula. La vida en Madrid se le quedó estrecha, sin lograr abrirse camino, dio a la luz media docena de novelas, entre las que destacaban *La mujer de todo el mundo* y su *Declaración de un vencido*, que publicó cuando tenía veinticinco años y que el propio Sawa calificó como de «novela social», a lo Zola, novelas truculentas como las que hacían aquí Zahonero o aquel otro, Ubaldo Romero de Quiñones, el del *Lobumano*.

Qué esperaba Sawa con estas obras es difícil saberlo. Era un hombre orgulloso, de grandes gestos. Quizá para sortear el acto supremo de meterse una bala en los sesos huyó a París en busca de aire fresco y perseguido por un delito de imprenta a causa precisamente de sus truculencias literarias, que le habrían llevado en España a un proceso y, de seguro, a la cárcel.

Fue París para Sawa lo que Damasco para Saulo de Tarso. Allí conoció al fin el arte de verdad, o sea, el Ideal, al que ya se ha aludido.

Hay un gran número de testimonios de Sawa en París, y algunas especiadas mixtificaciones. Luis Bonafoux, extraño personaje y escritor de mérito del que se hablará dentro de un rato, lanzó al mundo la especie de que Sawa había viajado a París para conocer a Victor Hugo, que lo conoció, que éste besó su frente y que desde entonces el sevillano no volvió a lavarse esa parte de la cara. Sawa reaccionó con furia teatral contra la especie con ánimo de atajarla, pero ya era demasiado tarde, y eso le convino, porque en desmentirla encontró la manera de recordarla.

La vida que llevó en París, de qué vivió y lo que hizo, no deja de ser un misterio. Es posible que viviera de las mujeres, porque era guapo. Eso se dijo, desde luego. Rubén Darío lo conoció entonces, y por una carta de éste podemos llegar a suponer con algún fundamento que Sawa le hacía de negro para determinados compromisos periodísticos. Fue también de los pocos que tuteaban al nicaragüense, quizá porque nada une tanto como esa clase de secretos. Entre esos años, Rubén Darío y Sawa se lo bebieron tod... Sawa además, como su amigo Enrique Cornuty, le daba al éter, que aspiraba de un frasco en cuanto podía.

Cuando al cabo de diez años Sawa regresó a Madrid, con el ósculo de Hugo por todo capital y su amistad con Verlaine, sentó plaza de simbolista. A partir de ese momento todos los asuntos que tuvieran que ver con la Francia pasaban por una u otra razón por su fielato. Había tratado allí, desde luego, a Verlaine, a quien osculizó también en su lecho de muerte. Manuel Machado nos recuerda que fue Sawa el primero que esparció los versos de Verlaine por las calles de Madrid, *les violons de l'automne...*

Trató Sawa a Mallarmé, a Moréas, a Charles Morice, a Louis Le Cardonnel, a Vicaire, a Paul Fort, a todo el mundo. Todo un capital a plazo variable fue esta lista. Se comparaba a ellos, por el lado de las privaciones y del arte sublime. Hablaba como los actores que en provincias quieren asombrar a los corseteros. Cansinos subrayó ese aspecto patético. Había visitado los cafés simbolistas, había hablado con aquellos hombres para quienes todos los poetas eran hermanos, vivió en bohemio en el Barrio Latino, soñaba, idealizaba, mitificaba. Alguna vez se refirió a aquellos años como a los únicos en los que había sido feliz. Cuando tuvo que regresar ni siquiera se atrevió a cortar del todo con su vida pasada y se trajo un cierto acento francés del que ya no se apeó jamás, con las erres gangosas, un rosario de palabras francesas con las que salpicaba su conversación, y una querida, Marie. Quizá fuera por eso, por aquel dengue aristocrático que adoptó, por lo que Zamacois recuerde que le llamaran «el Magnífico», y también «el Excelso». Quizá fuera sólo por su perro, al que sacaba a correr a los desmontes. Entonces su figura, como la de su querido Alphonse Karr, podía verse por aquellos ejidos de los Cuatro Caminos o de las Rondas, como un soñador, perdido en las evoluciones de un can al que también se le contaban las costillas.

Después de eso, la decadencia, el lumpen, el funebrismo, el seguir bebiendo, el aprender a morir, el no levantarse de la cama por no tener pantalones o tenerlos en la costurera de los remiendos, el ignorar la hora por tener el reloj en la casa de empeños, el no saber comer por falta de práctica. Y el timbre de gloria de no quejarse. Vivía en el callejón de las Negras, que ya es nombre para todo un Sawa, en un corredor de habitaciones numeradas. El retrato que hace de él Cansinos es bueno: el pobre hombre recibiendo a los jóvenes y poniéndolos al corriente en dos minutos de quiénes habían sido sus amistades, Hugo, Mendès, Gautier, Dumas, Verlaine, la Bernhardt, Wilde. Era lo que les contaba a todos, medio idiotizado por la verdinosa absenta de antaño. Se conoce que ya sólo tenía eso. O quejarse sin que lo pareciera, en la exaltación, en la sugestión de que para las nubes de la Gloria no había otro camino que el anubarrado de los destilados, aquellos opalescentes ajenjos en los que dejaron los ojos los más grandes de una época. Para entonces ya vivía con una mujer, con la que tenía una hija. Madre e hija le condujeron hacia el final con verdadera entereza. Los últimos años debieron de ser de miseria suma, sableando, pedigüeñando, burlando a administradores de fincas y casas de vecindad, a editores, a directores de perió-

dicos, a colegas, a maestros, a discípulos, pero sin perder
nunca la compostura.

Los Baroja, Pío y Ricardo, cuentan de él anécdotas admirables. Pío, malvado con tantos, conserva un recuerdo simpático y benigno de Sawa, no se sabe por qué, teniendo en cuenta los sablazos que le dio y lo que de él dijo en *Iluminaciones en la noche*, su último, su póstumo libro. El sablazo de Villaespesa, que le dejó a deber un duro, lo recordó Baroja toda la vida; en cambio, los de Sawa parece que no, lo que es una prueba irrefutable sobre la imposibilidad de la equidad universal. Baroja lo había sacado también en una novela, y eso incomodó a Sawa, pero siguieron siendo amigos.

Las *Iluminaciones* es sin duda el mejor de todos sus libros, por el que se entiende que Cansinos dijera que había sido para los modernistas lo que Ganivet para los del 98. De todos modos fue un caso de precursor extraño, porque el libro se publicó un año después de su muerte, en 1910. Lleva un prólogo admirable de Darío, que lo escribió a petición de la viuda, y uno de los mejores retratos poéticos que escribiera Manuel Machado, que también lo conoció en París.

Lo que da el tono de la época y de *La santa bohemia*, como la bautizó en 1913 Ernesto Bark, es el respeto que entonces se tenía por la palabra libertad si se inmolaba en el pebetero del arte. Por ejemplo. Es cierto que el prólogo de Darío lo escribe éste por ruego de la viuda de Sawa, lo que no impide a Darío hablar de las queridas que Sawa tuvo en París, como si la vida disculpara cualquier otro comportamiento moral. Lo melindroso era de antes o de después.

Rubén cuenta la vida del «pobre Sawa» y habla de él como éste hablaba de Verlaine, «el pobre Lelian». Darío lo retrata en tres adjetivos: «brillante, ilusorio y desorbitado». Había olvidado Darío incluso sus antiguas cuitas, como aquella carta divertida que no hacía tanto le había enviado su amigo, uno de los pocos que le tuteó, en una época en que Sawa, ciego y arruinado, pedía socorro al único que le quedaba: «¿Me impulsas a la violencia? Pues sea. Yo no soy el amigo herido por la desgracia que pide ayuda al que consideraba como un gran amigo suyo: soy un acreedor que presenta la cuenta de su trabajo. Desde el mes de abril hasta el mes de agosto de 1905, yo he escrito por encargo tuyo hasta ocho cartas (de las cuales conservo en mi poder seis) que han aparecido con tu firma en el periódico de Buenos Aires, *La Nación* [...] Estos artículos, por su extensión, por ser yo el autor de ellos y por la importancia del periódico donde se publicaron, valen cien pesetas cada uno, aplicándoles una evaluación modesta [...] No te extrañe que en caso de insolvencia por tu parte lleve el asunto a los tribunales y dé cuenta a *La Nación* y a tu Gobierno de lo que me pasa. Yo lo haré todo y lo intentaré todo por rectificar estas anomalías de tu conducta. En cambio puedes contar con mi más absoluto silencio a satisfacción, sin escándalo a mis reclamaciones. Serás en lo porvenir como un muerto, o, mejor, como si no hubieras existido jamás.»

No, no fue así. El muerto fue, primero, Sawa, y el amigo acudió a rendirle el homenaje que su talento le merecía.

Las *Iluminaciones* es en realidad un libro misceláneo, en forma de diario, que es género donde cabe todo lo que no cabe en ningún otro sitio. Podría decirse que es el primer gran diario de intimidad literaria de la literatura moderna española, si exceptuamos los libros primeros de Azorín, que tienen la misma forma. En él hay un poco de todo. Lo empieza el primer día del siglo XX con una anotación llena de candor en alguien como él: «Quizá sea ya tarde para lo que me propongo: quiero dar batalla a la vida.» Justo cuando la había perdido irremediablemente.

El libro, que se reeditó hace unos veinte años sin ninguna fortuna, está lleno de estampas y de retratos de la gente de entonces, algunos, como el velatorio de Verlaine, hechos con gran sentimiento. Habla en él del viejo Ideal, de sus viejos propósitos de emancipación y libertad, vagamente anarquista: «El niño se convierte en cura como el

El personaje Luis Bonafoux es magnífico,
un poco patético, pero capaz
de arrancarnos un par de consideraciones
convenientes sobre la contingencia
del mundo y de sus pompas.

Bonafoux tenía una lengua tan venenosa que se
le llegó a conocer como «la víbora de Asnières».

Bonafoux tituló todos sus libros, como éste,
de manera contundente y significativa:
Yo y el plagiario Clarín. Era un hombre
cándido y terrible.

Con los años, la obra de Bonafoux ha
desaparecido de la tierra, sus libros son
en verdad muy raros y vale la pena leerlos si
se tiene una tarde libre, para pulsar el sabor
de la época, las preocupaciones del tiempo.

plomo se convierte en bala: por un hecho de fatalidad bárbara.» Hay también anotaciones morales sobre los personajes. Por ejemplo, no le perdona a Baroja que haya cambiado la zamarra de vascongado por la levita de los trepadores. Se conoce que no admitía éxito alguno en nadie: el fracaso, debía de pensar, ha de ser puro, como el mismo éter. A veces, las anotaciones tienen un carácter aforístico. Todo el libro, a base de secuencias inconexas, trata de darnos el retrato de su autor, un poco como aquellas viejas películas mudas, de color sepia, que parecían moverse a golpe de fogonazos de luz. En eso estamos ante un diario moderno.

Por el libro se ve también que Sawa era ante todo un mitómano. En eso también era moderno. Le hacen estremecerse los nombres, los grandes nombres de la literatura, como los destellos de los ídolos, como el itinerario, en la noche, de las luciérnagas. Todo eso debió de irle minando el cerebro, porque no se conoce más funesta fantasía que esa de la admiración ilimitada por alguien sin el vínculo de la igualdad. En la «Autobiografía» que le pidieron para una revista de la época, Sawa declaraba: «Yo soy el otro; quiero decir, alguien que no soy yo mismo [...] Yo soy por dentro un hombre radicalmente distinto a como quisiera ser, y por fuera, en mi vida de relación, en mis manifestaciones externas, la caricatura, no siempre gallarda, de mí mismo.»

La declaración recordaba a Rimbaud, pero para cuando Sawa la hacía apenas le quedaba nada, pues en muy pocos años perdió la cordura. Es una declaración que muchos grandes escritores, pensemos en Pessoa, suscribirían como la confesión suprema de una claudicación y un fracaso, sin retórica, sin retumbancia ni candilejas. Murió loco y enfermo. Valle-Inclán, en una carta a Darío, dio cuenta del trance en una frase grandiosa, a lo Max Estrella, o sea, a lo Valle tanto como a lo Sawa: «Tuvo el final de un rey de tragedia. Loco, ciego y furioso», como uno de esos personajes shakespearianos. Todo lo cual, incluso lo de la furia, debió de ser cierto, porque Sawa conservó hasta el último momento de lucidez un olímpico desdén por todo y por todos los que por gloria, dinero o posición habían traicionado el Ideal. Ante ellos, Sawa, orgulloso, levantaba la cabeza y seguía su camino en dirección al Hades.

Como en su día sucediera en el velatorio de Verlaine, por el de Sawa circuló toda la bohemia de Madrid, desde los canallas y golfos de la calle hasta los viejos amigos. Todo el mundo hizo su frase. Menudearon en los periódicos los retratos del difunto, con ganas la gente de afarolarse un poco a costa del muerto, por quien pese a todo parecía sentir una admiración sincera. Quizá le estaban agradecidos póstumamente por haberles dado esa oportunidad de afarolarse en el funebrismo. Fue como si la muerte pasara a engrandecer la figura de un hombre que en vida no excedió los provincianos márgenes de las historias locales.

No sabemos si era lo que Sawa perseguía. Pero ha pasado un siglo de su muerte y, si bien sus libros se han perdido todos en el naufragio irremediable de la vida, su nombre queda en pie. Ni siquiera conservamos el soneto inédito del «pobre Lelian» que aseguraba poseer. También eso se lo llevó un golpe de mar. Su herencia, en cambio, tiene más consistencia que muchas obras más sólidas. Si pensamos en leyenda y en bohemia, en libertad y en Ideal, habremos de recordar necesariamente ese nombre de Sawa.

Como deberíamos recordar el de Luis Bonafoux. No fue propiamente un bohemio, sino más bien un ser raro, lleno de esquinas y picos. A Ruiz Contreras le recordamos igualmente por sus rarezas y delirios, aunque, al contrario que Bonafoux, fue también la encarnación de una ausencia de Ideal y la falta de miras un poco nobles.

Por otro lado, ambos eran mayores en edad que los jóvenes del novecientos y ambos admiraron la bohemia, pero ninguno de los dos fue bohemio en absoluto; al revés, tenían gustos de burgueses modestos y creían en la vida arreglada. Fueron en ese momento, sin un talento específico, lo que más tarde sería buena parte de aquellos jóvenes del novecientos: el primero, un anarcoconservador; el segundo... Ruiz Contreras en realidad no fue nada nunca, quizá un poco el contable de una atracción.

El personaje Luis Bonafoux es magnífico, un poco patético, pero capaz de arrancarnos un par de consideraciones convenientes sobre la contingencia del mundo y de sus pompas. Fue sobre todo un periodista que intentó por todos los medios, no siempre elegantes, la notoriedad literaria. Tenía una lengua tan venenosa que se le llegó a conocer como «la víbora de Asnières», uno de esos hombres un tanto antipáticos que han puesto como lema en su escudo «Una lengua sin pelos». Los títulos de sus libros van un poco por ese derrotero: *Bombos y palos, Bilis...*

Había nacido en Saint-Loubès de Francia, cerca de Burdeos, el año 55, aunque se criara en la provincia española de Puerto Rico, por donde quiso obtener una acta de diputado a Cortes. Esto le llevó a mezclarse en la vida de Galdós, metido entonces a político, resintiéndose con él y pagándole años más tarde con acusaciones infames y una perniciosa campaña en la que, a propósito de las cartas penosas de una amante de don Benito, quedaba éste como un miserable que dejaba abandonadas a las mujeres después de haberlas ultrajado. La campaña con Galdós, que no hizo mella alguna en el prestigio literario del autor y que fue indiferente para todos, salvo para Baroja, decidió Bonafoux continuarla con Clarín, el entonces temido autor de los *Paliques*, de quien por cierto terminaría escribiendo sin ninguna piedad cuando finó el autor de *La Regenta*: «España debe alegrarse del homicidio de Cánovas y debe alegrarse del fallecimiento de Clarín, porque el dómine Cánovas en política y el dómine Clarín en literatura simbolizaban una represión histórica»; ese tono que, calcado, habría de reproducir con los años Breton contra France o Loti, en Bonafoux era compatible con la idea de honradez y decencia. No era solamente que Bonafoux quisiera entrar en la literatura midiéndose con los dos primeros espadas. No. Había un concepto de la rectitud más o menos intransigente, pero sostenida por una vida de sacrificio y pureza. Por otra parte, la campaña emprendida contra el escritor ovetense, en un cruce de panfletos y contestaciones, no tuvo mejor fortuna para Bonafoux.

Fue cuando pensó que en España no tendría mucho porvenir como escritor, de manera que consiguió la corresponsalía de *El Heraldo de Madrid* y se marchó a París en 1894.

Refiere Azorín una despedida de él y Bonafoux, en la estación de tren, el día en que el portorriqueño se iba a París. Es una crónica en la que las palabras del periodista recuerdan una de aquellas amargas meditaciones de Larra sobre la vida española. La visión de Bonafoux sobre Madrid, la miseria de sus cafés, sus políticos, sus escritores y sus periódicos es no sólo de una gran expresividad sino que tiene visos de absoluta realidad.

En París escribió de todo, hacía crónicas políticas, teatrales, literarias, recibía a los personajes, diplomáticos e intelectuales españoles e hispanoamericanos que pasaban por la capital de Francia, y enviaba de ellos unas crónicas expresivas, generalmente con nervio y mordiente. Se creía un redentor, capaz por sí mismo de equilibrar un poco la balanza de la justicia y la verdad.

Baroja lo apreciaba: «Afortunadamente para Bonafoux, vivió en un tiempo en que había cierto respeto y consideración por el hombre de ideas libres. En otra época hubiera ido a la cárcel.»

Habría ido a la cárcel también por las maneras que tenía de decir las cosas y por las cosas que decía, creyéndose con derecho a poner orden en la vida desarreglada de Galdós o en las guerras literarias. Que había algo de extremado en la literatura que practicaba lo da el hecho de haberse batido en duelo con Fray Candil, otro periodista no menos feroz, a propósito de un subjuntivo, aunque los verdaderos duelistas en España, dentro de la literatura, los que conocían al dedillo la cartilla del marqués de Cabriñana, eran el venezolano Rufino Blanco Fombona, el peruano Felipe Sassone, el gallego Iglesias Hermida y Luis Antón del Olmet. Lo de Bonafoux no era más que un arrebato de justicia, no de lucimiento.

Los elogios de Azorín, en aquel momento, también fueron grandes: «Bonafoux es el escritor más desenfadado que conozco entre los antiguos y modernos, sin excluir a Torres Villarroel. Torres, como Bonafoux, se ríe de todo y todo lo pone en solfa con gracia peregrina, pero Bonafoux le supera en finura de ingenio, en llegar más hondamente al alma del lector.» Es un gran elogio, aunque conviene reparar en el regate azoriniano, como si hubiese dicho «fulano es el mejor novelista, sin excluir a Pérez y Pérez».

Conoció Bonafoux a todo el mundo, vivió intensamente, pero luego sus libros, cuando los leemos, le dejan a uno no sólo insatisfecho sino haciéndose razonamientos sobre el presente, porque no se habrá visto reunida, salvo en su contrincante Clarín, autor de los *paliques,* tanta pasión inútil. Podría haber escrito de sí mismo o de otros escritores, que conocía bien, haber escrito una buena biografía de cualquiera de los que dijo admirar, como hizo su denostado Clarín con Zola, pero tampoco. Le pidieron para *Los Contemporáneos,* la colección de Zamacois, una autobiografía. La escribió y la tituló pomposamente *De mi vida y milagros* y la publicó en 1909, pero el relato, en el que da algunos datos interesantes sobre Sawa, es parecido al de esos personajes que se lamentan diciendo: «Mi vida sí que es una novela; ah, si yo supiera escribir.» Bonafoux abocetó un breve retrato de sí mismo: «Los que me conocen, los que me dispensan el honor de estrechar mi mano y frecuentar mi trato, saben de cierto que yo no he venido al mundo a ser órgano de ningún personaje; que vivo pobre, solitario en el campo, aislado de la sociedad, porque la sociedad me apesta. Soy un obrero. Como obrero vivo. Soy un escritor independiente porque me da la gana. Por serlo, he podido defender a los

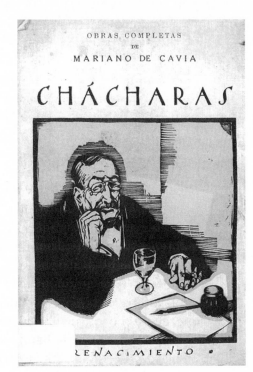

Mariano de Cavia, la otra cara del medallón, fue un periodista bonachón y superficial, impermeable a las preocupaciones de los escritores radicales más jóvenes.

Alma Española (1903-1904), la primera revista verdaderamente regeneracionista, en toda la amplitud del término.

Lo de Ruiz Contreras fue de una megalomanía inaceptable, y gastó su vida en cortar pelos en tres.

maltratados de Cuba, a los maltratados de Puerto Rico, a los maltratados de Montjuïc, a los perseguidos como Deampau, Rizal, Villeundaa, Luna Novicio, García Peláez... a todos los que sufren, a todos los que reclaman justicia, porque ése es el único consuelo de mi vida...»

Al final, cuando el ejército francés estaba perdiendo la primera gran guerra, lo expulsaron de Francia por mostrar poco respeto con las tradiciones nacionales. Se marchó a Londres, desde donde siguió enviando sus crónicas al *Heraldo*. A los tres años de estadía londinense murió su mujer, y él, abatido, le siguió a la tumba tres meses más tarde. En su muerte hay, como se ve, algo romántico y sentimental que ayuda a entender al personaje, menos inflexible de lo que él mismo quiso hacer creer. Le enterraron sus hijos, quienes, por cierto, se llamaban Tulio, Lágrima, Clemencia y Ricardo. Lo dicho: un trágico sentimental.

Con los años, la obra de Bonafoux ha desaparecido de la tierra, sus libros son en verdad muy raros y vale la pena leerlos si se tiene una tarde libre, para pulsar el sabor de la época, las preocupaciones del tiempo. Ese tono lo da bien. Pero eso quizá para la literatura sea insuficiente en un hombre que fue tan terrible y temible. Cayó en la trampa del periodismo, como advertía Valle, y en esa rutina se avillanó él y su estilo, y terminó ocupándose más de los demás que de sí mismo, virtud ésta que valdría para ganar el cielo si existiera, pero que es el modo seguro de no escribir buena literatura.

Todo lo contrario que Mariano de Cavia, a quien podría ponerse en la otra cara del medallón como un periodista bonachón y superficial, impermeable a las preocupaciones de los escritores radicales más jóvenes. Sus libros están hechos de la recopilación de esos artículos, como los de Taboada y otros muchos colegas del reporterismo de lo cotidiano y con más o menos chambergo. Son ediciones las suyas bonitas, ilustradas, tipográficamente deliciosas por lo rancias, con pastas hechas de manteca de cerdo, con una prosa ramploncita y decimonónica, pero con ese gracejo del que habla de toros, de la tortilla de patatas y a continuación de la pérdida de las colonias sin cambiar de registro. Ese tono de «Ayer me topé, viniendo a la redacción...», o «Ya ve el lector discreto...». Es un tono madrileño y castizo inconfundible. Él mismo se disculpaba en el prólogo a *Salpicón* de las advertencias que pudieran hacerle los críticos: «Ya ve Clarín que continúo desatendiendo sus advertencias... Este libro contiene la menor cantidad posible de literatura.» Quizá sea ésa la razón por la que aún se le sigue llamando maestro de periodistas por gentes que a buen seguro no le han leído. En su honor hay que decir que no tenía otras pretensiones que las de ganarse la vida haciendo crónicas.

Sí, en cambio, y todas las del mundo, las tuvo el otro personaje del que veníamos hablando, Luis Ruiz Contreras.

Ruiz Contreras se pasó la vida, que la tuvo muy larga, diciendo que la generación del 98 había sido posible gracias a él y sólo a él. Fue ése el *ritornello* de sus últimos cincuenta años. No tuvo en realidad otro tema de conversación, y puede decirse que todo lo que escribió terminaba de una u otra manera en Baroja, Azorín, Valle, Unamuno, escritores que pese a ser más jóvenes que él le doblaron en talento y en fama apenas empezaron a escribir.

Todo comenzó con la taberna literaria, la primera en su género, que él abrió en Madrid, Le Chat Noir, y sobre todo con la fundación de la *Revista Nueva*, el año 99.

La historia de la literatura del novecientos está, sin duda, en las revistas literarias de la época y en la redacción de los periódicos. Más en las primeras que en los segundos, pues en ellas los escritores se reunían justamente para defender de una manera pura y radical una literatura y un modo de mirar la vida que en los periódicos quedaba difuminada en la mediocridad del medio, en la contingencia y la política de la conveniencia.

De las revistas literarias del primer tercio del siglo se ha realizado recientemente una gran exposición y editado un muy completo catálogo. Pero es difícil hacerse una idea de la época y de la literatura sólo por tales publicaciones de tendencias y de grupo. Son fundamentales, pero resultan insuficientes.

Salvo una docena de ellas que habían alcanzado el estrellato, el resto languidecía en las bodegas de las bibliotecas o, lo que es peor, ha desaparecido de la faz de la tierra debido a su rareza y a su carácter efímero.

Es verdad que este período de la literatura sólo se podrá conocer evaluando sus revistas literarias, pero no es menos cierto que su estudio exclusivo sería insuficiente para comprender el alcance de todo el movimiento. ¿Por qué razón? A diferencia de las revistas de vanguardia, es decir, de las de tendencia, las primeras revistas en las que publicaron los escritores del novecientos son eclécticas y tienen de nuevas lo que tienen de viejas. Las primeras revistas que pudiéramos considerar «puras» en nuestra literatura llevan curiosamente un nombre en común en su frontispicio: Juan Ramón Jiménez. Fueron *Helios*, *Renacimiento* y, mucho más tarde, *Índice*. Entre la segunda y la tercera hemos de poner el puente de *Prometeo*, de Gómez de la Serna, en la que también tuvo un cierto papel Juan Ramón Jiménez. Todas ellas son revistas en las que los colaboradores están elegidos concienzudamente. El resto fueron revistas en las que se contaba un poco con lo que había, con los viejos escritores que pudieran prestigiar a los jóvenes, y éstos, que elegían a aquéllos.

El estudio de las revistas que hizo en su día Domingo Paniagua sigue siendo imprescindible pese a su modestia intelectual. Es un poco como un trabajo de campo hecho con honradez y rigor.

Iban las revistas desde la que era puramente literaria, como las hojillas que sin fatiga sacaba una y otra vez Villaespesa, hasta proyectos de envergadura de política nacional, como *Alma Española* (1903-1904), la primera verdaderamente regeneracionista en toda la amplitud del término y, desde el punto de vista literario, un poco vulgarización de *Helios.*

Para el primer número de *Alma Española* le pidieron un artículo a Galdós, que escribió uno muy hermoso, llamado a la celebridad por lo que tenía de proyecto y lo que tenía de realidad. Empezaba con aquellas palabras inolvidables: «Soñemos, alma, soñemos.» En ese artículo se dicen algunas cosas interesantes: «La catástrofe del 98 sugiere a muchos la idea de un inmenso bajón de la raza y de la energía. No hay tal bajón ni cosa que lo valga. Mirando un poco hacia lo pasado, veremos que, con catástrofe o sin ella, los últimos cincuenta años del siglo anterior marcan un progreso de incalculable significación, progreso puramente espiritual escondido en la vaguedad de las costumbres.»

Esta visión de Galdós no es la visión de los hombres del 98, interesadísimos en hacerle creer a todo el mundo que la vida española, que el alma española, había empezado con ellos. En ese aspecto fueron menos generosos con Galdós que, pasados quince años, lo sería Ortega con ellos. El pensamiento de Galdós es inequívoco: la España que él había encontrado era infinitamente peor que la que dejaba y desde luego bastante mejor que la que decían heredar los jóvenes. Y tenían razón.

El aspecto externo de la revista, con la bandera española, daba a la publicación un porte de estanco, pero muy atractivo gracias a sus rudimentarias y un poco fantasmagóricas ilustraciones.

Alma Española fue una especie de culminación comercial de otros pequeños intentos. Empezaron con una tirada muy alta para la época, de unas decenas de miles de ejemplares, y sus colaboradores hablaban a las claras de la tendencia: Fray Candil, Bonafoux o Martínez Ruiz para la crítica, o Rubén, Valle, Pérez de Ayala, Maeztu, Baroja o Martínez Sierra como colaboradores asiduos.

Sin embargo, también esta publicación, que estaba pensada para el éxito, cerró en menos de un año.

Tenían todas estas revistas de nombre tan parecido el rasgo común de su caducidad: duraban lo que las hojas de las acacias. Todas ellas conocieron una vida precaria, *Vida Literaria*, la *Germinal* de Antonio Palomero (*Gil Parrado*) o *Vida Nueva*, de Eusebio Blasco y después de Dionisio Pérez, una publicación filosocialista que publicó en 1899 las más tempranas colaboraciones de Juan Ramón. Siguieron a éstas *Electra, Juventud, Arte Joven, Helios, Renacimiento*, hasta desembocar en dos de las grandes revistas españolas, *Europa*, que dirigió Luis Bello, y, sobre todo, la culminación de todos los anteriores proyectos intelectuales y literarios, el fruto maduro como si dijéramos, la que llamaron *España*, publicación que fue a un tiempo el órgano de expresión de la generación del 14 y el de la consagración de los hombres del novecientos. Pero ésas son otras historias, por el momento.

Sobre la *Revista Nueva* se ha contado casi todo. Lo contó, en primer lugar, como hemos dicho, el propio Ruiz Contreras. Una versión algo diferente la dio años después Baroja.

Lo de Ruiz Contreras es de una megalomanía inaceptable. La versión de Baroja tiene mayores visos de realidad: unos cuantos redactores, Martínez Ruiz, Benavente, Palomero y Darío, entre otros, se reúnen en la casa del director y discuten de libros de los que habrá o no que hablar y el dinero que cada cual tendrá o no que poner para que los números vayan apareciendo. Baroja desembolsó, parece ser, una o dos veces, pero comprendió que «la bromita», como él dice, de pagar para publicar le pareció excesiva, y lo dejó.

La revista duró diez meses. Su aspecto formal es provinciano y tosco. La personalidad al final se la conferían los trabajos de Unamuno, Maeztu y Baroja, quien se escribió la mitad de cada número, bien con su nombre, bien con seudónimos variopintos. Contaba también con muchos otros colaboradores, a veces mezclados con gentes del pasado, en lo que se ve la mano del director, partidario más bien del pasteleo entre lo viejo y lo nuevo. Bargiela, María Belmonte,

Manuel Bueno, Candamo, Corrales, Silverio Lanza, Manuel del Palacio, Pereda o Villaespesa, junto a textos traducidos de Anatole France, Léon Bloy, Jammes, Ibsen, los Goncourt o Remy de Gourmont.

En un estilo opulento y retórico, que apunta a su director aunque viniese firmado con un «Nosotros», se declaraba en el primer número: «Epílogo de tristezas y esperanzas, nuestra obra se ofrece a los humildes y confía obtener las atenciones de los gloriosos. Atravesamos tiempos difíciles que son, a su vez, epílogo de una guerra, de una patria, de una moral, de un siglo, de un mundo», y continuaba en este tono castelarino con borboteos líricos y jipíos de profeta.

Tras la aventura de *Revista Nueva*, lo más notable intelectualmente que Ruiz Contreras llevó a cabo, volvió éste a sus traducciones de Anatole France, de quien era el fedatario en España, le mimetizó el fez que se ponía, y empezó a redactar sus *Memorias de un desmemoriado*, lo que le dio pie, cuando Galdós publicó las suyas con el mismo título, para polemizar con el viejo maestro a cuenta de la paternidad de tal título. Después de eso puede decirse que Ruiz Contreras se desvaneció como escritor y como personaje, ocupado en llevar una ingente correspondencia con todo el mundo a propósito de nada, clasificándola en metódicos archivadores y estudiándola pormenorizadamente, así como en todos los pelos que cortó en tres a lo largo de su vida. Volvió a aparecer después de la guerra, en *El Español*, donde fue dando por entregas una nueva versión aumentada de aquellas viejas memorias con un estilo pomposo y complaciente que tiene la virtud de producir siempre impaciencia e irritación, y donde de una manera patética quiso polemizar con los dos supervivientes de la generación, Baroja y Azorín, que lo despreciaron sin la menor consideración, pues a lo más que llegaron éstos es a creerle un superviviente, pero de ordenanzas y rastacueros.

Capítulo tercero

DONDE APARECEN ALGUNOS MAESTROS DEL ENSAYO,
CUANDO ESTE GÉNERO FORMABA PARTE DE LA LITERA-
TURA

Lo que iba a distinguir a los nuevos de los viejos iba a ser
su diferente visión moral sobre las cosas y, sobre todo, su
inesperada visión sobre la literatura. Eran jóvenes ascéticos
que vivían una decorosa existencia dedicada al trabajo, apartados de toda vida pública tanto como de la política, o al
menos, y por el momento, en un discreto segundo plano,
consagrados a escribir día y noche, templando el ardor de
la juventud en un trabajo metódico, lejos de la disolución,
al menos los más prometedores. Los otros no, a los otros
los vemos de lleno en la bohemia negra. De los primeros
podría decirse lo mismo que del novelesco Pío Cid dijo su
autor Ángel Ganivet: «No tenía ningún vicio: no fumaba, no
iba al café ni al teatro ni salía nunca por las noches; hasta
en las cosas más precisas, como comer, beber y vestir, era
muy ahorrativo.» Incluso hubiera podido añadir las manías
del propio autor, que miraba con ilusión la regeneración de
España pero que detestaba el tren y abominaba del uso del
reloj, que entonces ni siquiera era de pulsera.

Hasta 1900 puede asegurarse que los literatos consideraban primordial el éxito social, que traía emparejado reconocimiento y desahogo económico. Ni brillar en sociedad
ni hacerse ricos puede decirse que fuese la meta de aquellos
jóvenes. Por primera vez en la historia de la literatura se
muestran orgullosos de poder desarrollar su idea de la vida
sin tener que pagar las gabelas burguesas. Esto es lo que
decían ellos, pero hay algo que no nos cuadra. Frente a un

Galdós orgulloso de multiplicar el número de sus ediciones, los jóvenes empezaron a ufanarse de lo contrario, como si el no vender fuese garantía de la pureza de su ideal estético y la exigencia de sus posiciones intelectuales. Baroja o Valle sabemos que vendieron muchos ejemplares a partir de 1910, pero siempre dijeron que sus libros se vendían mal. Azorín abunda también en esa idea y llega a decir incluso en 1899 que Galdós es un autor que vende de sus novelas mil ejemplares, cosa a todas luces falsa. De la editorial Renacimiento se enviaban a América miles de libros de todos los jóvenes, como confirma el hecho de que aún se encuentren por cientos en las librerías de viejo americanas. ¿Por qué razón entonces un Baroja o un Valle se empeñaron toda la vida negando el hecho de ser unos autores con éxito? ¿De dónde provenía esa manía de avarientos? Aún después de la guerra, Baroja negaba a Miguel Delibes, en una divertida charla reproducida por éste, que se hubiese podido vender de ningún libro en España más de quince mil ejemplares. ¿De dónde procedían entonces aquellos cientos de miles de pesetas que don Julio Caro encontró en una caja de zapatos a la muerte del novelista? Pero el hecho es incontestable: sólo la difusión generosa de los libros de todos ellos, así como sus colaboraciones asiduas en los periódicos, puede explicar la enorme importancia que alcanzaron en la vida política, social y literaria de España. De haber sido tan minoritarios como aseguraron ser, todo habría resultado mucho más secreto. La condición de minoritario sólo a muy pocos alcanzó. Uno de ellos fue Ganivet.

Si en Sawa o en Lanza nos encontrábamos con personajes pintorescos cuya obra apenas alcanzaba para sustentar la leyenda de su vida, en Ganivet nos tropezamos con una perspectiva vital que en todo momento quiso cimentarse en una obra seria y concienzuda. Sólo que la suerte no le acompañó.

De él sí podría decirse, más que de Sawa, que fue el último romántico. Fue el Larra de esa generación incipiente, igualmente puro y generoso. Murió joven como él, por su mano y en el torbellino de unos amores mal emparejados. Su mujer, enferma, se volvió a España después de asistir al entierro, que se verificó por las calles nevadas; la suya, la pequeña calle que llevaba al cementerio, amaneció ese día sembrada de ramas de pino, como allí era costumbre cuando se enterraba a alguien.

Desde el punto de vista de las ideas ha sido un autor muy estudiado en relación a los hombres del novecientos, porque fue ante todo no sólo un creador sino un hombre de ideas, eso tan raro.

Había nacido en Granada en 1865. La vida de Ganivet es la vida, y la muerte, más romántica de todo el novecientos.

La novela-Ganivet, que el propio Ganivet pasó a una de sus propias novelas, podría empezar la noche que conoció a la que sería su amante, Amelia Roldán, en un baile de máscaras de Madrid en 1891. Aquella mujer, bellísima, le sedujo esa misma noche; a partir de esa noche, la pasión de ella se fue enfriando, pero no la del joven, que ya entonces empezaba a padecer ciertos desequilibrios de carácter emocional.

Vivió Ganivet un tiempo con su amante y el hijo de ambos en Riga, capital de lo que entonces era el gran ducado de Finlandia, que estaba a su vez en régimen de protectorado bajo la administración del Imperio ruso. Después de esa estancia, Ganivet envió de nuevo a su amante y a su hijo a España, pero el hecho de que alguien le dijera que su amante le estaba siendo infiel provocó que ésta, recabando incluso la ayuda económica de la familia de Ganivet, emprendiera de nuevo viaje a Riga para disipar cualquier duda o temor, y tranquilizarle. Por esas fechas, Ganivet, que padecía manías persecutorias, empezaba a acusar el agravamiento de una sífilis contraída hacía años, hasta el extremo de que algunos amigos le habían aconsejado una hospitalización inmediata. Llegó Amelia el 29 de noviembre de 1898. Ganivet acudió a recibirla. Para ello tenía que tomar un transbordador. Cuando estaba a bordo, sin que nadie de los que estaban a su lado lo advirtiera, se arrojó a las aguas heladas del río Dvina. Lograron sacarlo con vida, pero en un descuido de sus salvadores, con esa obstinación dramática de los suicidas frustrados, volvió a arrojarse al río, en esta ocasión con funestas consecuencias. Tenía la edad de treinta y tres años y con su muerte fatídica se interrumpía una de las obras más puras de toda la generación.

Ganivet había conocido a Unamuno mientras ambos opositaban a cátedra. La muerte de Ganivet fue más trágica para Unamuno que para ninguno de sus compañeros.

La casualidad del encuentro uniría a los dos en una amistad fraternal a la que Unamuno fue siempre fiel. De aquellas oposiciones Unamuno salió de catedrático hacia Salamanca, y Ganivet, fracasado, de diplomático a diversos destinos de Europa, que le llevaron a una vida desgraciada. La historia de su suicidio es en verdad patética, y la misma obstinación que puso en morir la puso en vivir mientras tuvo esperanza.

Que Ganivet fue un renovador viene dado en la originalidad de su pensamiento, antirretoricista y contrario a todo énfasis. Él mismo dice que intentará hacer «un retrato moral» del protagonista de *Los trabajos de Pío Cid*, novela por muchos conceptos prebarojiana y sin duda, junto a su *Epistolario*, la más viva creación literaria de su autor. El libro, una verdadera novela en todos los sentidos, se lee bien pese a que precisamente sean las ideas, en una novela, lo primero que envejece, de la misma manera que, de haber sido el *Quijote* sólo una novela de ideas, no habría llegado a nosotros con esa lozanía. Pío Cid es un hombre simpático, reformador de la sociedad y visionario modesto, un preceptor que enseña no desde la cátedra sino desde la vida. En su caso es también un hombre con fobia social que prefiere el rincón a la vida de salón, y la meditación a la dialéctica de café. Pío Cid llega a decir de sí mismo, después de perder amor y fe, que es «el más desgraciado». Su individualismo lo hace enteramente nuevo, afín a todos los demás héroes que saldrán de las novelas de Unamuno, Azorín o Baroja, de los que cabría decir casi siempre que son «hombres solos».

Todo eso está contado en un castellano limpísimo, sin florituras, antirretórico. Es el castellano de santa Teresa, el de Larra, el de las leyendas de Bécquer. Puede decirse que es moderno sin pretenderlo. No es un renovador ni un revolucionario. Lo que es, lo es de una manera inconsciente y natural, como un buen salvaje.

Hay quien ha visto en Ganivet, como novelista, «un mayor poder selectivo que el de Galdós y una mayor capacidad caracterizadora que la de Baroja», lo cual no deja de ser una exageración, porque lo que ni esa novela ni ninguna de las obras de Ganivet tuvieron nunca fue un gran carácter, pese a sus otras bondades, quizá porque la juventud de su autor y su temprana muerte truncasen una carrera que estaba llamada a ser importante, como nos lo indica también por otra parte la ingente cantidad de sus cartas, escritas a sus amigos, donde seguramente encontraremos lo más tembloroso y hondo de todo lo que escribiera. Cuánto sentimiento, cuánto desgarro, qué confidencias del alma nos da, de pronto, al hilo de su estilo sin estilo, de una llaneza cervantina. Sus ensoñaciones, qué lógicas, qué comprensibles. ¿Por qué Gómez de la Serna, al que le parecía de perlas Ruiz Contreras, diría de la literatura de Ganivet que era «un poco ramplona y un poco chabacana»? ¿No se acordaba de su *Granada la bella*, un texto tenue y sembrado de muy delicados matices, tan azoriniano por otro lado, tan silencioso y menor? ¿Era precisamente por eso? En 1895 había hecho sin saberlo el retrato de su vida en una de las cartas a su amigo Navarro Ledesma: «No sólo sé que se me obstruye el camino, sino que yo mismo me dedicaré a obstruírmelo con objeto de no ir a ninguna parte... No amo la acción ni la contemplación... Cuando se es cínico hay que vivir en el tonel de Diógenes, y cuando se es escéptico hay que dejarse atropellar por el tren que viene resoplando y morir creyendo

La vida de Ganivet es la vida,
y la muerte, más romántica de todo
el novecientos.

«No amo la acción ni la contemplación...
Cuando se es cínico hay que vivir en el tonel
de Diógenes, y cuando se es escéptico hay que
dejarse atropellar por el tren que viene
resoplando y morir creyendo que el tren es
una ficción» (Ganivet en 1895).

Los trabajos de Pío Cid, *novela por muchos conceptos prebarojiana y,
sin duda, junto a su* Epistolario, *la más viva creación literaria de
Ganivet.*

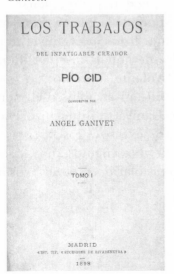

LOS TRABAJOS

DEL INFATIGABLE CREADOR

PÍO CID

COMPUESTOS POR

ANGEL GANIVET

TOMO I

MADRID
«EST. TIP. «SUCESORES DE RIVADENEYRA»
1898

ÁNGEL GANIVET

EPISTOLARIO

MADRID
BIBLIOTECA NACIONAL Y EXTRANJERA
LEONARDO WILLIAMS, EDITOR
LISTA, NÚM. 8
1904

que el tren es una ficción.» Y el tren, profeta triste, terminó llevándoselo por delante, entre aguas heladas, como un don Quijote arrollado por el rebaño de ovejas.

Habría sido un grandísimo escritor, de eso no hay duda. Pero murió siendo un gran pedagogo para la nueva sensibilidad. Un libro como el *Idearium español*, el más famoso de los suyos, pero no el más vivo, podría servirnos de cartilla en la que se abordan los principales escollos con los que se tropezará el español para hacerse un hombre libre y liberal, aunque entendido a la manera confusa de los hombres del novecientos, que es, en principio, con un cierto desdén hacia la democracia y una, en el fondo, fascinación por el despotismo ilustrado y paternalista: «Mi credo no puede reducirse a fórmula razonable, pues se compone de mucho amor y mucho palo para los pequeños y mucha autoridad para los grandes», que es una declaración lenificada de aquella otra más tajante que escribió a Navarro Ledesma en 1893: «Tomado el pueblo como organismo social, me da cien patadas en el estómago, porque me parece que es hasta un crimen que la gentuza se meta en cosa que no sea trabajar y divertirse.» Estas ideas son, quizá, las que dieron origen a dos clases de interpretaciones. Una, la de Azaña, en *Plumas y palabras*, sumamente severa, que le llevaría a incomprender al Ganivet literario, sacrificado ante el Ganivet político. La otra tiene un carácter puramente folclórico, porque ni la teoría ni el teórico pueden parangonarse con Azaña, y fue la que perpetró después de la guerra don Pedro Laín, quien en un texto delirante hizo que Ganivet le sirviera de maestro de ceremonias de aquel «fascismo humanista», del que el médico fue sicofante supremo.

Hoy, me parece a mí, es este Ganivet político el menos interesante de todos los otros Ganivet, el que hizo extraviarse por defecto a Azaña y por exceso a los fascistas españoles, que le inutilizaron para unos cuantos años, y sería una lástima que, existiendo su epistolario, empezáramos por su *Idearium español.*

Caso parecido a Ganivet es, como hemos dicho, el de Costa, Joaquín, político, ideólogo.

Costa había nacido en 1846 y por tanto era mayor que todos los del novecientos. La vida de Costa, de origen muy humilde, es la viva imagen del hombre hecho a sí mismo que con tesón logra ir subiendo peldaños en la sociedad. Salido de un medio rural muy atrasado, quizá por eso se explica, por un lado, su ilusión, fascinación e idealización del progreso, que descubrió de una vez para siempre en una Exposición Universal de París, y por otro, la fe ciega en el esfuerzo humano como motor de los pueblos.

Sus ideas sobre el caciquismo y los males de la patria, que expresó en muy numerosos libros de toda clase (de historia, de derecho o de sociopolítica), fueron determinantes en la evolución ideológica de muchos de los escritores del novecientos, sobre todo Unamuno y Maeztu, en quienes vemos repetida la obsesión costiana: la continuidad de la tradición española en los principios del liberalismo. En cierto modo, ése era también el eje de preocupación de los hombres de la Institución Libre de Enseñanza fundada por Giner, y en la que Costa llegó a ser profesor, aunque por poco tiempo y antes de ser notario, pues su carrera era imparable. Una carrera política, naturalmente, hecha de escritos y mítines, casi siempre teñidos de tremebundismo patriótico. «Yo no sé si para este país nuestro tan postrado queda ya en lo humano algún remedio: yo no sé si hemos caído tan hondo que no haya fuerza bastante poderosa a levantarnos.» Bien por frustraciones personales, sentimentales y afectivas, bien por inadecuación al medio social, desesperación o rencor, el caso es que el discurso político de Costa se fue haciendo cada vez más extremista y, de las posiciones vagamente imperialistas de su juventud, terminaría en la convicción de que para regenerar a España el único camino era la renuncia, abandonar cualquier proyecto de gloria exterior y trabajar en el interior, lo que comprimiría en su célebre consigna «¡Doble llave al sepulcro del Cid, para que no vuelva a cabalgar!», consigna que haría *pendant* con la que poco después él mismo formularía: «Escuela y despensa.» Estas dos hojas fueron para él las tablas de la ley sobre las que montó todo su proyecto político y regeneracionista.

El desdén hacia el exterior es algo que pasó de Costa a Unamuno o a Maeztu, aunque no puede decirse que el sepulcro del Cid quedase definitivamente sellado, pues todos los jóvenes del novecientos empezarían a recorrer las tierras de España con la ilusión de unificar de nuevo una patria destrozada moralmente. Nunca se pudo llamar a nadie con más propiedad los nietos del Cid que a aquellos hijos de Costa, de la misma manera que a nadie mejor que a Unamuno podríamos llamar hijo de don Quijote, precisamente por haber lanzado el grito de «¡Muera don Quijote!». Fueron ellos no sólo los que no echaron siete candados al sepulcro del Cid sino quienes lo libraron del único que tenía, dando rienda suelta al espíritu de lo que el Cid representaba en España, una lengua y una nación, y el orgullo de ambas. Por un lado, la mayoría de estos escritores, republicanos o cercanos a los partidos republicanos, aunque no tan beligerantes como para luchar de una manera convincente por la República (como tampoco luchó por ella paradójicamente el muy republicano Galdós), estaban convencidos de que el papel del intelectual era como mínimo estar presentes en un nuevo juramento de Santa Gadea si acaso al rey-niño Alfonso XIII se le ocurría perpetrar los excesos que llevaron a su abuela al exilio. Y por otro lado, en lo personal, el espíritu del Cid parece haber revivido en ellos, por cuanto todos se creen hombres libres y nobles. En cuanto al ideal de conseguir por primera vez en la historia un pueblo alimentado corporal y espiritualmente, fue un programa asumido por todos ellos. De eso no hay duda; incluso, como el propio Costa, algunos quisieron defenderlo desde los sillones del Congreso, en carreras políticas tan anómalas como la intentada por Baroja con Viladrich, de la que salió escaldado, o la que, años después, llevarían a cabo, desde distintas posiciones todos ellos, Azorín, Ciges, el propio Maeztu, Unamuno, Díez-Canedo, Pérez de Ayala... o como el mismo Valle, quien andando el tiempo entraría en política dando uno de los volatines ideológicos más vistosos y espectaculares, pues terminó en simpatizante de los comunistas sin que sepamos que dejara de ser carlista. En fin, la mayor parte de ellos, antes o después, acabaron creyendo que la literatura era insuficiente para llevar a cabo las viejas reformas, agrarias o sociales, cuyo origen había que buscar en el político catalanoaragonés. En ese aspecto Costa es abuelo de todos ellos.

Costa, que fracasó en todo cuanto inició en una proporción inversa a la popularidad que iba adquiriendo, terminó profesando teorías fisiologistas delirantes de las que desprendía la imposibilidad de reformar un pueblo de cabreros, haciendo depender la incuria moral de la falta de fósforo de todos los habitantes, de su constitución indolente, de la blandura de su cerebro, del clima, de la alimentación, teorías que vemos curiosamente aparecer en el médico Fernando Osorio de *Camino de perfección*, la novela que Baroja llamó «mística».

¿Qué influencia, por otro lado, estrictamente literaria hay de Costa en Valle-Inclán, en Antonio Machado, en Benavente, en Azorín, en Rubén Darío o en JRJ? Poca. Costa es un tribuno del Antiguo Régimen que tenía más de anciano que de antiguo. A ambos, a Ganivet y a Costa, se los cita como precursores del pensamiento moderno español, en ambos se ha querido ver alguna vez, en la ilustración de su despotismo y cierta intolerancia hacia los gobiernos directos de un pueblo que consideraban metido de hoz y coz en el oscurantismo y tremebundismo españoles, un cierto prefascismo ibérico, lo cual no deja de ser una exageración irresponsable en el caso de Ganivet, aunque más exacta en el caso de Costa. Costa, de talante energuménico y cuyo diagnóstico de los males de España fue a menudo tan acertado como apocalíptico, resultó ser un político polígrafo (que llegó a reunir unos estudios en torno a *La poesía popular*, en la línea de los que realizaron Rodríguez Marín y otros que contribuyeron a asentar esa moda), hecho que no le da derecho de ningún modo a entrar en los libros de literatura pese a que, como decimos, sus ideas jugasen papel tan determinante en la formación de los nuevos valores en la crisis del fin de siglo.

También son muchos los que han cuestionado la permanencia en la literatura de Ramiro de Maeztu, quizá por la evolución que el pensamiento de este escritor llegaría a tener con los años. La importancia de Maeztu en la literatura de la que venimos ocupándonos fue sin embargo algo mayor y mucho más real que la de Ganivet o Costa, al menos porque su relación y sus polémicas con intelectuales y escritores fue más continuada que la que Ganivet, Picavea o Costa tuvieron con los escritores de su época.

Para empezar, Maeztu inició su vida intelectual enteramente unido a dos escritores como Baroja y Azorín. Se los conoció incluso como el grupo de «los Tres», eran inseparables y participaban de preocupaciones comunes: lectores voraces de cuanto caía en sus manos y críticos terribles cuando juzgaban la herencia que recibían de los literatos y políticos de la Restauración. Fue lo que hoy, una época muy pomposa, se llamaría «un colectivo». «Nos llamábamos los Tres», diría Azorín, siempre jubiloso de pertenecer a un grupo cualquiera.

El idilio en el trío no duró mucho. Azorín aún hablaba con cariño de Maeztu hacia 1905. Baroja, con simpatía nunca lo hizo, y con cariño, menos. Con los años extremó incluso su juicio: «Maeztu era un impulsivo. Creo que un psiquiatra le hubiera considerado como un esquizofrénico», diría. Cuenta Baroja también que Maeztu era un energúmeno y que tuvo que salir de España por haberle roto a uno la cabeza de un garrotazo sin venir a cuento. Esa salida de España le fue apartando un poco de todos los demás. Salaverría trazó de Maeztu, y de los otros, un retrato moral

Ramiro de Maeztu

Hacia
otra
España

Madrid, Fernando Fe, 1899

«Yo no sé si para este país nuestro tan postrado queda ya en lo humano algún remedio; yo no sé si hemos caído tan hondo que no haya fuerza bastante poderosa a levantarnos» (Costa).

Hacia otra España. *Con el tiempo, Maeztu renegaría de ese libro por considerarlo disolvente y anarquista, pero es el más puro de los suyos. Un año antes de su muerte le levantó él mismo el veto.*

Son muchos los que con razón han cuestionado la permanencia en la literatura de Ramiro de Maeztu. (Retrato realizado por su hermano Gustavo.)

extremado pero bastante exacto: «Maeztu tenía celos de Azorín y detestaba a Baroja; Baroja detestaba a Unamuno y hablaba mal de Maeztu, y Unamuno no quería a nadie.»

El hecho de que terminara su vida en brazos del fascismo, en una Acción Española de corte violento, no vino a facilitar las cosas a Maeztu, en lo que a posteridad se refiere.

Quizá por esa razón de Maeztu sólo ha querido ocuparse, durante los últimos cincuenta años, con excepciones, el pensamiento reaccionario español, y sin embargo podemos hablar de un hombre de brío con una gran capacidad de sugestión, al menos al principio, con orígenes anarcosocialistas que evolucionaron a una ideología vagamente socialdemócrata para terminar, por conducto del monetarismo y la economía, en una ideología fascista tanto o más violenta que la de su juventud; de donde termina uno concluyendo que el sustrato político viene condicionado en muchas ocasiones por un fondo sentimental y de temperamento. Maeztu era un hombre violento con veinte años y siguió siéndolo con sesenta, sin que le valiese nada el haberse templado en las costumbres inglesas.

Es cierto que su obra no estuvo jamás vertebrada ni a estas alturas lo va a estar nunca. Para ser filósofo o pensador le faltó siempre un sistema terminado. En cuanto a la literatura, no dio Maeztu nunca una obra de creación, si nos olvidamos, que debemos olvidarnos, de sus primeros poemas, más secos aún que los de Ganivet. Maeztu fue toda su vida un hombre de artículo o, a lo sumo, de estudio. «Cada mil artículos suyos, surge un artículo de este hombre extraordinario en que está toda la verdad de España [...] Maeztu merecería ser un cuadro anónimo», nos dijo de él Gómez de la Serna, y tenía razón. Sin embargo, si se quiere captar el tono de la época habrá de volverse a esos primeros artículos de Maeztu, donde España está pintada con tonos funebristas tal vez exagerados pero expresivos.

La inercia quiere que todavía Maeztu, como Costa, figure

en las historias de la literatura, pero habría que ir pensando en llevárselo a otra parte, porque no puede decirse de él que fuese un literato, ni siquiera en la medida en que lo fueron gentes como Menéndez Pidal, a los que la literatura ocupó toda la vida. Ganivet, sin ir más lejos, es mucho más escritor que él, mucho más próximo a nosotros con ese puñado de cartas que dejó a su muerte, que el otro con todos sus tratados para cambiar a España y el mundo.

Lo que mejor tiene Maeztu es su vida, con la que se podría escribir una pequeña novela, tanto por el principio de ella como por el final, principio y final desgraciados, lo que ha hecho que a Maeztu se le emparente más habitualmente con el también periodista Manuel Bueno, de una trayectoria personal parecida.

Ramiro de Maeztu nació en Vitoria en 1874, dos días después de que las fuerzas liberales rompieran el cerco de Bilbao, lo que decidió a favor de éstas la segunda guerra carlista.

Su padre era vasco y su madre, que era la institutriz de la familia y que tardó algo en casarse con él, francesa, de manera que en su casa se hablaban dos o tres lenguas cultas. Era una familia acaudalada, con un buen nivel de vida, con toda clase de institutrices y profesores, pero eso duró poco. Un inesperado batacazo financiero puso del revés su posición acomodada y lanzó a la familia a una desesperada carrera para sobrevivir.

Fueron cinco hermanos, los tres primeros figuras de cierta relevancia y carácter: Ramiro, María, que fue una ilustre pedagoga con un final desdichado, y Gustavo, un pintor notable y un más extraordinario personaje, autor de libros extravagantes pero no desdeñables. Todos, empezando por la madre, que murió centenaria y fundó un gran número de sociedades, como una para proteger a los animales, fueron figuras pintorescas con una veta contradictoria y genialoide.

A los dieciséis años, Ramiro, cuando los negocios paternos quebraron y llevaron a la familia a la pobretería, se marchó a París con la intención de dedicarse al comercio, pero no le fueron bien las cosas y partió para Cuba a trabajar en un ingenio que había sido de su padre antes de la bancarrota.

Después de rodar por América cuatro años volvió a su tierra, con su madre, que había enviudado y abierto colegio donde se les enseñaba inglés a los hijos de familia de Bilbao.

En este pueblo, Maeztu empezó a trabajar de periodista. Era el año 1894 y en el 97 se marchó a Madrid, donde entró en contacto muy pronto con los otros dos llamados a formar con él el célebre conjunto, que en el momento tuvo más de conjunto que de célebre.

Lo que ha ocurrido con Maeztu es significativo. El primero en emborronar su figura intelectual fue el propio Maeztu.

En el 99 publicó su primer libro, con todos los artículos del período. Esa de recoger en tomo los artículos, redimiéndolos del periódico y elevándolos a literatura, al modo en que hizo Larra, fue costumbre que pusieron de nuevo en práctica los jóvenes. El libro lo tituló *Hacia otra España*. Que el fin del mundo lo predique un viejo con barbas luengas es comprensible; ahora, que lo haga un mozalbete resulta un poco patético y fuera de lugar.

Maeztu, socialista neto por entonces, como Unamuno (otros lo ven más como anarquista teórico), era el más radical de los tres. De eso no hay duda. *Hacia otra España* es expresión de tales ideas.

Pero pese a sus ideas extremosas, entonces y luego, fue, creo yo, uno de los que, pasados los años, hizo más certera memoria de lo que había ocurrido: «Rápidamente se fue dibujando ante nuestros ojos el inventario de lo que nos faltaba. No hay escuelas, no hay justicia, no hay agua, no hay riqueza, no hay industria, no hay clase media, no hay moralidad administrativa, no hay espíritu de trabajo, no hay, no hay, no hay... ¿Se acuerdan ustedes? Buscábamos una palabra en que se compendiaran todas estas cosas que echábamos de menos. "No hay hombres", dijo Costa; "No hay voluntad", Azorín; "No hay valor", Burguete; "No hay bondad", Benavente; "No hay ideal", Baroja; "No hay religión", Unamuno; "No hay heroísmo", exclamaba yo, pero al día siguiente decía: "No hay dinero", y al otro: "No hay colaboración" [...] Al cabo ha surgido la pregunta. Al cabo, España no se nos aparece como una afirmación ni como una negación, sino como un problema. ¿El problema de España? Pues bien, el problema de España consistía en no haberse aparecido anteriormente como problema, sino como afirmación o negación. El problema de España era el no preguntar.»

Baroja hizo una reseña del libro, con el que se condujo con la espontaneidad que le caracterizaría toda su vida: «Él siente la necesidad de la regeneración de la patria, anhelos de que España sea grande y próspera, y nosotros, la mayoría, no sentimos ni esa necesidad ni esos anhelos [...] Por más que sueñe con otra España, la otra España no vendrá, y si viene será sin pensarlo ni quererlo, por la fuerza fatal de los hechos. Ni los vizcaínos, ni los catalanes, ni Costa con sus asambleas, harán nada más que dejarnos un poco de ruido, el que produce un cohete al estallar en el aire.»

El libro a Baroja le tenía que resultar antipático por naturaleza, porque todos los salvapatrias tienen algo de curas, Unamuno incluido, Azaña, Ortega, aunque en la crítica hecha a Maeztu se ve sólo la antipatía de Baroja, porque sólo dos años después, en 1901, en un prólogo a un librito de Azorín, *La fuerza del amor*, Baroja diría exactamente todo lo contrario: «Hay entre nosotros, en la generación actual que empieza a vivir literariamente, una gran aspiración hacia el infinito, una ansia indeterminada a la idealidad. Desde ese punto de vista, los escritores jóvenes de ahora, conocidos y desconocidos, son superiores en su mayoría a los de hace treinta o cuarenta años, no por ser más artistas ni más exquisitos, sino porque su alma está más abierta a las ideas ambientes.»

En fin. Así es difícil saber si España les interesaba, si no, si les interesaba luego pero antes no, con quién, si creían en la regeneración, en fin, es muy difícil concluir nada con esta clase de declaraciones.

Con el tiempo, Maeztu renegaría de ese libro por considerarlo disolvente y anarquista, pero es el más puro de los suyos. Un año antes de su muerte le levantó él mismo tal veto y manifestó que en él quizá se hallasen los gérmenes del otro libro suyo, representante de su época reaccionaria, *Defensa de la hispanidad*.

Se ve que Maeztu no era un creador, que nunca lo fue, sino otra cosa, un hombre ambicioso con deseos de intervenir en las cancillerías, en los consejos de ministros, en las repúblicas. Ruiz Contreras, pese a tener un coeficiente mental bajo, hizo de él, en 1902, un pronóstico bastante exacto: «Ramiro de Maeztu. El hombre de presa; el de todos los países y de todos los tiempos; la vida le sonríe y el amor le atrae: un esclavo del triunfo, de la mujer y de la paradoja. Se presentó con la carátula de Nietzsche y será... lo que sea, pero algo.» En *Revista Nueva*, Maeztu quizá proclamaba su incapacidad para la literatura en el siguiente artículo, el primero de los que escribió para aquella publicación: «No hay literatura porque primeramente necesitamos hacer patria, y las patrias no se hacen con la pluma, sino con el arado, aunque luego la pluma las exorne. [...] No hay literatura porque la única sana para nuestro pueblo sería una que fuera acción, látigo e impulso, que se identificara con los modernos combates económicos, que barriera la grafomanía que en Madrid se hila, inmóvil como las estepas castellanas, odiosa como un rezo, huera como un discurso democrático, inútil como las aguas de esos ríos que en el mar se pierden sin fecundar las tierras... y esa literatura que fuera a la vez lucha, literatura de las calles rectas y de la máquina de la Bolsa y de las empresas por acciones, frente a la literatura crepuscular de las añoranzas y de los ensueños... ¿no sería esencialmente antiliteratura?» Incluso no se recató en otro

Manuel Bueno fue un escritor notable,
pero va a resultar difícil también
que vuelva a leerse en mucho tiempo.
(Dibujo de Ramón Casas.)

El drama de Bueno es pasar a la historia
únicamente por haber sido quien propinó
el bastonazo que le costaría el brazo
a Valle-Inclán.

Los nietos de Danton fue un intento
desesperado de poner en el tapete
del periodismo el as de la literatura y ganar
en una mano la partida. No tuvo tampoco
suerte en esta ocasión.

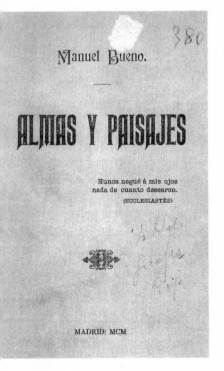

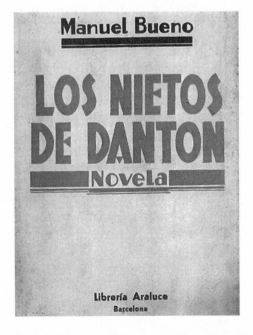

Bueno se desentendió de sus viejos amigos;
había nacido para otros vuelos, trapicheo
incluido. Se llegó a decir que estaba a sueldo
del ayuntamiento como ama de cría.

artículo, algo posterior, de seguir aconsejando a los modernistas de una manera inverosímil: «¡Nada de pensamiento! ¡Nada de poner en vuestros magníficos juegos malabares corazón ni entusiasmo!... Es el modernismo como ciertas mujeres, buenas para jugar con ellas, ¡pero no enamorarse!... No imitéis a los que han buscado el secreto de París, "la hora cárdena", en las copas de ajenjo... No imitéis a vuestro desgraciado Juan Ramón Jiménez, el autor de *Ninfeas* y de *Almas de violeta,* joven, culto, millonario, delicadísimo lírico cuando escribía sencillamente, y que, atraído por las caricias de los astros y la sabiduría de los murciélagos, ha dado con sus huesos, a los veinte años de edad, en una casa de alienados...»

Se ve bien a las claras que Maeztu literariamente fue siempre un adoquín, insensible a la literatura, en la que iba buscando siempre otra cosa. Maeztu era uno de esos hombres que consideran un crimen contra la lógica que no se arranquen los rosales de los jardines y se planten en su lugar nabos y cebolletas.

Bien porque no pudiera de muchacho, cuando le correspondió cursarlos, bien porque llegó a la madurez sintiendo las fallas de su formación, fue irse a Londres y zambullirse en serios estudios de economía y de filosofía, que era en realidad lo que le atraía.

Quienes conocen a fondo sus escritos de programación política y económica aseguran que Maeztu, con esa desesperación del autodidacta, procuró construirse una base sólida, que sin duda, al margen de sus ideas, parece que llegó a tener. Habría que leerlos para saberlo. Uno, que no ha hecho sino asomarse a ellos como a una mezquita, sin compartir esa fe, los ha visto ya de la misma estirpe que los de Cánovas del Castillo o cualquier otro del tiempo, sin poder pasar de la tercera página.

De otra naturaleza fue su estudio sobre *Don Juan, Cervantes y la Celestina,* que es el comentario, al hilo de la literatura y sin serlo él mismo, de diversos aspectos del carácter nacional en su triple aspecto del Ideal (don Quijote), del poder (don Juan) y del conocimiento (Celestina). Libro importante y en muchos aspectos de una gran penetración, por más que es hoy un libro fuera de la circulación académica. «Los españoles no podemos leer el *Quijote* sin sentirnos identificados con el héroe», se nos dice en él, en un intento de devolver a los españoles a un tiempo en que eran posibles las empresas imposibles. En el fondo, sin embargo, se ve que Maeztu era un hombre nada refinado, que no entendía nada de casi nada. En este libro se pueden encontrar frases como ésta, propias de un hortera del comercio: «El ideal de la raza es don Quijote con dinero, pero don Quijote no acertará a ser rico mientras no vea en el dinero más que un medio; tiene que aprender a respetarlo como a un fin.» Por esa frase, que corresponde a la época monetarista que atravesó Maeztu, se ve que a Maeztu la literatura le trae absolutamente sin cuidado, por incapacidad suya intelectiva y sentimental.

Cuando Maeztu recordó aquellos años juveniles en los que, sin embargo, era una promesa literaria, al igual que sus compañeros, nos diría:

«Anticlerical no lo fui nunca [...] Y galdosiano lo sigo siendo [decía esto en 1927]. Creo siempre en Pereda, en Galdós y en Palacio Valdés como maestros de la novela contemporánea. Los escritores que saltamos en 1901 las butacas de la orquesta del Español para aclamar a don Benito en el estreno de *Electra* no lo hicimos por el carácter anticlerical de la obra, sino meramente por evitar que Galdós fuera atropellado por los críticos. Después de la fiebre de aquella noche se arrepintieron de su galdosismo Azorín y Baroja. Yo no. [...] Lo característico de aquellos años era precisamente que los escritores jóvenes no éramos políticos. Ni yo mismo, con serlo más que mis contemporáneos, tenía otro ideal que el de "la escuela y la despensa" que cantaba Costa.»

Se ve por este párrafo que Maeztu, como tantos, estaba en la literatura, en la batalla ideológica, de manera accidental. Le interesa siempre otra cosa. Por otro lado, su prosa, siempre correcta, no es ni fue nunca lo bastante atractiva como para hacernos olvidar las graves materias sobre las que trata. De ahí que no sería desdoro enviarle al lugar en el que sin duda a él le hubiera gustado estar: el del pensamiento político español.

Pasados los años, en 1935, Azaña le atacó en una conferencia en Bilbao. Eran los años en que las cosas de España estaban ya enconadas. Maeztu llevaba ya mucho tiempo atentando contra la idea de un Estado democrático y liberal desde las páginas de su revista *Acción Española*. La conferencia de Azaña se reseñó ampliamente en varios periódicos, lo que le permitió responder a Maeztu: «Se refiere Azaña a "aquellos anarquizantes —dijo— que han terminado después, pasados algunos años, rezando el rosario, solían entregarse a vanas palabrerías, como la siguiente: Había uno que escribía: 'Vitoria, mi pueblo; hay que desmontar la catedral piedra a piedra y arrojar cada una de ellas a la cabeza de los vitorianos.' Éste era don Ramiro de Maeztu". Dichoso el hombre —añade Maeztu— a quien en su madurez no puedan reprocharse sino las tonterías que haya dicho cuarenta años atrás. Allá en 1898 padecía yo un ataque de progresismo exacerbado por las desgracias de mi patria que me hizo decir cosas de las que luego tuve que arrepentirme [...] No niego yo haber dicho y escrito muchas cosas injustas e indocumentadas en 1898 y años sucesivos. No me parece legítimo reprochar a un hombre maduro las afirmaciones hechas a la ligera cuando su espíritu no estaba aún formado. La diferencia entre el mío y el del señor Azaña es que yo he aprendido a rectificar. El señor Azaña, por lo visto, sigue en su adolescencia. ¿Qué es eso de hablar de un centro que pretende ser científico de la generación del 98? No se habla de la generación de 1900, ni de la de 1901. ¿Por qué va a hablarse de la del 98? Para hablar de la generación del 98 sería necesario empezar por demostrar que los sucesos trascendentales de aquel año ejercieron sobre los hombres in-

cluidos en la aludida "generación" alguna influencia deci-
siva. ¿Quiere decir alguien dónde está la influencia de la
pérdida de las colonias sobre los señores Baroja, Valle-Inclán
y Azorín? Sobre mí la tuvo, y enorme. Ahí están centenares
de artículos para demostrarla [...] Durante varios años viví
el convencimiento de que si "los intelectuales" de mi tiempo
se convertían en propagandistas de la escuela y la despensa,
España se transformaría en breve tiempo. Mis compañeros
de letras no quisieron persuadirse de ello. Prefirieron su carrera y producción literarias mientras que yo me había dejado de versos y de cuentos para darme por entero a la pro-
paganda "regeneradora". Acaso tuvieran razón ellos y yo
pecara de inocente, pero ésa fue la causa de que me apartase
de ellos y de que aprovechara la primera ocasión para ir a
Inglaterra.»

Y fue lo que hizo. Desde allí enviaba sus artículos, ate-
nidos casi siempre a su máxima de «ver la verdad por la
óptica del artista, pero el arte por óptica de la vida», aunque
no siempre reparara en los aspectos más interesantes de
ésta.

Luego vivió dos o tres vaivenes interesantes, se pasó en
1909 al *Heraldo de Madrid* con el propósito de organizar las
izquierdas. Todavía en 1910 escribía a Ortega: «Yo también
soy socialista...; hace más de dos años que no he publicado
una línea que no sea estricta y rotundamente socialista.»
Pero fue cambiando. En 1916 se casó con Alice Mabel Hill;
hacia esa fecha es cuando suele datarse su «conversión».
Luego volvió a España en 1919, se pasó a *El Sol* y a Primo
de Rivera, el Dictador, con idéntico entusiasmo.

Ortega, que confesó que su vocación filosófica se la debía
a él, le dedicó por ello su primer libro, *Meditaciones del Quijote*, libro del que creo recordar desapareció la dedicatoria
en sucesivas ediciones, sin duda porque la dedicatoria ya no
les convenía a ninguno de los dos. Lo cierto es que Maeztu,
en el plazo de quince o veinte años, desapareció de la literatura, atrapado por la política, esfera en la que quiso

siempre zumbar y desde la que no obstante siempre nos da, uno entre mil, ese artículo del que hablaba Ramón. ¿Hacia dónde fue? Pobre Maeztu que, queriendo irse hacia otra España, terminó quedándose en la de siempre, la más oscurantista y reaccionaria. «Ha seguido la misma evolución hacia el capital que ese otro hombre del 98, Azorín», diría Cansinos, sin duda refiriéndose a la manía que le entró a Maeztu con la riqueza de los pueblos y el dinero, del que habló siempre con una devoción tenaz y extraña, de bolsista quizá o de usurero, con una visión desconcertante del pasado, como cuando en 1936, llevado por las ideas de ese 1936, olvidaba los años de su juventud hasta el extremo no sólo de mentirse, lo que habría tenido una solución, sino de engañarse: «¿Qué duda cabe que los tiempos de hace cuarenta años eran más agradables que los de ahora? Se gozaba de seguridad, se vivía sin angustia. España pesaba en el mundo más que ahora. Teníamos instituciones en las que confiábamos.»

En cierto modo, la biografía de Manuel Bueno fue parecida a la de Maeztu, no tanto porque empezara a ganar en el periodismo desde muy pronto bastante dinero y mucho nombre como por cierta fatalidad: ambos fueron vascos, ambos nacieron el mismo año y los dos murieron asesinados en el mismo año por las mismas causas y se diría que a manos de los mismos verdugos.

Manuel Bueno fue un escritor notable, pero va a resultar difícil también que vuelva a leerse en mucho tiempo. Sus libros, a diferencia de los de los otros, incluido Maeztu, al que se reeditó mucho después de la guerra, no se encuentran en parte alguna, como no sea en librerías de viejo, y, además, tienen el defecto de no tener excesivo carácter, estando por otra parte muy bien esa clase de libros que, por inusuales, podemos leerlos con gusto, sin reclamo alguno. Sin embargo, el drama de Bueno es pasar a la historia únicamente por haber sido quien propinó el bastonazo que le costaría el brazo a Valle-Inclán.

SANTIFICARÁS
LAS FIESTAS ===
NOVELA POR RAFAEL
LEYDA = ILUSTRACIO-
NES DE F.ª MOTA ===

RAFAEL LEYDA

LOS FALDONES DE MEXÍA

NOVELA

MADRID
M. PÉREZ VILLAVICENCIO, EDITOR
REINA, NÚM. 33
1908

30 Cénts.

Fue Leyda uno de esos escritores que se dan en todas las épocas: un comienzo magnífico para luego desaparecer por completo, sin dejar ninguna pista.

Salaverría: «La generación del 98 asumió desde luego y naturalmente el carácter de grupo o partido [...] Pero diversas causas contribuyeron a su fracaso.»

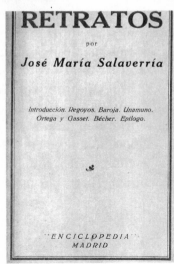

RETRATOS
por
José María Salaverría

Introducción. Regoyos. Baroja. Unamuno.
Ortega y Gasset. Bécher. Epílogo.

"ENCICLOPEDIA"
MADRID

José M.ª Salaverría

Vieja España
(Impresión de Castilla)

Prólogo de B. Pérez Galdós.

MADRID
LIBRERÍA DE LOS SUCESORES DE HERNANDO
Arenal, núm. II.
1907

¿Qué hizo mal Salaverría para que los del 98 no le quisieran a su lado? Un misterio.

Tuvo Manuel Bueno, como muchos del novecientos, una biografía novelesca en sus comienzos y en su final, todavía más novelera que la de Maeztu, aunque los capítulos del medio resultaron aburridos y previsibles: «Pocos hombres tan bien nacidos para vencer fueron vencidos, en un aparente triunfo, por la urgencia de su vida y por ese préstamo de fama con réditos usurarios del olvido que es la prensa», lo retrató Ruano.

Era hijo de una monja carlista, María Juliana Tomasa Bengoechea Arzubieta, y un capitán del ejército del pretendiente. Se conocieron, vivieron un amor apasionado y de esa unión nació un único hijo, en Pau. El enlace fue desdichado, los padres se separaron al poco tiempo y la madre se instaló en Bilbao, donde se crió Manuel.

Éste empezó, como el resto de los compañeros de generación, en las tertulias de los cafés y cervecerías, donde se ventilaban las nuevas ideas. Acuciado como tantos por la necesidad de la supervivencia, se metió pronto en el periodismo y, al contrario que la mayor parte de sus compañeros de generación, conoció de forma instantánea un gran éxito. Los artículos de esos años los publicó en *Viviendo*, el año 97, y en *Almas y paisajes* y *A ras de tierra*, ambos del novecientos. Los tres son libros muy raros de encontrar, y es una lástima porque los dos últimos, y sobre todo el segundo, contienen artículos llenos de apuntes sensibles sobre la realidad, con un castellano claro, corriente, sin estridencias, de una elegancia conveniente y discreta, como un buen traje, no demasiado vistoso aunque sí de un paño bueno y duradero.

Entró en el periodismo como una figura y ganó cuando nadie lo hacía: *El Globo*, después *La Correspondencia de España*, *El Heraldo de Madrid*, *ABC*, Madrid, Barcelona por último...

Se dijo que había publicado a lo largo de su vida más de diez mil artículos. Es difícil juzgar hoy unos artículos de prensa fuera del tiempo. En el momento, los de Bueno causaron sensación, al menos entre los literatos.

Podríamos decir que se parecían un poco a los de otro

escritor oscurecido hoy enteramente, Rafael Leyda. Apenas hay datos sobre él en ninguna parte. Había publicado un librito, *Valle de lágrimas*, del año tres, que prologó Baroja, quien aprovechó para hacer la caricatura del modernismo: «imitando de los decadentes franceses, nuestros jóvenes poetas nos han arreglado a la escena española damas liliales, vírgenes corrompidas, prostitutas platónicas y otras invenciones del viejo romanticismo, remozadas y aderezadas a la moderna». Luego aparecieron en revistas algunas colaboraciones, y desapareció. *Valle de lágrimas* es un libro de impresiones tristes, menos sombrías que las de Baroja, pero más sentimentales. Para sacar una idea de la literatura nueva es perfecto. Es como entrar en un museo provinciano, pequeño, donde huele todo un poco a cerrado, pero con una docena de pinturas de gran calidad. Leyda es ese museo, sin duda. No son los museos vaticanos, pero nunca quisieron ser eso sus páginas. ¿De qué habla en ellas? De lo que hablan las personas sensibles: de la vida difícil, de tal emoción al pasar una calle, de la lluvia que cae en el corazón. En fin. Anunciaba unos poemas bajo el título *Los que sufren* y otros libros, pero de haberse publicado alguna vez se los llevó la trampa. Nos quedan algunas narraciones en *Los Contemporáneos*, siempre cosas sutiles, bien hechas, ultimadas sin esfuerzo, que le hacen preguntarse a uno cómo alguien como Leyda, infinitamente más dotado para la literatura que Ricardo León, no llegó a ninguna parte, y éste, en cambio, vació la vida de unos miles de lectores. Lo mismo podríamos decir de Bueno. ¿Por qué se ha reeditado a Trigo y en cambio a Bueno no? Es todo muy raro.

En el periodismo de tronío se llegó a comparar a Bueno con Larra. Era una exageración, pero da una idea de la importancia que tuvo en su tiempo. A Larra uno lo lee fuera del tiempo y, en cambio, sigue impresionando. Sobre el terreno, Bueno tuvo toda clase de parabienes. Al fin, se dijo, había vuelto el periodismo literario. Lo de Azorín quedaba demasiado intelectual; Bueno era la vida. Se desentendió de sus viejos amigos: había nacido para otros vuelos, trapicheo incluido: se llegó a decir que estaba a sueldo del ayuntamiento como ama de cría. Luego, con Primo en el poder, el viejo anarquista cambió y se hizo de orden, cosa que ya lo eran casi todos los demás. Se hizo incluso diputado, cosa que también: o lo habían sido o lo habían intentado. El abismo entre sus amigos de bohemia era ya infranqueable. En muy pocos años era ya un hombre enteramente de derechas, monárquico, con simpatías, en los treinta, por la Falange.

Unos meses antes de su muerte a manos de un piquete de anarquistas, al comienzo de la guerra civil, Bueno publicó una novela, *Los hijos de Danton*, de la que hizo protagonista a Blasco Ibáñez y que constituía un ajuste de cuentas con su pasado literario. Fue un intento desesperado también de poner en el tapete del periodismo el as de la literatura y ganar en una mano la partida. No tuvo tampoco suerte en esa ocasión. Lo había intentado antes con la novela *Poniente solar* (1931). En ambas se hacía alusión a la generación suya, que él llamaba, como todos, del 98. Se esperaba de las novelas mucho, más aún de la segunda, pero aquellas historias, cuarenta años después, surgían con demasiada elegancia, y así los viejos amigos, las anécdotas, la vida de pordioseo literario de entonces, quedaban desvaídas en un castellano elegante pero sin fuelle, sin sistema. Él mismo se lo decía a Ruano: «No tengo sistema. Aquí donde todo hombre habla de su sistema, yo no sé qué es eso. La vida me lleva a donde quiere y hace tiempo que creo que he perdido y vivo de unos pobres restos de lo que pude ser.» Curiosamente, la posteridad terminó tratándole como le trataban ya sus amigos: llamándole Manolo.

Junto a Bueno, en la misma estela de los fracasos sin saber muy bien por qué, parece venir, por inercia, otro escritor en absoluto desdeñable, José María Salaverría, que era un año mayor y, como él, también vasco de adopción. El alumbramiento le sobrevino en Vinaroz, donde su padre trabajaba de torrero de faro, lo que ya es coincidencia. A los tres o cuatro años se lo llevaron a San Sebastián, de modo que fue siempre considerado un escritor vasco.

Antes de parar en periodista y charlista, rodó por tres o cuatro oficios y conoció bien América. Esto, con los años, le permitió escribir algunos libros sobre allá, de la misma manera que allá se convirtió en un propagandista de España y lo español, profesión que llevaba con seriedad de un sitio a otro.

Los grandes, como Baroja o Azorín, expendedores implícitos y tácitos de las patentes de corso, no siempre le miraron con simpatía por lo que consideraban carácter difícil e insolencias de Salaverría, que discutió sin complejos los presupuestos de esa generación a la que en principio pertenecía. En ocasiones, Baroja lo maltrató sin miramientos, como de hecho Salaverría hizo con Baroja. Azorín, como celador del estricto club del 98, también le negó la entrada, y no se sabe tampoco por qué razón Maeztu sí y Salaverría no. Aunque el origen de la postergación puede que se encuentre en las ideas que Salaverría tenía de sus compañeros y de la época que le tocó vivir.

En un ensayo que tituló «La generación del 98» y que incluyó en *La afirmación española*, Salaverría trazó un cuadro bastante realista y poco halagüeño, quizá porque él se sentía excluido de esa historia que se había ya escrito sin contar con él: «La generación del 98 asumió desde luego y naturalmente el carácter de grupo o partido. [...] Pero diversas causas contribuyeron a su fracaso. Primeramente, el grupo renovador contaba demasiados artistas y escritores, y muy pocos o ningún político de fuerza; el grupo, como era lógico, se desvaneció espontáneamente en las luchas y vanidades mezquinas propias de los cenáculos literarios. Además, y esto sobre todo, el grupo innovador traía dentro de sí su propia muerte; había nacido de una fecundación morbosa; se nutría de aquella corriente de ideas universales que detestaban la nación, el militarismo, el patriotismo; y así, llevando en su cuerpo la gangrena antipatriótica, los innovadores estaban condenados a deshacer en sus propias manos lo poco de nacionalidad y de patria que restaba en España. Tal vez lo comprendieron así, expresa o instintivamente, y ello explica la especie de quejumbre y de pesimismo que vaga por todas sus obras. No era el dolor de ver una patria inmensamente retrasada, envilecida e irredimible; era en el fondo la seguridad secreta de la propia ineficacia o debilidad frente a la magnitud del hecho. [...] La crítica implacable, llevada a sus últimos términos, adquirió método y forma de sistema. Y como se trataba de gentes jóvenes e irresponsables, puramente literarias, que aspiraban a crearse un nombre a cualquier precio, dicho está que no temieron incurrir en el vicio de lo arbitrario y lo detonante. No hubo arbitrariedad que no se dijese. Para hacer elogio de alguno, se le llamaba paradojal. Quien más paradojas decía, más respeto ganaba. [...] Fundábanse revistas y periodiquitos revolucionarios, como aquella *Vida Nueva*, campeón de todas las negaciones. Estrenó Dicenta su *Juan José*, y el truculento drama tuvo la significación del *Hernani* victorhuguesco. Y a la manera de los tiempos románticos, cuenta Pío Baroja que marchaban en pandilla, de noche, por los suburbios de Madrid y asistían de madrugada al ajusticiamiento de algún miserable condenado. [...] Esta generación turbulenta, que aspiraba a transformar una patria cuando carecía de convicción patriótica; que aparentaba un interés nacional y en realidad sólo sentía la soberbiaególatra del artista; que hablaba, finalmente, de España con palabras y actitudes y puntos de vista aprendidos en el extranjero.»

Estas ideas, expuestas con un estilo que tiene de Unamuno la contundencia y de Baroja la claridad, no se las perdonaron jamás, y no contribuyó en nada a hacerle más fácil la vida, en la que conoció la penuria y los más diversos trabajos.

Salaverría escribió novelas y libros de crónicas, artículos y viajes, sin contar sus *Retratos* y sus *Nuevos retratos*. En el

Libro de las Victorias

DIÁLOGOS SOBRE LAS COSAS Y SO-
BRE EL MÁS ALLÁ DE LAS COSAS

MADRID - PUEYO
MESONERO ROMANOS, 10.

«Hay que hacer de la vida una obra de
arte», decía Isaac Muñoz, cuya obra
tanto influyó en el posmodernismo.

*Pidal dedicó su vida a la persecución de
fuentes ignotas de nuestra lengua, así
como a las zonas más oscuras y remotas
de nuestra literatura fundacional.*

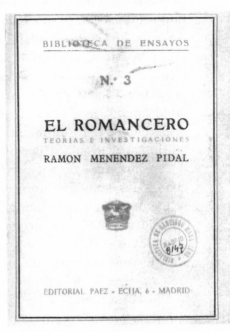

BIBLIOTECA DE ENSAYOS

N.º 3

EL ROMANCERO

TEORIAS E INVESTIGACIONES

RAMON MENENDEZ PIDAL

EDITORIAL PAEZ - ECHA, 6 - MADRID

*Primer libro, de corte orientalista,
de Cansinos-Assens, uno de los grandes
memorialistas del período.*

MIGUEL ASÍN PALACIOS

HUELLAS
DEL
ISLAM

STO. TOMAS DE AQUINO
TURMEDA. PASCAL
S. JUAN DE LA CRUZ

ESPASA-CALPE, S. A.

Asín Palacios, con su Huellas del islam,
trató de acercarnos de manera prodigiosa
un pasado que ignorábamos.

R. CANSINOS-ASSENS
EL CANDELABRO DE LOS
SIETE BRAZOS

RENACIMIENTO
MADRID

primero de ellos, Salaverría, después de hablarnos de la imposibilidad de juzgar nada tan próximo mientras se está produciendo y desarrollando, nos entregó otro diagnóstico sobre la época, discutible aunque con una aportación interesante: el haberse dado cuenta de la importancia que el periodismo había jugado en la renovación literaria: «La notable superioridad del artículo de todos los tamaños, modos y tendencias... El momento literario actual podríamos llamarlo "articulista" o "periodístico".»

Los artículos de Salaverría son buenos, o por lo menos cuando los encuentra uno en las revistas viejas o en sus libros se pueden leer con agrado. Las novelas hoy nos parecen un poco intelectualistas y farragosas, de acuerdo; pero sus libros de ensayos o de viajes son espléndidos, y si leemos los de Azorín no se sabe por qué no vamos a leer los de Salaverría; su *Vieja España*, del año siete, que prologó Galdós por todo lo alto con un ensayo que es todo menos de circunstancias, o *Los conquistadores* (de tema americano, que conocía bien porque vivió muchos años en la América hispana) o *La intimidad literaria*, un libro delicioso pero afeado por la victimación perpetua de que se hace objeto frente a otros escritores de su misma generación que cree le vienen usurpando renombre y lectores. En literatura, el de quejarse es el peor de los vicios, como decía Gracián en su *Oráculo manual*: «La queja siempre trae descrédito.» Pero no aprende uno nunca.

Por el tono, sus libros *El perro negro* (1906) y *Vieja España* (1907) pueden meterse en eso del regeneracionismo, porque es la visión del hombre descontento. Están escritos con una prosa llena de cadencia y sin floritura, y si bien no suele tener gracia (a veces, confesémoslo, es un poco pesado), sí está hecha con una gran perspicacia, con enorme sentido literario. ¿Por qué razón los principales de esa generación que reivindicaba para sí no le quisieron al lado? Es un enigma. Contó Salaverría con frecuentes antipatías, de origen desconocido, de modo que por eso, o al revés, terminó embozándose en una fama de dificilismo que no le favoreció nada.

Junto a estos escritores estaban otros, específicamente ensayistas, estudiosos en la mayoría de los casos, desarrollando una obra en silencio.

El primero de todos es, desde cualquier punto de vista, Menéndez Pidal, que si viene a estas páginas no es en tanto que filólogo sino como un hombre sensible como pocos a las bellezas de la arcaica lengua castellana y los primeros frutos que ésta dio a nuestra literatura. Podría hablarse algo también del historiador Gómez Moreno o del admirable Rodríguez Marín, que fueron hombres de espíritu completamente regeneracionista, pero entonces esto no acabaría nunca.

Pidal fue para las letras del novecientos, sobre todo las líricas, lo que andando el tiempo sería García Gómez, con sus investigaciones y traducciones del árabe, para los poetas de la generación del 27. Fue Pidal mucho más incluso que el también arabista Asín Palacios, quien con sus *Huellas del islam* trató de acercarnos de manera prodigiosa un pasado que ignorábamos, confirmando que los arcanos españoles eran estrellas en cada una de cuyas puntas brillaba una cultura diferente, cristiana, mahometana o hebraica.

Buena parte de la literatura del tiempo descansaba sobre esos dos pilares: la tradición castellana y la orientalista. De ambas literaturas hubo una moda, eso es indudable. No hay más que haber visto unos cientos de libros de viejo de la época, de todos los que no han entrado en los manuales de literatura.

Abundaron entonces los libros de poemas al modo de los que podrían haber compuesto hidalgos y licenciados, los temas medievales se propalaron como una peste en la poesía (posadas, ventas, dueñas, doncellas), se les contagió a los poetas un deje diz que cervantino. Tampoco los orientalistas se quedaron atrás. Trajeron a nuestra literatura cierto gusto francés a lo Gautier o Flaubert, pero vaciaron en ellos los pebeteros locales, de modo que las Alhambras y las moras cristianas se colaron en todas las candilejas, junto a unas huríes que tenían mucho más de Tórtola Valencia que de hijas del Profeta. Fue fenómeno algo corriente en el teatro, pero también en la poesía e incluso en novelas de quienes, como Isaac Muñoz, cuyo *Libro de las victorias* tanto influiría en Villaespesa o el primer Cansinos, eran incapaces de bajar por la calle de la Montera o subir a Toledo sin que se imaginasen que en cualquier momento les iban a guiñar el ojo desde un ajimez. Ya lo decía Isaac Muñoz: «Hay que hacer de la vida una obra de arte», y quizá por eso iba vestido de moro en los vagones de tren, un Isaac Muñoz que escribió, por cierto, y pese a toda la decoración, una muy barojiana novela que tituló *Vida*.

El ambiente era, pues, el propicio para que un investigador como Pidal surgiera. Era el paso de gigante que nuestra ciencia iba a dar. A las preocupaciones de Menéndez Pelayo por la heterodoxia hispana en literatura y, naturalmente, por la ortodoxia, venía a suceder una nueva sensibilidad que rescataba y alumbraba nuestros viejos y sombríos orígenes, sin enjuiciarlos, aceptándolos como le venía a mano, aunque ahora dicen que hay mucho juicio y «prejuicio» encubierto en su obra. Quizá. Pero como en todo el mundo.

Había nacido Pidal en La Coruña en 1869 y nos lo encontramos ya en las oposiciones a las que finalmente dejó de concurrir Unamuno. Académico desde el año dos, fue también un hombre que dio a la Academia y a todo lo académico en su más noble sentido, que lo tiene, lo mejor de una vida que fue centenaria. Dedicó su vida a la persecución de fuentes ignotas de nuestra lengua, así como a las zonas más oscuras y remotas de nuestra literatura fundacional. Hace ya muchos años que uno no pisa las aulas universitarias y desconoce en qué punto andan los estudios pidalianos, si más o menos pasados de moda. Para el objeto que nos trae importa eso mucho menos que la sensibilidad y elegancia que Pidal puso en obras como *El Poema del Cid*, *Poesía juglaresca y juglares* o *El romancero*, verdaderos hitos en la historia de la investigación, y unos *Estudios literarios* como los que reunió en la Editorial Atenea son ejemplo de lo que un filólogo ha de entender por cortesía hacia el lector no especializado en la materia.

Fue la suya una labor de esclarecedor más que de creador, pero la honradez y tesón con que la llevó a cabo le ponen a la cabeza de quienes, tras él, vendrían a completarla de una u otra manera en la generación siguiente, sus discípulos Claudio Sánchez Albornoz, que escribió unas deslumbrantes *Estampas de la vida en León hace mil años* que son modelo de erudición, interés y amenidad, y Américo Castro, mucho más brillante e intuitivo que su eterno rival y con un castellano mucho más hermoso, llamados ambos a modificar con sus teorías no sólo el pasado sino la manera de comprometerse con el presente, el suyo y el nuestro.

Capítulo cuarto

QUE SE LES DEDICA A DON RAMÓN MARÍA DEL VALLE-
INCLÁN Y A PÍO BAROJA, DOS HOMBRES QUE FUERON IN-
COMPARABLES EN TODO Y CUYAS OBRAS SON EN CIERTO
MODO INCOMPATIBLES, SE DIGA LO QUE SE DIGA

Valle-Inclán ha de empezar él solo cualquier capítulo de la
literatura española. De eso no hay duda. Fue uno de los
escritores más asombrosamente célebres en su tiempo y
puede decirse que jamás llegó nadie tan alto con más contados recursos. Vamos a intentar dilucidar un caso peculiar.

Como se ha dicho, fue Manuel Bueno quien le propinó
un bastonazo en el brazo tras una discusión en el café de
la Montaña, el año 99. La mala fortuna quiso que uno de
los gemelos del puño de la camisa se incrustara en la carne
causándole una pequeña herida que a los pocos días se in-
fectó. Los médicos fueron más tajantes que nunca, y don
Ramón del Valle-Inclán y Montenegro perdió el brazo, no
sin antes haber tenido que recurrir a Benavente, a quien
pidió dinero en una carta para costear la amputación y a
quien acabaría dedicando *Cenizas* en agradecimiento, dedicatoria que luego desapareció en la revisión de esa obra.
Nadie sacó tantas rentas de una pérdida como Valle de su
manquera.

Aquel lance quiso Valle-Inclán que fuese tan esclarecido
como la batalla de Lepanto, donde don Miguel de Cervantes
se quedó con la mano seca, y a partir de entonces dio del
mismo una docena de versiones, a cada cual más disparatada
y divertida. De hecho, esa vida o sus diferentes facetas se
han contado de todas las maneras y desde todos los lugares,
empezando por las que nos regaló su protagonista. Él mismo
fue incluso con los años perfeccionando muchas de esas versiones, suprimiendo o añadiendo detalles a conveniencia,

tratándolas como a verdaderas obras vivas, quizá porque desde muy pronto comprendió Valle-Inclán, genuino personaje de la Comedia del Arte, que, tanto como hacerse una literatura, debía crearse a sí mismo y forjar su leyenda, proceso mixtificador éste que sería medular en la esencia de la modernidad. Torrente Ballester señala con buen criterio que «el biógrafo de Valle-Inclán tendrá que explicar las razones que le movieron a inventarse a sí mismo: si fue la moda o fue la necesidad, si para ofensa o para defensa, si para llamar la atención en un ambiente opaco o para protegerse de los ataques del ambiente», todo lo cual no debe hacernos olvidar «su profunda honestidad literaria, su carencia de mercantilismo, su desprecio por las vertientes prácticas de la vida, llevado hasta extremos de heroísmo».

Cuando Valle-Inclán murió en decorosa precariedad, aunque tras haber conocido épocas de relativa bonanza, había tenido el elogio de los escritores más grandes o más célebres: Darío, Antonio Machado, Azorín, Unamuno, Maeztu, Benavente. Fue para la prosa, se dijo, lo que Rubén había sido para el verso, el prodigioso orfebre que había sacado del habla, más que de la lengua, volutas antes insospechadas, como uno de aquellos canteros gallegos que corcusían la piedra y que tanto le gustaron. Fue al mismo tiempo un escritor de enorme prestigio y un escritor minoritario, de pequeñas pero constantes ediciones y reediciones. Incluso es un caso el suyo anómalo, pues hasta sus muchos partidarios de hoy concluyen en la extraordinaria rareza de una obra que en el caso de Valle es en todos los campos excepcional, y así están de acuerdo en afirmar que ni el teatro que escribió es teatral ni fácilmente representable (teatro más para ser leído que para ser visto) ni su poesía es enteramente lírica, como dijo él mismo (poesía más para ser oída que para ser leída), ni sus movedizos ensayos lo son enteramente nunca (aptos ni para una cosa ni para la otra) ni sus novelas son unas novelas canónicas y sí sumas de cuadros más o menos detenidos, aunque animados en sí mismos como juguetes mecánicos con cuerdas independientes o relojes de impecable pero desajustada y desincronizada sonería. De ese modo tenemos que con Valle-Inclán hablaremos siempre... de otra cosa, de la que nunca conoceremos bien sus características. Algo, alguien, insisto, de arrolladora y seductora personalidad. Incluso puede decirse que estamos, junto con Lorca, ante uno de los pocos escritores blindados que quedan en España. Puede uno aquí criticar a Cervantes, a Galdós, a Juan Ramón Jiménez, y se verá bien; ahora, que nadie ose poner el menor reparo a Valle-Inclán porque será hombre muerto. Pudo Valle llamarle garbancero a don Benito, ante el alborozo y compadreo generales, pero que nadie se atreva a tocar uno solo de los pelos de las luengas barbas del estilo valleinclanesco porque los fundamentalistas de Valle-Inclán decretarán la fatwa.

De «castillo de quema» habló Juan Ramón Jiménez a raíz de su muerte, es decir, de ese lugar donde se inmolan los fuegos de artificio, que son siempre aparatosos; a Valle-Inclán le habría gustado seguramente la imagen de inmolado de sí mismo en el altar del Arte, pues fue, sobre todo, un escritor de arte, desdeñoso para todo lo que no fuese independencia e ideal puro, y como dijo Baroja, que sintió por él y por su pretenciosidad nobiliaria una antipatía profunda, a Valle había que reconocerle al menos que hubiera sido capaz de morir por defender su manera de hacer arte; morir o pasar necesidades, como de hecho las pasó él por no ceder en nada a los gustos bastardos de la época. Eso, decía Baroja, había que reconocérselo, aunque desde el momento en que a Baroja el estilo de Valle-Inclán le producía bascas ese reconocimiento tampoco parece que sea muy admirativo.

La fecha y el lugar de su nacimiento resultaron un enigma durante mucho tiempo, así como sus orígenes, que el protagonista envolvía en aromas de leyenda y brétemas confusas, pero hoy sabemos que nació en Villanueva de Arosa, en la provincia de Pontevedra, en 1866. Gómez de la Serna, que lo trató y lo admiró, todavía daba en 1941 como fechas de nacimiento la de 1869 o la de 1870. Todo es misterioso en los comienzos de Valle. En 1903 se publicó en la revista *Alma Española* una autobiografía fantástica. Fue una moda que cundió, los escritores hacían un retrato de sí mismos en una cuartilla, al modo en que los pintores se hacían sus efigies más o menos verdaderas. El de Valle-Inclán, que era sólo Ramón Valle y Peña, hoy es canónico tanto por su exactitud como por su idealización. En realidad se trataba de un retrato moral, la afirmación de una ficción incorporada a su vida: «A bordo de *La Dalila* asesiné (lo recuerdo con orgullo) a sir Roberto Young.» Se comprende que Valle-Inclán tenía esa ilusión, aunque no tanto por presumir de pirata como de caballero. Incluso si se observa bien, cuando decía «Este que veis aquí, de rostro español y quevedesco, de negra guedeja y luenga barba, soy yo: don Ramón María del Valle-Inclán», nos estaba recordando aquel principio del poeta que nos describió las ruinas de Itálica («Estos, Fabio, ay dolor, que ves ahora... fueron un tiempo Itálica famosa»), de donde deducimos que Valle no se sentía menos glorioso que la ciudad romana y que nos emplazaba a todo el mundo de los siglos venideros a verle renacer de las cenizas de la lengua, como al Fénix.

No sabemos por qué razón, Valle, después de cursar el bachillerato y siendo de una familia hidalga venida a menos (quizá por eso), embarcó para México, misterioso viaje como el de Cervantes a Italia. Regresó al poco tiempo a su tierra y en ella escribió los cuentos que pasaron a formar parte de su primer libro, *Femeninas*, que se publicó en 1895 en Pontevedra y que estaba escrito al hilo de sus lecturas extranjeras de esos días, D'Annunzio, Barbey d'Aurevilly, Eça de Queiroz... El libro resultó un volumen sin gracia y feote, todo lo contrario de lo que iban a ser los siguientes, los mejor editados tipográficamente de toda su generación, aunque los temas fuesen ya los que marcarían esa su primera etapa. Se ha hablado de dos etapas en Valle-Inclán, una primera modernista y otra segunda marcada por el hallazgo del esperpento y sus posibilidades expresivas.

Con el primer libro y un destino del Ministerio de Fomento de 175 pesetas mensuales a cargo de las obras de restauración de la catedral de León, Valle-Inclán se fue a Madrid. El empleo lo dejó al poco tiempo, pero no la literatura, a la que se dedicó con insobornable afición. En muy pocos meses, sus extravagancias, su atuendo, sus melenas y sus barbas le hicieron una figura característica del fin de siglo.

«Es seguro —nos dirá Maeztu— que ni en París, ni en Berlín, ni en Londres, ni en Nueva York se había visto en los tiempos modernos nada semejante a Valle-Inclán. Con su chistera de alas planas, su melena que le caía a media espalda, sus cuellos de enormes puntas, las barbas y narices militantes y aquella palidez que hizo decir a un andaluz que le vio por primera vez en el saloncillo de María Guerrero: "Hay que venir a Madrid para oír hablar a las figuras de cera", no ha habido en parte alguna figura más pintoresca ni más agresiva.» Cuando en 1897 se publicó *Epitalamio*, Clarín escribiría de ese librito: «¿Quién es Valle-Inclán? Un modernista, gente nueva, un afrancesado franco y valiente que no se esconde para hablar de los flancos de Venus [...] En este mismo librito que el señor Valle-Inclán por mi consejo no hubiera escrito se ve que el autor tiene imaginación, es capaz de llegar a tener estilo, no es un cualquiera, en fin, y merece que se le diga que, hoy por hoy, está dejado de la mano de Dios.»

Como se ve, Clarín apunta desde muy temprano las virtudes principales de Valle, sobre las que basaría su obra: la imaginación y el estilo.

Nos cuenta Azorín que conoció a Valle-Inclán el año en que éste vino de Galicia para intentar colocar en los libreros su segundo libro, preciosamente editado, y que no consiguió vender sino unos pocos ejemplares, lo que le desesperó al punto de arrojar, un día, con furioso desdén uno de ellos por el vano del café de Madrid. No tanto porque repudiara a su criatura, sino, nos dice Azorín, como un guante contra toda la literatura industrial, cuyos dictados, de haberlos seguido Valle, le habrían franqueado la puerta del éxito. Siguió a ese tomito otro titulado *Cenizas*, librito como de horas en edición refinadísima de un modernismo que no sabemos de dónde lo copiaría ni por dónde le llegó, tal vez de Barcelona, más que de Italia o Francia.

Estos primeros libros contaron con la simpatía del siempre temible Clarín, quien no dejaba de señalarle defectos: «Todo eso que él cree *originalidad* y *valer* es modernismo puro, imitación de afectaciones, *artículo de París...* de venta en las ferias de Toro o de Rioseco... Por dondequiera que se abre el *Epitalamio* hay algo en cueros vivos y una contorsión gramatical o retórica.»

Después de esa fecha vendrían nuevos cuentos, críticas, artículos, reseñas sobre él de Clarín, la amistad de Darío, el trato con todos los jóvenes del novecientos, los Baroja, Unamuno, Azorín, Benavente, de quien era inseparable por entonces...

Con la aparición de la *Sonata de otoño*, el año dos, se ha dicho que cambiaron muchas cosas en la novela española. Siempre se dicen cosas parecidas. La obra de Valle estaba dedicada, sin embargo, a Palacio Valdés, que representaba como ninguno la vieja literatura. En ediciones sucesivas la dedicatoria desapareció, o bien porque le parecía que don Armando Palacio ya no le convenía como amistad literaria o bien porque como obra era demasiado para el viejo novelista. ¿Cómo alguien que era tan innovador podía dedicar el fruto de su obra pura a alguien tan inane para el arte como el bueno de don Armando? Aquel relato traía a la literatura española una prosa de joyel medieval, con sonoridades espontáneas y gorgoteos de las fuentes vírgenes, si acaso hubiese alguna. Todo en ella sonaba a viejas leyendas arcanas, donde los mayorales hablan como cardenales del

Renacimiento y los obispos en el tono de viejos libertinos arrepentidos: «Aquí viene el yantar. Pondré unas trébedes al fuego, si acaso les place calentar la vianda», nos dice una ama en especiado castellano. Ortega y Gasset, en una «glosa» del año cuatro, lo definía así: «Ese preciosismo imaginario y musical, ese preciosismo que a veces empalaga, pero casi siempre embelesa [...] Cuánto me regocijaré el día en que abra un libro nuevo del señor Valle-Inclán sin tropezar con "princesas rubias que hilan en ruecas de cristal", ni ladrones gloriosos, ni inútiles incestos [...] [y pueda exclamar]: He aquí que don Ramón del Valle-Inclán se deja de bernardinas y nos cuenta *cosas humanas, harto humanas* en su estilo noble de escritor bien nacido.»

Ortega, tempranamente, estaba señalando unos límites que le resultarían difíciles de traspasar a Valle a lo largo de su vida. Y cuando en vez de palabras se aventuraba en las ideas, don Ramón ponía en apuros a todos sus futuros defensores con frases como las que escribió en la *Sonata de invierno:* «Yo hallé siempre más bella la majestad caída que sentada en el trono, y fui defensor de la tradición por estética. El carlismo tiene para mí el encanto de las grandes catedrales.» Si hubiese sido otro quien hubiera escrito estas palabras, lo habrían quemado en la hoguera. A Valle no solamente se le disculparon siempre, sino que se han interpretado como una declaración estética, no política, cuando son exactamente lo que son: expresión de un hombre reaccionario que es además un esteta. Maurras no lo habría dicho mejor.

La utillería literaria la portaba Valle de literaturas foráneas, aunque no leía ni hablaba idiomas, que le llegaron por la biblioteca de un amigo de la familia: Barbey d'Aurevilly, D'Annunzio y Eça de Queiroz, a quien sí, en cambio, leyó en su idioma y tradujo. Se le acusó, nos dice Benavente, de imitarlos y plagiarlos, y sí es cierto que los imitó y plagió, como aportó en su día Julio Casares en una contundente documentación, pero la travesura jamás se le tuvo en cuenta

JARDIN NOVELESCO

HISTORIAS DE SANTOS: DE
ALMAS EN PENA: DE DVENDES Y
DE LADRONES: POR DON RAMÓN
DEL VALLE - INCLÁN · · · · ·

«El biógrafo de Valle-Inclán tendrá que explicar las razones que le movieron a inventarse a sí mismo: si fue la moda o fue la necesidad» (Torrente Ballester).

Relato de Valle-Inclán que reproducía en la portada el célebre soneto que le dedicó Rubén Darío.

Primera edición de Jardín novelesco, *con un dibujo de su amigo Ricardo Baroja.*

El verdadero laboratorio de Valle fue el café y las tertulias. Ofició en algunas, cambiaba, presidía, congregaba a los fieles.

EL · CVENTO · GALANTE

MI · HERMANA · ANTONIA ·
POR · VALLE-INCLAN
MOYA DEL PINO

10 CENTIMOS

Este gran don Ramón, de las barbas de chivo,
cuya sonrisa es la flor de su figura,
parece un viejo dios, altanero y esquivo,
que se anima en la frialdad de su escultura.

El cobre de sus ojos por instantes fulgura,
y da una llama roja tras un ramo de olivo.
Tengo la sensación de que siento y que vive
á su lado una vida más intensa y más dura.

Este gran don Ramón del Valle-Inclán me inquieta,
y á través del zodíaco de mis versos actuales
se me esfuma en radiosa visiones de poeta,

ó se me rompe en un fracaso de cristales.
Yo le he visto arrancarse del pecho la saeta
que le lanzan los siete pecados capitales.

Rubén Darío

El Cuento Semanal

30 Cénts.

Una tertulia de antaño
* * * por Ramón del Valle-Inclán
-ilustraciones de PRRAG-·

porque supo Valle hacerse simpático en las pifias, como gran seductor que fue.

Valle se olvidó de las princesas rubias y se ocupó de mendigos y bohemios; se olvidó de D'Anunnzio y de Barbey y buscó en los lugares y villas españoles. Es cierto que el embeleco lo sostuvo, pero no consiguió suprimir el empalago, porque el estilo aún lo perfeccionó más: sus prosas (y eran prosas incluso en el teatro en verso rimado que a la manera de los clásicos intentó volver a poner en circulación) se apelmazaron y melificaron como arrope, y cualquiera de sus personajes podía soltar sobre las tablas frases como ésta, con una naturalidad asombrosa: «El mundo solamente es para los ricos», una muy original y profunda idea que entusiasma y enardece a todos los críticos de la literatura que ven en él un fondo progresista indudable, o, por el contrario, frases del tipo de «Los fierros más recios también enmohecen y crían orín», en cuya sonoridad retumbante se anonadan los gustos y confunden.

A veces, uno ha vuelto a leer las *Sonatas* con el ánimo de confirmar lo que es opinión extendida, por no tener que salirse del común ni discutir con la época, pero al encontrarse con el obrador de un repostero fino no puede por menos uno que suscribir las palabras de José Fernández Montesinos y concluir que «la parte modernista de su obra "data" a veces de modo lamentable y hoy no podemos darnos sin cierta reluctancia a la plena fruición de algunas lecturas. Se leen mejor algunas historias breves que las *Sonatas*; *Flor de santidad* es de todo punto admirable, pero *Flor de santidad* demostraba que aquel arte no podía pasar de allí».

Y sin embargo de todo ese lenguaje que nos suena tan literario, su autor habrá de decir que «la primera virtud del estilo es que se parezca al estado hablado, como quería Montaigne. En el habla del labriego está el espíritu de nuestra lengua, y no es en los clásicos que vinieron latinizando e italianizando», en lo que le daba la razón a Juan Ramón Jiménez, que lo llamó «el primer fablistán de España», del que fabla más que de quien habla, y «más artista que poeta», «más ojo y oído que emoción». Esto, naturalmente, aportó algo precioso a nuestra lengua, al tiempo que lastraba de manera fatal su misma obra. ¿Hablaba así el pueblo que oyó Valle o fue también una estilización de ese habla? Puestos a estilizar, Valle los estilizó a lo quevedesco, no a lo cervantino, pues llenó sus obras de tantas palabras perdidas o enterradas que terminaron pareciendo más un museo que ese trozo de vida a quien dijo servir. La aportación fue de orden arqueológico, poniendo en funcionamiento visiones arcaicas ya en desuso. La parte negativa se la llevaría su concepción de la novela, pues tal arqueología terminaría por dejarla calva e inerme sobre el suelo, como ciudad en ruinas. Su Itálica famosa. Incluso en su teatro: termina siendo tanto o más interesante lo que el autor anotó para el apuntador o director de la obra que lo que ocurre sobre las tablas. Por otra parte hemos visto que al poseer esta literatura un fuerte carácter verbal ha impedido para siempre la traducción de Valle-Inclán a otras lenguas, así como su exportación y cabal comprensión en otros países. Ocurrió con Rubén Darío algo parecido; ocurrió, en menor medida, con Machado, y ocurre por entero con Valle-Inclán. En cierto modo nos ha quedado Valle como ciertos caldos de Albariño o del Priorato, condenados a no traspasar jamás el puerto de Manzaneda si no quieren perder misteriosamente todos sus inconfundibles y musicales aromas y sabores.

Poco a poco sobrevino la apoteosis de Valle, que adquirió resonancia en los cafés y tertulias. Madrid era entonces, como decía con mucha gracia Baroja, la única ciudad del mundo donde un hombre podía vivir sólo con ser gracioso: «Con una quintilla bien hecha —nos dijo— se conseguía un empleo para no ir nunca a la oficina.»

El verdadero laboratorio de Valle fueron el café y las tertulias. Ofició en algunas, cambiaba, presidía, congregaba a los fieles. Valle-Inclán no habría sido posible sin los cafés, sin las botillerías, sin la cacharrería del ateneo. Por eso le entendió tan bien Gómez de la Serna. Cuando murió, Unamuno, que lo llamaba «actor de sí mismo», declaraba que «fue más que escritor, más que orador, un conversador y un recitador admirable». Éste es lo que podríamos llamar un elogio envenenado. Es decir, el autor de teatro que no escribió teatro, el novelista que no hizo novelas, el poeta que fue sólo un juglar, como persona tampoco pudo prescindir de una máscara de actor. Un día se preguntó Valle, en uno de sus arranques ingeniosos, qué quedaría de los Quintero si se tradujesen al castellano. Podríamos preguntarnos qué quedaría del propio Valle sin su magnífica y admirable leyenda. Por eso debemos hacer constar aquí los cafés por donde estuvo, el Nuevo Levante, donde capitaneó a Zuloaga, a Rusiñol, a Amadeo Vives, el músico, a los Machado, a Nervo, a Santos Chocano o a Diego Rivera, a Romero de Torres, que lo idolatraba, a Victorio Macho, a Gutiérrez Solana, que le dedicó uno de sus primeros cuadros, a Bartolozzi o a Anselmo Miguel Nieto. Fue un hombre al que sus amigos, intelectuales y artistas en su mayor parte, veneraron y admiraron de corazón. Fue el hombre con seguidores prendidos de la oriflama de su verba. Valle fue, sin lugar a dudas, un verdadero acontecimiento social por antisocial, por raro y estrambótico. Una figura de todas las contrafiguras. Como la beatificación del maldito, la elevación estatuaria del ángel caído o el paso de una fanfarria sonora e imponente. Se quiso hacer con él un catalizador de la época, como de hecho lo fue Lorca de la suya. Se pensó: en aquella generación de antiguos, Valle fue el más moderno, ¡moderno un hombre que pretendió escribir como Aretino y blasonaba de carlista! Se lee incluso en una biografía ya pasada de moda sobre Valle, con el propósito de internacionalizar una figura que sólo ha tenido sentido dentro de la historia local (Valle, se mire por donde se mire, es local, y ésa es la razón de no haber podido superar la barrera del idioma), se lee en esa biografía, digo, que en cierta ocasión le presentaron también a Matisse, de paso por la capital, lo cual, que conociera o no a Matisse, no son más que ganas de mixtificación, pues de ser cierto el hecho sería éste irrelevante, ya que Valle es a Matisse lo que Inclán a Henri, para decirlo de una manera valleinclanesca que al micer galaico hubiese placido.

Tras la publicación de sus primeras obras modernistas, Valle trató de buscar acomodo en el teatro, que era un medio de vida algo más seguro que la poesía o la literatura, habiendo él descartado el periodismo porque «avillanaba el estilo». Ya en el año 98 había pedido ayuda a Galdós para entrar de cómico en la compañía de Thuiller-Cobeña. Luego, también con Galdós, se le ofreció a éste para adaptarle para la escena la novela *Marianela,* proyecto que no llegó a realizarse. Luego se casó. Lo hizo con la actriz Josefina Blanco. Fue siempre ésta una relación difícil. Terminaron separándose, aunque con los años fuese ella la que pidiera a Benavente, ya después de la guerra, prólogo para el segundo de los tomos de las obras completas de su marido. Los hijos, cuando crecieron, hablaban siempre de sus padres como «del matrimonio con el que vivían». Recién casado, Valle empezó a seguir a su mujer en las campañas teatrales de América. Organizó algún escándalo que se hizo, cómo no, muy célebre, como cuando encerró a su mujer en el hotel para impedir que actuase en una función de don José Echegaray. Se entregó al mismo tiempo a una febril actividad creadora. Fueron años, los primeros del siglo, de una gran fecundidad literaria, donde mezcló el verso, los relatos, la novela, el teatro, los artículos y las traducciones de obras ajenas, en un intento de construirse una literatura total. Los libros se sucedían, aunque fueron de venta no tan lenta y escasa como repite una leyenda que, una vez más, fue el propio Valle el encargado de poner en circulación. Otra de las leyendas fue la de que la crítica tampoco le favoreció mucho. Tal vez la teatral se mostrara fría con él, pero ésta no refrendaba sino la frialdad del público a quien los esperpentos y comedias bárbaras de Valle dejaban indiferente. En cambio tuvo siempre las más favorables críticas de los intelectuales más esclarecidos del tiempo. Si no de todos, de muchos. Valle, impertérrito, despreciaba a unos y a otros, a los lectores, a los críticos, incluso puede decirse que a los amigos. A su lado, todos parecen acólitos, incluso gentes como Azaña. Su mundo, el valleinclanesco, se iba configurando por momentos, gerifaltes, leyendas medievales, marquesas corruptistas, los famosos incestos, terciopelos, citas en los jardines umbríos...

Por ese tiempo se hizo militante carlista no se sabe todavía ni cómo ni por qué, quizá porque, sin creer en nada, le pareciera el pretendiente mucho mejor rey, como a aquel ateo que, sin creer en ninguna, habría decidido que, de serlo alguna, la religión católica sería la verdadera. Valle, sin solución de continuidad, como se dice, solicitó a Alfonso XIII, genio y figura, la rehabilitación de antiguos títulos nobiliarios que porfió en que pertenecían al solar de sus mayores, asunto éste por cierto en el que fracasó. Esos desajustes, lejos de incomodar, producían gracia, pues Valle parecía tener bula para toda clase de excesos. Sólo muchos años después, un rey liberal terminaría concediendo el título carlista de Bradomín a sus descendientes en una de esas paradojas que tiene la vida y que nos la hacen a todos mucho más simpática y republicana.

Esos primeros quince años de su vida literaria fueron en él cruciales, trabajó mucho, publicó a destajo y habló por todos en todos los periódicos; puede decirse que desde Quevedo, como lo vio Unamuno («se hablará de Valle más que se estudie su obra»), no había habido en España escritor cuya efigie fuese más popular; fue viendo cómo le nacían hijos y se le morían; padeció el mediopelo español de vivir al día, impagar los alquileres y limosnear colocaciones: o el revés de la fortuna que lo subía desde los pisos principales a las guardillas, o el albur de dedicarse a la siempre perentoria vida agropecuaria, como ganadero de cría y engorde, años en los que, por cierto, declaró a un periodista jactarse de maltratar a los criados campesinos, a sus *mujiks*, como si dijéramos, aunque en ello habría que ver tanta verdad como en su asesinato del señor Young, aunque no deja de ser significativo que alguien se ufane de avasallar al bruto, aunque sólo sea en «broma estética». Y toda esa precariedad fue sin duda debida a una mala administración, pues nadie puede dudar a estas alturas de que Valle-Inclán, pese al interés suyo para hacer creer a todo el mundo que vivía del aire como los artistas puros, fue un escritor que, sobre todo a partir de 1909, pudo vivir de sus obras igual o mejor, por ejemplo, que Baroja, pues se las apañó muy bien para imprimir él mismo sus libros y vender partidas a Fernando Fe, Librería Beltrán y otras distribuidoras de la época. Según Abelardo Linares, que conoce el negocio de los libros viejos y puede hacerse una idea de cada autor por el número de los ejemplares que de cada uno de ellos se tropieza en ese mercado, Valle-Inclán vendió probablemente algunos cientos de miles entre todas sus ediciones y reediciones, buena parte de ellos destinados a América, lo cual, dicho sea de paso, debería acabar con la leyenda de un escritor al que no leía absolutamente nadie o del escritor que, por no ceder al gusto de los lectores adocenados, se ve forzado a pasar hambre, como de hecho llegaron a creer sus contemporáneos. El propio pio Baroja fue uno de ellos. Pero no. La leyenda seguirá, de eso no hay ninguna duda, porque el público quiere ver a Valle-Inclán pobre, incomprendido, maltratado. Eso les da más gusto a muchos de sus partidarios, con la esperanza tal vez de que el caso se repita en ellos y venga luego el Tiempo, con su mano correctora, y los enaltezca y ensalce. El Valle arbitrario y mixtificador les conviene más.

Su jornada podía pasar, sin transiciones razonables, de insultar a quienes le regateaban en los despachos de los editores unos duros de sus derechos o un par de adjetivos en la gacetilla, a recibir el homenaje enfervorecido de una peña de seguidores.

Esta combinación de vaivenes continuos le aniquilaba al

tiempo que le hacía inmortal. Desde luego, nadie pondrá en duda, leyendo sus entrevistas o a los biógrafos que le conocieron, que Valle ha sido uno de los escritores más divertidos y con más gracia de toda nuestra literatura, alguien capaz de vender su alma al diablo por un buen juego de palabras para timarlo a continuación con un sorprendente ardid. Se hubiera podido asegurar que lo que no le destruyó le hizo grande, porque, como decía Maeztu, «había nacido para decir la última palabra, la más arbitraria de todas las palabras, sobre todos los temas del cielo y de la tierra. Cuando la guerra ruso-japonesa, Valle, que era rusófilo por admiración a Tolstói, aseguraba que los japoneses serían vencidos "porque eran todos miopes"».

Toda esta primera etapa de su modernismo, que llegaría hasta la publicación de *Luces de bohemia* (1920; uno de los títulos más bellos de nuestra literatura), gravita alrededor de la publicación de sus célebres cuatro *Sonatas*, una por cada estación del año, memorias apócrifas de un no menos literario marqués de Bradomín, «feo, católico y sentimental», como es harto sabido, hombre viejo, tradicional y anacrónico, de los que, al gusto de la época, encontraban mucho más estético el pecado que la virtud, tanto por la voluptuosidad de la caída como por el golpe de efecto que es siempre una conversión o un arrepentimiento a tiempo.

El esfuerzo verbal de Valle-Inclán en estas primeras obras de corte galante y decadente fue inmenso. Eso es una cosa innegable. Podrá uno discutir la importancia que tenga el hecho, pero no el hecho mismo. Esa prosa no la había habido en la literatura española nunca. No partía, como Baroja o Azorín, de la realidad o de nuestros clásicos. Ni siquiera de Tolstói, a quien paradójicamente siempre dijo admirar por encima de ningún otro y con el que puede decirse que tiene que ver lo mismo que con Matisse. Si Baroja nos diría que Tolstói le producía siempre una serenidad grande, Valle era todo lo contrario, como administrarse en ayunas chiles de sus tierras mexicanas. Partía del Arte, en él con mayúscula. Naturalmente. El arte para el arte, tanto como el arte por el arte. Incluso desde posiciones sociológicas vemos que Valle, por buscar para sí un lugar nuevo o libre de anteriores ocupantes, trató en sus novelas de todos los asuntos, excepto los concernientes a la burguesía española, que es el sustrato básico del mundo galdosiano. A Valle-Inclán lo encontraremos siempre o en el campesinado tradicional o en las esferas de la aristocracia rancia. ¿Lo hizo para no transitar un mundo ya recorrido por Galdós? ¿Por razones de repugnancia moral y repudio hacia la vulgaridad de las clases intermedias? No lo sabremos nunca. El esfuerzo lingüístico lo sostuvo luego en sus comedias llamadas bárbaras, que tienen poco de comedias y mucho de bárbaras, *Águila de blasón, Romance de lobos* o *Cara de plata,* cuadros de un barroquismo atosigante donde se cuenta la formidable historia de Juan Manuel de Montenegro, que habla siempre como los heraldos de los cataclismos, con trenos olímpicos y formidables.

Vino luego también su trilogía de novelas de asunto carlista, *Los cruzados de la causa, El resplandor de la hoguera* y *Gerifaltes de antaño,* libros publicados en menos de un año. La visión que Valle-Inclán dará de la guerra distará mucho de la que Galdós nos había dejado en sus *Episodios* o de la que Baroja daría en sus magníficas *Memorias de un hombre de acción.* Para el primero, la Historia no es sino un marco donde suceden las únicas historias que prevalecen e importan, las de los individuos. Para el segundo, un mero pretexto con el fin de novelar una idea liberal y romántica, aunque no olvide la Historia. Uno la conocía bien y quería ser fiel a ella; para Baroja, la Historia no es ya más que literatura. ¿Y para Valle? En Valle-Inclán, el carlismo y la guerra no son más que el cañamazo en el que bordar tapices magníficos, cuadros de una belleza estática por la que cruzan viejos nobles con capa blanca y mujeres que bordan a su vez en paños de raso la cruz de san Andrés, de color carmín. Entran y salen diciendo frases campanudas, con cambios en el reóstato. El mismo escenario, los mismos cuadros, las mismas frases: «¡Nunca tal se vio como agora! ¡Dos reyes en las Españas!» o «¡Cruzados cual aquellos que iban a redimir el Santo Sepulcro!». El efecto es indudable.

Es cierto que Valle-Inclán no renunció a contar pequeñas historias, obras de carácter frívolo e intrascendente, enteramente en la estética decadente y modernista, como *La marquesa Rosalinda* o *Cuento de abril*, elevadas custodias literarias repujadas, como de Arfe, para llevar la Belleza. Hoy son casi imposibles de leer.

A veces, su idea de Belleza quiso arroparla también en teorías, que sintetizó en el único libro suyo de estética, *La lámpara maravillosa*, que de haber tenido buenos consejeros jamás hubiera publicado, pues es precisamente ese libro de ideas el que da pie para creer que no tenía ninguna razonablemente clara. Está lleno de misteriosas y con desoladora frecuencia poco inteligibles elucubraciones de orden esotérico o místico, llevado por el poder opiáceo de las palabras. «No leía nada», dijo de él Juan Ramón Jiménez, citado por Cernuda. Hace unos años, cuando uno dijo que Valle-Inclán era un hombre sin ideas, los seguidores suyos, sobre todo los críticos de los periódicos y los profesores, se pusieron furiosos, como si se mentara a la patria. Los partidarios de Valle estarán siempre con él, «con razón o sin ella», como suelen explicarles en los cuarteles a los reclutas cuando se les habla de defender a la patria, a la madre, a la hermana y a la novia. Pero eso es un dato incuestionable. Valle-Inclán fue un hombre sin ideas, y si acaso alguna vez tuvo barrunto de alguna, ésta la concibió y expresó de forma tan confusa que era mejor no haberla tenido. No tuvo ideas sobre la novela, sobre la vida ni sobre nada. Cuando las tuvo sobre política fueron desconcertantes. No obstante se puede ser un gran artista y orfebre sin ellas, y Valle lo fue gracias a su portentosa intuición. Su obra es la de un hombre de imágenes, de visiones de conjunto, de cuadros estéticos. Valle es un artista de un instinto infalible para descubrir el

Fue el hombre con seguidores, prendidos
de la oriflama de su verba. Valle fue,
sin lugar a dudas, un verdadero
acontecimiento social, por antisocial,
por raro y estrambótico.

La leyenda seguirá, de eso no hay
ninguna duda, porque el público quiere
ver a Valle-Inclán pobre, incomprendido,
maltratado. Eso les da más gusto
a muchos de sus partidarios.

El esfuerzo verbal de
Valle-Inclán en estas
primeras obras de corte
galante y decadente fue
inmenso. Eso es una
cosa innegable. Podrá
uno discutir la impor-
tancia que tenga el he-
cho, pero no el hecho
mismo.

lado esperpéntico de la realidad. Es un mérito que nadie podrá discutirle. No podía ser de otro modo. Con lo que Valle-Inclán llevaba en la cabeza no hubiera podido hacer otra obra, de la misma manera que, como dijo maliciosamente Baroja, un hombre al que si le sobró algo alguna vez fueron ideas y opiniones, con las palabras que Valle utilizaba, dijo, no se podía escribir de otra cosa que de jardines, de pavos reales y de pederastas. De ahí que cuando a Valle haya querido traducírsele a otro idioma su teatro y su novela (y concediendo que la poesía es intraducible a cualquier idioma) se haya quedado en las entretelas de los diccionarios y aparezca como un literato sin interés. El Shakespeare o el Goethe peor traducidos pueden leerse y aun cautivar. Traducid algo que ha nacido sólo del color local, ponedlo bajo otras luces, y desaparecerá.

«Hombre de teatro, Valle, su habla, su idioma dialectal, o dialecto idiomático, era teatral. Ni lírico ni épico, sino dramático, y a trechos tragicómico. Sin intimidad lírica, sin grandilocuencia épica. Lengua de escenario y no pocas veces de escenario callejero. No hay que buscar precisión en su lenguaje. Las palabras le sonaban o no le sonaban. Y según el son les daba un sentido, a veces completamente arbitrario.»

No quiere decir este párrafo que Unamuno fuese enteramente contrario a Valle-Inclán. Al contrario. Admiraba en él esa capacidad fabuladora. En cierto modo, los grandes jaleadores de Valle se contarían entre los que vinieron luego, los Azaña (que por algo repartió su admiración entre Valle y Juan Valera), los Cipriano Rivas, Pérez de Ayala, Gómez de la Serna, Miró, o sea, los forjadores de estilo... Fue para ellos su maestro, el primero que los puso en la senda de la fanfarria, en un casticismo tanto o más retrógrado que cualquier otro, resultando a la postre más garbancero que su pobre don Benito.

No seríamos justos, por último, si no valoráramos el enorme caudal musical y sonoro de su lengua o si no reconociéramos la inagotable riqueza de imágenes que en ocasiones proporciona. Torrente habla no obstante con mucha razón de la adjetivación de Valle, siempre brillante, aunque no *significativa*, sino *rítmica*, es decir, «por como suena», y que su prosa, que empezó amanerada y dulzona, terminó en cubista y disonante música de jazz por su voluntad de romper la *maniera*. Es posible. Eso la convirtió en una prosa-pianola, una magnífica prosa-pianola, y así tiene uno la sensación de que en sus libros Valle va dándole al manubrio con el magnífico resultado de que eso siempre suena y es inacabable. (Todos los libros de Valle podrían ser la mitad de cortos o el doble de largos, sin que se notara la diferencia.)

En cuanto a la fijación del «esperpento», fue importante desde luego, pero no olvidemos que el esperpento es un espejo deformante de la realidad, cóncavo o convexo. El caricato, y ha de reconocérsele a Valle haber sido un gran caricato, necesita para hacer su obra una décima parte que un creador. Si éste crea de la nada, el caricato sólo deforma. Le basta, pues, mantener una relación parasitaria con la obra de los demás, con el mundo, con la vida. Valle es un camino sin salida, pero el tramo que él recorrió lo hizo con entera dedicación y llevó tal manera o *maniera* a las últimas consecuencias estéticas y artistizantes. En nadie se ha dado un estilo más personal ni a nadie ha esclavizado tanto su estilo, si se exceptúa a Miró o Eugenio Noel, sus iguales en ese aspecto. Es como si no hubiese podido escribir con palabras normales y corrientes. En él cada una de las palabras vale su peso en oro, y son todas de clámide para arriba. Pero ese estilo es genuino. Pudo Quevedo darnos al lado de su arquitectura barroca unas docenas de gigantescos poemas, casi modesto legado en comparación con aquella su herencia. Como le ocurrió a El Bosco, nos dejó Valle-Inclán unas fantasías excepcionales que tienen que ver con la literatura lo que *El carro del heno* o *El Jardín de las delicias* con la pintura. Son obras de una naturaleza parecida en todo y debemos conservarlas con el mismo celo. Valle-Inclán es nuestro Arcimboldo. Pueden haber venido quince generaciones de surrealistas asegurando que Arcimboldo era genial como Leonardo, y aprovechar de paso para pintarle los bigotes a la Monalisa. Pero nadie nos quitará de la cabeza que, dejando aparte la singularidad de Arcimboldo, Leonardo, como personalidad, es, desde todo punto de vista, bastante más interesante. En ese sentido, la desmedida proyección literaria de Valle se ha debido a razones estéticas y políticas. Estéticas por alcanzar, al final de su vida, corrientes surrealizantes e irracionalistas que favorecían una obra como la suya en la que el esperpento es un anuncio o precursor del surrealismo, como Arcimboldo lo era de Magritte o Dalí, sin contar que la parte artificiosa que hay en toda modernidad se reconoce en lo que de artificioso hay en Valle; y razones políticas, porque su oportuno giro a la izquierda le hizo caer en brazos de republicanos y comunistas, que lo pasearon por Europa y España como una preciada bandera arrebatada a no se sabe qué enemigo burgués. Que esta valoración política es determinante en el juicio actual de su obra es un hecho también incontestable. Incluso alguien tan independiente como Cernuda nos daba en un párrafo más que discutible cumplimiento de tal pensar: «Si la obra de Valle-Inclán es admirable, la dramática esencialmente admirable y única, su vida es ejemplar; aún más por contraste con las de aquel grupo de traidores y apóstatas (excepción hecha en el mismo, claro, de Antonio Machado), donde se destaca la suya tan noble.»

Cernuda valora aquí, sobre todo, la vida de Valle, aunque al mencionar a «aquel grupo de traidores y apóstatas, excepción hecha de Machado», se está refiriendo a quienes en la guerra civil apoyaron con su palabra o su silencio a Franco, juzgándolos en una vida nada ejemplar. Que Cernuda juzgue obras pasándolas por el tamiz de la vida es absurdo. En el caso de Valle-Inclán, más todavía. Valle, el único de todo el grupo de traidores y apóstatas que no hizo la guerra por haberse muerto unos meses antes, nos privó a todos de saber cuál habría sido su actitud frente a aquella circunstancia excepcional: *a*) en el caso de que le hubiese sorprendido la guerra, por ejemplo, en Galicia, zona nacional, y *b*) en Madrid, zona republicana. Ver si en *a* hubiera desempolvado su viejo «Deténte, enemigo, el Sagrado Corazón está conmigo» carlista para salvar la vida, o si se hubiese plantado como Unamuno, o si hubiese sido fusilado como Lorca, y ver en *b* si se hubiese quedado en Madrid, como Machado, porque no pudo salir de la ciudad, o si lo abandonaba, como hicieron todos los demás intelectuales y escritores de su quinta. De manera que juzgar la vida de Valle-Inclán como de una gran ética por un episodio que no vivió es tan absurdo como juzgar la de los demás por episodios que padecieron tanto o más que el propio Cernuda. Pensemos por ejemplo en Juan Ramón Jiménez, a quien Cernuda no cita. O en el propio Unamuno, de egotismo tan antipático, como dice el propio poeta sevillano. ¿En qué fue traidor Baroja? ¿Qué decía Baroja en 1936 de la democracia que no hubiese dicho ya en 1900? En la guerra se vieron cosas muy raras, y aunque las suposiciones no sirven absolutamente de nada, podemos preguntarnos si la valoración y el juicio que hoy se tiene de Valle-Inclán serían los mismos si, como en el caso de Unamuno, Baroja o Azorín, hubiese tenido aquél que pasarse, de una u otra forma, componiendo más o menos la figura, a las filas de Franco, o ni siquiera, quedándose únicamente a vivir en la España franquista. De eso no hay duda, en la medida en que hemos visto cómo se les pasó a estos tres escritores durante muchos años una abultada factura por ello, pagando en réditos literarios contantes y sonantes más que discutibles deudas políticas.

No. No ha venido nadie a desmontar nada. A Valle corresponde un lugar, como a Gabriel Miró, como a Pérez de Ayala. Eso sería absurdo. Incluso sería conveniente que se valorara más algún aspecto de su obra, como su poesía (pensemos en su magnífica *La pipa de Kif*), postergada a un segundo o tercer lugar que no merece. No se trata de hacer cortes en nuestra literatura, sino de buscar los enfoques más apropiados, incluso en la valoración de sus relaciones humanas.

La que tuvo con los Baroja fue compleja también. Si bien Ricardo conservó su amistad siempre y la simpatía que le causaba, llegando a mantener con Valle, Corpus Barga y Rivas Cherif, entre otros, las famosas veladas teatrales de El mirlo blanco, la incompatibilidad con Pío fue siempre manifiesta, si nos atenemos al menos a las *Memorias* de éste, publicadas cuando Valle había muerto ya, donde menudean las referencias a quien fue su amigo en la juventud. «Además de la antipatía física había entre nosotros una antipatía intelectual. Pero existía una diferencia, y era que él, con razón o sin ella, temía que el mejor día o en la mejor ocasión yo hiciera algo que estuviera bien; y yo, con motivo o sin él, no tenía ese temor... él leía mis libros cuando aparecían y yo no leía los suyos», se nos dirá por boca de César Baroja en una cita que aprovechó Ruiz Contreras para arremeter en *Libros y escritores contemporáneos*, una vez más contra Baroja.

La trayectoria de Valle tras la etapa modernista fue cambiando paulatinamente. Quizá nunca fue un escritor carlista y tradicionalista, por lo que no tuvo que dejar de serlo para terminar en, como pronosticó Luis Araquistain, «el primer bolchevique» de España, lo cual es un poco una exageración, porque no parece que Valle cambiara nada. Al mismo tiempo se desarrolló el iniciado esperpento y un nuevo Valle, admirado como nadie por los escritores nuevos, Pérez de Ayala, o Azaña y los colaboradores de *La Pluma*, y Ortega y su *Revista de Occidente*, o los escritores novísimos, como Gómez de la Serna y todos los que seguían y enarbolaban como él la bandera de la vanguardia. A la manera de otros escritores y caricatos europeos de corte expresionista, Valle aprovechó la capacidad crítica de su teatro satírico con fines ideológicos, normalmente de cierto esquematismo. Fue el momento de los malentendidos. Hemos dicho que Valle es un fenómeno local, el más español de todos sus escritores, el más castizo. Fue también un fenómeno de manipulación política. Sus incursiones en la realidad social y política le iban a llevar a activismos de naturaleza izquierdista que jamás terminaron de resolver importantes contradicciones, como cuando se adhirió a la recién advenida República española sin renunciar, como hubiese sido lógico, al nombramiento que como «Caballero de la Orden de la Legitimidad Proscrita» le hacía por esos mismos días el pretendiente don Jaime.

A quien le guste la literatura como fuente de voluptuosidades específicas, al margen un poco de la vida, hallará en él un verdadero filón inagotable, como de hecho le ha ocurrido a la legión de sus exegetas, quienes, mayormente desde las universidades, han inundado las bibliografías de no siempre mesuradas interpretaciones que van desde los estudios del compromiso político de Valle, naturalmente un compromiso progresista enmascarado sutilmente, nos dicen, en formas reaccionarias para que nada sea lo que parece, hasta quienes ponen su *Luces de bohemia* por encima de todo nuestro repertorio clásico, con un entusiasmo inmoderado y fuera de lugar. No hay que exagerar, pero tampoco ignorar o mostrarse reticentes a los destellos continuos que la lectura de cualquier obra de Valle puede proporcionarnos, incluso aquellas a las que el tiempo ha terminado apergaminando. *Luces de bohemia* es una obra montada sobre los nombres, sobre las claves, sobre las medias palabras y los guiños, pues los malentendidos necesitan como pocas cosas los sobrentendidos, pero es una obra divertida y llena de muy finos aciertos casticistas; como un buen Arniches con alusiones a Lenin. Y el sobrentendido aquí era la vida de la bohemia. ¿Resistiría una comparación Max Estrella con Segismundo, don Latino con don Juan?

«Valle-Inclán, el más artista de los escritores del 98

—concluía el asimismo gallego Torrente Ballester—, fue también el menos poeta [opinión que coincidía con otra de Cansinos]. Dueño de poderosos aunque limitados recursos expresivos, su actitud espiritual, su preocupación de mantenerse siempre superior a sus personajes, su frialdad cordial, le estorban la creación de tipos humanos, plenos, capaces de despertar amor y simpatía. Vivió prisionero de su destreza formal y de su ironía. El hombre Valle-Inclán, que hoy sabemos por su correspondencia capaz de amar y de admirar, dimitía de su propio sentimiento al obrar como artista: no era el hombre entero, en cuerpo y alma, sino una parte de su humanidad la que escribía. En consecuencia, sus criaturas son incompletas: máscaras y títeres, nada más, entre los cuales, sin embargo, suena a veces un gemido.»

Y sin embargo a Valle debemos algo que ha trascendido su literatura y que no es literatura propiamente. No es poca esa aportación, desde luego. En el esperpento está reflejado parte del espíritu nacional, su lado negativo, el histrionismo de quien quizá no fue capaz, al contrario que Galdós, de mirar misericordiosamente la vida y retratarla, y tuvo que conformarse con caricaturizarla. «Las imágenes más bellas, en un espejo cóncavo son absurdas —dijo Valle—; mi estética actual es transformar con matemática de espejo cóncavo las normas clásicas.» Esa definición es, como se ve, una adecuación posterior y teórica a lo ya hecho, como una justificación posterior, como una bendición, diríamos, incluso con esa pedantería de meter la matemática de por medio en un hombre al que le costaba llevar las cuentas. El retrato que Galdós intentó y en cierto modo, más modestamente, Baroja, exige de un hombre dotes de creador. Para la caricatura bastan las habilidades de un artista. Y si Baroja seguía, a su pesar, en la estela de Galdós, Valle no fue sino la continuación del espíritu ácido e inconforme de Clarín, como podríamos considerar a Buñuel hijo de Valle, pese a confesarse nieto de Galdós, y de ese modo tenemos finalmente a Valle no de la parentela de Cervantes, como en

cierto modo lo fueron Larra, Galdós o Baroja, sino de la de
Quevedo, con Villarroel o don Juan Valera.

Quizá sea esa tendencia suya de hacer que el fondo estuviese en la forma, a la que se refería Unamuno, la que ha
convertido a Valle-Inclán en este fin de siglo, bastante for-
malista por cierto, en el único autor de la época al que aún
se representa (lo que no quiere decir que esté vivo) y en el
escritor más prestigiado y unánimemente elogiado, incluso
por aquellos que hacen gala de una contumaz aversión para
con el resto de la literatura española contemporánea, incluido Baroja, autor que por ser el antípoda de Valle pudiéramos poner a su lado. «Valle es la visión de la vida de
los grandes tal como pueden percibirla los ayudas de cámara
y los pillos de cocina —dirá un Maeztu de su viejo conmi-
litón a la muerte de éste—. No es historia, sino lo que llaman
los franceses "pequeña historia" y los ingleses "escándalo"
[...] Porque Valle ha sido, para bien y para mal, un Góngora
de nuestro tiempo.»

Así como Valle-Inclán nos remitirá siempre a cuestiones
artísticas y de estilo, la obra de Baroja nos hablará siempre
de una vida destartalada e incompleta. Por eso en *La inspiración y el estilo*, libro imprescindible para conocer lo que
Baroja opinaba del estilo, el arte y la novela, dijese aquello
de que «la perfección, o al menos cierta clase de perfección,
aburre». ¿Lo dijo Baroja desde la posición de quien ha renunciado a una obra perfecta o desde el convencimiento de
que nada puede llevarse a una consecución plenamente sa-
tisfactoria?

La opinión que sobre Baroja se ha tenido ha variado mucho en los veinte últimos años. Alguien tan perspicaz como
Mainer podía en 1979 hacer el siguiente diagnóstico, que
no recogía sino la «sensibilidad ambiente» del crédito político de los autores: «Valle-Inclán y Antonio Machado han
pasado a constituir los dos máximos valores literarios de la
literatura nacida a fin de siglo, eclipsado en mucho Unamuno (que se benefició hasta hace poco de idéntica situa-

ción), no demasiado boyante el crédito de Baroja y oscurecido (en forma a menudo irreversible) Azorín.»

Un juicio como ése necesitaría sin duda matizarse, como lo ha hecho recientemente el propio Mainer en un sobresaliente prólogo a las obras completas de Baroja. Los matices en tales valoraciones antiguas son, más que necesarios, inaplazables desde el momento en el que los gustos han empezado a variar o al menos a oscilar inequívocamente, valorándose hoy en el gusto de los escritores, tanto o más que las obras llamadas de imaginación, las de corte realista y, tanto o más que las atenidas a un estilo, aquellas otras escritas desde la naturalidad.

Baroja, por ejemplo, como ha podido constatar Mainer, ha visto reconquistada precisamente en estos últimos veinte años su reputación no ya de novelista, si acaso hubo alguna vez que la perdiera, sino de escritor total, y así vemos que Baroja es hoy toda una literatura y una manera de entender ésta. Si de Valle nos ha quedado el esperpento como principal herencia, lo barojiano no le va a la zaga en importancia, toda vez que en el esperpento o en lo esperpéntico descubrimos siempre la negativa y bochornosa caricatura de la realidad, en tanto que en lo barojiano se nos da la realidad misma, con tintes sentimentales, dentro de las necesarias claves del escepticismo. Incluso podemos decir que Valle y Baroja no sólo representan realidades y literaturas antagónicas sino en algún momento irreconciliables, y a la posición reaccionaria del primero se opondrá el talante liberal del segundo, por más que haya quienes encuentren paradójicamente a Baroja de un anarquismo reaccionario y a Valle de un carlismo progresista, lo que siempre será un gran misterio.

Es Baroja la figura del novecientos más compleja sin duda. Si la de Unamuno fue la más contradictoria y paradójica, la de Baroja fue la más extraña e inclasificable. Incluso su visión del período fue la más personal de todas. «Yo había seguido en los periódicos aquella cuestión de las gue-

En cierto modo el título de su primer libro podría titular toda su obra, de más de cien títulos: Vidas sombrías.

De todas las personalidades del novecientos es la de Baroja, sin lugar a dudas, la más cordial, simpática, sugerente y próxima de todas.

«El fabricante de novelas es, sin duda, y ha sido siempre, un tipo de rincón, agazapado, observador, curioso y tenaz» (Baroja).

rras coloniales, pero no tenía un criterio personal que valiera la pena», nos dirá en sus *Memorias,* después de haber condenado el período: «Yo no me zafo de mi personalidad política, porque no la tengo. Si la tuviera, no podría zafarme de ella. Esta responsabilidad política siempre es base de esa ridícula entelequia de la generación del 98, que yo he dicho siempre, y creo que a los amigos les habrá convenido, que es completamente fantástica y sin base. Además, yo soy un relativista, como quien dice, absoluto, y la política no me interesa nada: lo único que me pasa con ella es que me repele.» En una generación de egotistas como la suya, el egotismo de Baroja es el más autárquico: él mismo llegó a construirse un universo en que quedaban abastecidas todas sus pretensiones intelectuales y personales. Puede decirse que con libros, viejos y nuevos en la misma proporción, y un kilométrico se hubiese conformado.

Era un hombre sedentario, de costumbres morigeradas e inquilino de casas confortables y burguesas, y sin embargo es el máximo exaltador del aventurero y del hombre de acción, del romántico y del apátrida; por un lado es un hombre tímido y profundamente asocial, y sin embargo no renunció jamás al salón, a la conversación galante con una dama inteligente, a las tertulias diarias alrededor de una mesa camilla; «un hombre manso, que no ha tenido nunca vicios ni apenas necesidades», diría Salaverría, y sin embargo vemos cómo Baroja se aferra a la idea de sí mismo como un irreductible anarquista con la fantasía de echarse a la calle para vivir la vida toda, la del vicio y la de las necesidades; le paraliza la idea de dar un paso para tratar a la figura eminente, al escritor laureado, al político del momento, y en cambio abre la puerta al primer desconocido que llama a ella y departe con él durante toda una tarde como si fueran viejos amigos; la desconfianza que le produce la figura conocida se vuelve tranquilidad ante el tipo desconocido; sus ideas son con frecuencia violentas, estridentes y antisociales, de un vago anarquismo siempre, pero él resulta en

su vida diaria una persona de orden, capaz de jugar a la
Bolsa, metódico con las comidas y cumplidor de las mínimas
disposiciones municipales; podría pensarse que Baroja era
un hombre de rincón, agazapado y paciente, pero no: fue
un viajero inquieto, por España y por Europa, el más cosmopolita de los escritores de su tiempo sin duda. Lo mismo
podría decirse de sus lecturas, cabría suponer que era un
hombre de ideas estrafalarias, pintorescas y fijas, pero
cuando leemos sus ensayos nos topamos con una cultura vastísima y bien asimilada, de quien conoce al dedillo la literatura europea del XIX y la ciencia y la filosofía o la sociología más actualizadas. Su literatura, su estilo, sus ideas son
antirretoricistas y antiacadémicas, pero no duda en ponerse
el frac para meterse en la Academia y construirse, a base de
no tener estilo, una manera muy peculiar de escribir sus
libros con frases cortas, con coloquialismo, con incorrecciones expresivas. «Si yo fuera arquitecto —dijo en cierta ocasión para explicar su estilo—, haría que una viga fuera viga
y no pareciese otra cosa, aunque tuviera ocasión de disfra-
zarla. Lo lógico es como el sostén de lo bello.» Una afirmación como ésta echa por tierra la mayor parte de las extravagancias artísticas. Si hubiera que encontrar un gesto
que definiera a Baroja, éste sería el de encogerse de hombros. Baroja pasó por esta vida encogiéndose de hombros a
todas horas, y diciendo entre pscheá y puaj. Bagaría dijo
aquello de que si Baroja viajase en un aeroplano, tendría
que estar preguntándose de qué tierra él no había hablado
mal para poder aterrizar. Pero ¿eso era enteramente así? No
lo parece. Debajo de su indiferencia (el lema de su escudo,
si lo hubiese tenido, habría sido éste: la vida sin entusiasmo),
tras su despego por las cosas del mundo y sus gentes, descubrimos siempre un violento sentimental, un hombre inteligente que no se resigna a la tontería del momento y un
solitario que ama profundamente a sus semejantes, a poco
de vida, honradez e inteligencia que éstos tengan. Una especie de misántropo que encuentra cada mañana, no obs-

tante, un inmenso placer oyendo los pajarillos de la plaza, enredado en mil pequeños asuntos que le llevan a disfrutar de su soleada e íntima conformidad personal, entre el eterno escepticismo y la ilusión inconfesable.

Cuando expuso la idea que tenía para este mundo, sentenció su suerte: «Un país —dijo refiriéndose al suyo natal— limpio, agradable, sin moscas, sin frailes, sin carabineros» (*Momentum catastrophicum*; qué grandes títulos puso Baroja a todos sus libros, mejores todavía que los de Valle, el otro gran titulador de la generación); no se lo perdonaron jamás ni los carabineros ni los frailes ni las moscas.

De todas las virtudes, tuvo Baroja especial inclinación por la sinceridad, y de hecho la mayor parte de los protagonistas de sus primeras novelas son seres para quienes el mundo viejo no era más que un montón de porquería a la espera de la lata de gasolina y la cerilla, pero, lejos de ser individuos del o blanco o negro, se muestran a menudo, como su autor, contradictorios, sujetos a mil matizaciones interesantes y sutiles, que se derrumban en un rincón o que lloran de emoción al oír que una muchacha canta, mientras hace las faenas de la casa, una canción sentimental y melodiosa.

Pero de su sinceridad a veces hemos tenido que desconfiar, pues Baroja, por razones que desconocemos, llegó a construirse una realidad aparte, como quien levanta a su misantropía una cómoda guarida, llamando misantropía a la de Baroja, por condescendencia hacia él, ya que no se habrá visto a nadie menos misántropo que al viejo Baroja. Misántropo lo fue Azorín, pero no Baroja.

Éste fue una mezcla rara toda su vida. Si se pudiera ser viejo y joven al mismo tiempo, lo hubiera sido él. De joven parecía ya un viejo, desengañado de luchar, cansado de la vulgaridad de la gente y de la tontería de los intelectuales, en la perpetua abdicación de tener que fingir y creer en unos valores en los que ya no creía. De viejo, en cambio, sorprendemos todavía en él a un hombre joven sentimental, con una idea romántica de las mujeres, sensible a su soledad y a las tardes lluviosas, amante de la música de Verlaine y las romanzas de Donizetti, que lee a Dickens y se le agita el pecho de entusiasmo, que oye los parlamentos de Shakespeare y se conmueve por la grandeza del arte. Raro, sí. Misántropo, pero sensible al halago, como todos. Si se le banquetea, y a él le banquetearon el año dos o el años tres, acude, con jóvenes y viejos, y acepta las palmadas en la espalda de la mayoría de ellos, cuya literatura detesta. En fin, nada grave, porque no engañó jamás a nadie. Lo diría en *La sensualidad pervertida:* «Me gusta, como a los gatos, los sillones cómodos, el fuego, el pescado y los halagos; me fastidia la calle, la solemnidad y la retórica.»

El joven Baroja es un hombre combativo, feroz, que ha leído de manera incompleta a Nietzsche o a Schopenhauer, pero de cabo a rabo a Huarte de San Juan o al conde de Gobineau, que devora de manera convulsiva cuantos libros caen en sus manos, sobre todo extranjeros, mayormente de franceses y alemanes, de Lange o de Guillermo Ostwald, autores de unas respectivas *Historia del materialismo,* o de otros más raros, de Wundt, de Letamendi, el de la famosa *Patología,* que detestaba o de Vacher de Laponge, autor de *El ario,* en fin, un hombre que trata de hacer compatibles los principios del cientifismo moderno con la poesía del acordeón y los paseos por los arrabales, Lambroso y los buquinistas del Sena.

Es fundamental para conocer a Baroja leer sus memorias, que tituló *La última vuelta del camino.* Son, sin ningún género de duda, las memorias literarias más importantes en la literatura española, tanto por su contenido como por su extensión. Las escribió en la vejez, y Baroja, que siempre presume de fidelidad hacia la verdad y hacia su pasado, a veces transforma o afeita tan sutilmente éste que, sin llegar a incurrir en mentira, llega a alejarse prudentemente de la verdad. Las *Memorias,* que dividió en volúmenes monográficos, se ocupan de la infancia, de la familia, de la época, de los literatos, del estilo, y están escritas un poco por aluvión, sin demasiada vertebración, lo que, aunque resulte paradójico, les da una mayor vivacidad y ligereza.

Por lo que leemos en ellas, a grandes rasgos, se ve que Baroja sentía más inclinación hacia el escritor bohemio, de poco talento, que hacia el que tuvo éxito, Cornuty mejor que Unamuno o que Flaubert; más simpatía por la realidad orillada que por la que recibía de plano los focos luminosos del dinero, del éxito social, de los poderes del Estado; más inclinado hacia la mujer mundana que hacia la mojigata y clerical; hacia la joven antes que hacia la vieja.

En realidad hay que decir que Baroja, lo que se dice hablar bien de algún contemporáneo, no habló de ninguno. Todo lo más que llegó a hacer fue, con alguno de los contados amigos que tuvo en el estamento literario, no hablar, ni bien ni mal. De Azorín, por ejemplo, o de Ortega, que vivían cuando Baroja redactó esas memorias, habla poco, y más que bien parece que habla por compromiso. ¿Qué hubiera sucedido de haberse quedado él solo para juzgarlos a todos?

¿Lo hizo por simpatía, por despecho, por misantropía, por rechazo, por incompatibilidad con la vida literaria? Nadie más contrario que él a la vida literaria, y sin embargo no se habrá visto mayor literato que él. En el volumen de sus memorias dedicado a *La inspiración y el estilo* decía, por ejemplo: «La perfección, o al menos cierta clase de perfección, aburre.» Es cierto que una frase como ésa, a la que ya nos hemos referido hace un rato, formulada de esa manera, no compromete a nada, pero cabe que nos preguntemos si a Baroja le aburría la perfección porque se dio cuenta de que jamás podría llegar a hacer una obra perfecta o porque consideraba que las obras perfectas son aburridas en sí mismas como concepto.

Baroja fue, lo hemos dicho, un hombre contradictorio. El año cinco escribe reiteradamente a Galdós pidiéndole una carta de presentación para dos fulanos que vivían en París, uno León y Castillo y otro Estévanez, el político, y que

Baroja quería conocer. Galdós le envía las presentaciones que se le piden, y Baroja le cumplimenta: «se lo agradezco a usted muchísimo y si necesito alguna recomendación [más] le molestaré a usted de nuevo», después de ofrecerse al escritor canario para «algún encargo o comisión», pues «sabe que puede usted mandar». A los cuarenta años del suceso, Baroja escribe en las memorias: «Galdós me dio a mí, sabiendo que iba a París, una carta para León y Castillo», etc. Así le sucedió con todo. Con Galdós en especial. Iba a verlo, lo acompañó varias veces, hablaba con él. Cuando el maestro murió, Baroja declararía que en el fondo a él Galdós ni como persona ni como literato le interesó nunca gran cosa. Como persona porque se portaba mal con las mujeres, y como literato porque escribía a los secretarios de ayuntamiento pidiéndoles informaciones sobre la localidad en vez de tomar un tren y recabar por sí mismo tales datos, como de hecho hacía el propio Baroja, y consideraba también que todo lo que había escrito el canario eran mundos cerrados e irrespirables, pequeños y mezquinos, con personajes sin ninguna grandeza, ni siquiera la de su infelicidad, al contrario que los suyos, tomados siempre del natural, à *plein air.*

Quizá por esa razón, Baroja, explotado como estaba el mundo de la burguesía por Galdós, se viese abocado a la única parcela de la que el maestro no se había ocupado en su literatura. Hemos visto cómo a Valle, también por reducción idéntica, no le había quedado más que la aristocracia o el campesinado. A Baroja le quedaba el proletariado urbano, del mismo modo que Azorín ocupó en la literatura un sector interesante, que fue el articulismo a lo Larra, culto, viajero, elegante, vagamente descreído, dentro de una exquisita civilidad. A los escritores de ley les repugna transitar por caminos trillados, y esos tres lo eran, Valle, Baroja y Azorín. Es probable que no haya entre tales hechos relación de causa efecto, pero es un hecho incontestable que el mundo de Valle o de Baroja, empezando por los escenarios, arrumbaba el de Galdós, y advirtiendo su esquematismo, es evidente que Baroja fue escritor que se ocupó de las clases bajas urbanas, Galdós de las clases medias y Valle de la aristocracia, y por eso buena parte de los lectores de Baroja fuesen obreros igual que los de Blasco, como fueron pequeñoburgueses y burgueses los de Galdós. Los lectores de Valle-Inclán es más difícil saber de dónde salían; si hay que creer a Linares, y uno le cree, fueron muchos, suponemos que procedentes de estamentos artistizantes, de la misma forma que los pocos lectores de Azorín debieron de ser la mayoría notarios o registradores de la propiedad.

Al igual que la mayor parte de los jóvenes literatos del novecientos, Baroja procedía de una familia burguesa y acomodada.

La familia de Baroja tuvo pujos artísticos. Cuando se habla de algún Baroja, en realidad se está haciendo de los Baroja, porque tienen sentido todos ellos en conjunto, si bien la personalidad más relevante sea don Pío. Los Baroja, para usar el título que utilizó don Julio Caro, eran una unidad, algo que tenía sentido por encima de cada uno de los miembros de esa familia, incluso por encima de las desavenencias. «Los Baroja —nos diría Salaverría— han constituido siempre una familia apretada y en cierto modo indivisible en la que cada uno contiene algo de personal y todos al mismo tiempo aportan al común cuanto poseen. [...] El dinero, el tabaco, los libros, las ideas, los triunfos y los rencores, todo era común en la familia.»

Baroja le reprochó a Valle, quien tenía ínfulas aristocráticas, su ridículo azacaneo en pos del escudo y el título nobiliarios, pero lo cierto es que Baroja, historiando su familia, a cuestas con sus apellidos, estaba en la misma fantasía de los linajes, orgulloso de ser pariente de Aviraneta tanto como el otro podía estarlo de Montenegro o Bradomín.

Su padre, como el de los Machado, era también un hombre culto, con inclinaciones literarias y musicales poco frecuentes en un ingeniero. Escribía cuentos y narraciones un poco extravagantes, y tocaba también el violín. Lo tocaba mal, pero lo hacía sonar, que es lo más difícil.

Sin entrar en demasiados detalles, hay que decir que Baroja estudió medicina y que la ejerció durante un par de años en un pueblo guipuzcoano, pero aquella vida de médico le gustó poco, bien porque tuviera que asistir a parturientas a mitad de la noche, bien porque hubiese que confortar a los moribundos, el caso es que a la primera oportunidad que pudo, con ocasión de la muerte de una tía que tenía en Madrid una buena panadería de Vienas, la famosa Viena Capellanes, abandonó el instrumental y se trasladó con su hermano a Madrid para hacerse cargo del negocio, que lo fue poco no se sabe si porque los hermanos se ocupaban entonces más de la bohemia, los teatros y la literatura o porque el pan de Viena, en un pueblo con afición al mendrugo, se encontraba excesivamente refinado.

Aquellos años le marcaron mucho, y en las primeras novelas aparece siempre un joven, trasunto del propio Baroja, que o es médico o es un librepensador como él que trata toda suerte de asuntos, desde la filosofía de Nietzsche a la artrosis por consumo inmoderado de bistecs.

Vio de niño también ajusticiar a un reo y le impresionaron dos o tres crímenes célebres de los ocurridos en Madrid. Estaba atento a la música popular, a los romances de ciego y a los cantores de pliegos de cordel. Todo eso fue configurando una de las personalidades más sugestivas y enternecedoras de nuestra literatura. Hay algo que nos sorprende en Baroja: parece haber sido el mismo siempre, desde que empezó, su estilo poco o nada cambió con los años, sus ideas más o menos siguieron siendo las mismas, su misantropía idéntica, si acaso más acusada, al igual que esa sentimentalidad infantil y poética.

Para conocer la vida de Baroja hay dos fuentes: una, las propias memorias y escritos de los Baroja, Pío, Ricardo y también el sobrino, Julio Caro; y otra, las biografías que se han escrito sobre el novelista, entre las que destaca, sin duda, aunque no sea la más completa ni la más seria, la realizada por Pérez Ferrero en París, *Baroja en su rincón*, durante la guerra, con Baroja al lado contándole las cosas, y la obra *Baroja y su mundo*, de Fernando Baeza, imprescindible para aproximarse al novelista vasco. Hay naturalmente otras muchas y opiniones sobre él en un gran número de escritores, que lo encontraban sin duda lo más característico de aquí.

Ya en Madrid, Baroja conoció a Azorín y a Maeztu, de quienes había leído algunos artículos en los periódicos, y sintonizaron. El tono, la actitud moral, el desarraigo o desengaño eran parecidos en los tres. Empezó a vérselos juntos en todas partes, el café, las redacciones, los teatros. Conoció también Baroja a Rubén Darío. Con éste y en general con los poetas Baroja no se entendió nunca o, mejor, se desentendió siempre. Baroja, si se le sacaba de Villon y de Verlaine, no comprendía a ninguno. Le molestaba de ellos el saberlos siempre en manos de una musa, a merced de su capricho. El oficio de novelista no era para él aleatorio, cosa de dejar en manos de la improvisación, al contrario que la inspiración no es más que una improvisación con suerte. Quizá por eso afirmara Baroja que «el fabricante de novelas es, sin duda, y ha sido siempre, un tipo de rincón, agazapado, observador, curioso y tenaz». No es tan sólo su autorretrato, que también, sino la idea que tenía del novelista como tipo gris, sin relevancia y sedentario.

Baroja es un escritor de ideas. Puede que se insista demasiado en este particular, pero era el propio Baroja el que dividía a las personas en dos categorías con una firmeza muy germánica: los que tenían ideas y los que no, las mentes especulativas y nórdicas y las otras, las mentalidades sarracenas y mediterráneas, partidarias de la horizontal y los fandangos (versión africana) o la *mascletà* (versión levantina). Tuvo ideas Baroja hasta su muerte, un tropel de ellas. El primer artículo que escribió en la *Revista Nueva*, con veintisiete años, fue sobre Nietzsche. Éste no había muerto to-

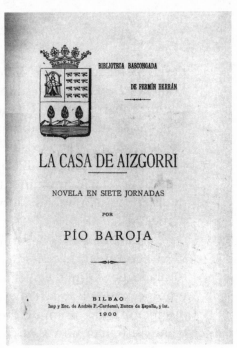

BIBLIOTECA BASCONGADA

DE FERMÍN HERRÁN

LA CASA DE AIZGORRI

NOVELA EN SIETE JORNADAS

POR

PÍO BAROJA

BILBAO
Imp y Enc. de Andrés P.-Cardenal, Banco de España, 3 int.
1900

Si hubiera que encontrar un gesto que definiera a Baroja, éste sería el de encogerse de hombros. Baroja pasó por esta vida encogiéndose de hombros a todas horas.

Cuando Baroja expuso la idea que tenía para este mundo, sentenció su suerte: «Un país —dijo refiriéndose al suyo natal— limpio, agradable, sin moscas, sin frailes, sin carabineros.»

Si se pudiera ser viejo y joven al mismo tiempo, eso lo hubiera sido Baroja. De joven parecía ya viejo, desengañado de luchar, cansado de la vulgaridad de la gente y de la tontería de los intelectuales.

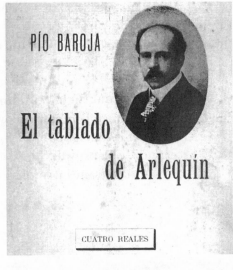

PÍO BAROJA

El tablado de Arlequín

CUATRO REALES

Cuando a uno le gusta Baroja no hay libros peores o mejores entre los suyos. Todos son un poco lo mismo. Seguramente los habrá de más calidad y peor construidos, pero cuando uno se ha hecho barojista y los ha leído todos esas imperfecciones dan un poco igual.

davía, pero su nombre había logrado abrirse camino en Francia. «En España —escribía Baroja—, las ideas de Nietzsche no echaron raíces. Cuando aquí se traduzcan sus obras, si es que se traducen, habrá pasado de moda. Además, entre nosotros, el egotismo existe en la gente iletrada más que en la intelectual.» Incluso Baroja le mimetizó a Nietzsche no sólo ese mostacho prominente que los dibujantes y caricatos de la época subrayaban, sino la actitud de hombre bárbaro y poético.

La palabra clave en la obra y la personalidad de Baroja es el egotismo. La generación entera del novecientos está formada por gentes egotistas y ergotistas, gentes ocupadas y preocupadas por la cohesión del yo y al tiempo por la disolución o discusión de todo lo demás. Gentes que no sabemos si tenían un yo muy fuerte a base de discutirlo todo o si discutían para fortalecerlo.

Ya nos hemos ocupado antes de las colaboraciones que llevó a cabo en la revista de Ruiz Contreras. Las colaboraciones literarias del primer Baroja son extraordinarias por dos razones: por su madurez en un estilo que nacía ya hecho (los maliciosos dirán siempre que deshecho) y su extraordinaria visión de las cosas del mundo y de la vida, a veces de una manera temeraria, pero en cierto modo acabada. Con el tiempo, muchas ideas las desarrollaría, pero es difícil verle variar de dirección, ni siquiera con asuntos espinosos como los políticos o estas opiniones sobre la democracia: «Hay algo que se llama Democracia, una especie de benevolencia de unos por otros que es como la expresión del estado actual de la humanidad, y ésa no se puede denigrar; esa democracia es un resultado del progreso. La otra democracia, de la que tengo el honor de hablar mal, es la política, la que tiende al dominio de la masa, y que es un absolutismo del número, como el socialismo es un absolutismo del estómago.» Por eso llamarle traidor, como lo hizo Cernuda, es absurdo.

Eran opiniones demoledoras, como cuando criticó el libro de su amigo Maeztu: «Créalo Maeztu, tiene razón Nakens cuando dice que la juventud de ahora no vale nada; en lo que se engaña Nakens es en creer que la de su tiempo valía algo.»

Era el tiempo en que Unamuno, que iba a dejar de serlo muy pronto, aún seguía considerándose socialista, como Maeztu. Quizá pensando en ambos, Baroja escribiera también: «Desconfío de los demócratas y socialistas pobres, creo que si fueran ricos no serían demócratas [...] Por la libertad están las conciencias; por la Democracia y por el Socialismo, los estómagos.»

¿De dónde le venía ese odio fiero por el obrero? Seguramente de sus años de empresario, cuando vio la mezquindad de una clase social que no luchaba por su emancipación, sino para suplantar al patrón y poder llegar a ser igualmente vulgar y cruel. Estas ideas se mezclan con frecuencia con otras no menos inusitadas, pues desarrolló Baroja al mismo tiempo un insobornable amor por el paria y el esquilmado y una admiración sin límites hacia los seres más débiles de la sociedad, las mujeres, cuya emancipación pasaba por «sacarlas del hogar», como defendió en *Alma española.*

«La efusión obrera es uno de los lugares comunes de nuestro tiempo, perfectamente falso e hipócrita. La palabra obrero no será nunca más que un común denominador gramatical», dirá en *Juventud, egolatría.*

Y sin embargo insistirá en que la política no le interesa lo más mínimo. Remachó con obstinación en ese punto. Lo mismo que insistió en que no existía una generación del 98. «Si la hay —añadía—, yo no pertenezco a ella», críticas o desmarcamientos que hacía extensivos a todo el regeneracionismo de la época. «A la regeneración del calzado», se lee socarronamente en un cartel de un zapatero de viejo en *La busca.* «Una generación que no tiene puntos de vista comunes, ni aspiraciones iguales, ni solidaridad espiritual, ni siquiera el nexo de la edad, no es generación; por eso, la llamada generación de 1898 tiene más carácter de invento que de hecho real», dirá una y otra vez. Pero a continuación, cuando le conviene, cree en ella. «Como nosotros, los de nuestra generación, vinimos al mundo literario negando a derecha e izquierda, los escritores más antiguos nos recibieron enseñándonos los dientes. Claro que no fueron los antiguos solos, sino también los contemporáneos y los más modernos.» Se ve que don Pío, cuando tiene que victimarse, prefiere hacerlo en grupo, y nunca se creyó casi nada de la vida literaria. De Dicenta decía: «Se hizo amigo mío; nunca mucho, porque creía que yo no le reconocía todo su mérito. Y era verdad.» De Lanza: «Me llamaba mi gran amigo y mayor literato; yo sospecho que no me quería.» Y así con todo el mundo. Los antiguos a él no le recibieron enseñándole los dientes, no. Galdós le dedicaba los libros y le llamaba siempre amigo y compañero, cuando Baroja no había hecho más que empezar. Buscar esa simpatía y no reconocerla cuando se producía fue un feo defecto suyo.

Cuando en las *Memorias* nos hable de su poco glorioso pasado lerrouxista, dará una explicación poco convincente, como de que pasaba por allí, que él no quería en absoluto y que fueron los demás los que le embarcaron en una operación que tenía pocos visos de racionalidad. En los albores del siglo, toda su política se resume en unos cuantos mueras o vivas de proclama, como dejó escrito en un artículo de *Juventud*, el año uno: «De vuelta de un paseo y a consecuencia de las sesudas meditaciones que van arriba, he encontrado un programa político-social y lo he condensado en unos cuantos mueras y en unos cuantos vivas.

»¡Muera la democracia! ¡Mueran las máquinas! ¡Muera el progreso! ¡Muera la consecuencia en política, en moral y en todo!

»¡Viva el caos! ¡Viva el placer! ¡Viva el Sagrado Corazón de Jesús y de María! ¡Españoles, al Pilar!...

»Riámonos de todas estas majaderías: la vida vale poco para tomarla en serio, no tengamos nunca ideas fijas y tratemos de alcanzar el título más alto que pueda alcanzar un humano y el ser un buen cerdo de la piara de Epicuro.»

Cuando Baroja publicó en la *Revista Nueva* su ya citada reseña del libro de Maeztu, *Hacia otra España*, diría: «Él siente la necesidad de la regeneración de la patria, anhelos de que España sea grande y próspera, y nosotros, la mayoría, no sentimos ni esa necesidad ni esos anhelos [...] Por más que llame bufo al desaliento, el desaliento existe, o algo peor, la indiferencia; por más de que sueñe con otra España, la otra España no vendrá, y si viene, será sin pensarlo ni quererlo, por la fuerza fatal de los hechos.»

Baroja no tuvo, pues, la menor intención de regenerar nada ni de cambiar a España. No creía en tales programas. «Nuestra España —le hará decir al Luis Murguía de *La sensualidad pervertida*— es una e indivisible en su adustez, en su pequeñez y en su roña.»

De Baroja es posible hacer un libro de máximas como los que preparan los moralistas franceses. Opinó sobre casi todo de una forma tajante, incluso en su relativismo como él dice absoluto. «Yo he sido siempre un liberal radical —dirá otra vez uniendo términos antagónicos—, individualista y anarquista. Primero enemigo de la Iglesia, después del Estado; mientras estos dos grandes poderes estén en lucha, partidario del Estado contra la Iglesia; el día que el Estado prepondere, enemigo del Estado.» En ese mismo sentido, por si había alguna duda sobre su ideología, insistirá en ese mismo libro de *Juventud, egolatría*, uno de sus grandes libros por el que, sin embargo, no tenía demasiado aprecio: «Entre la moralidad liberal y la conservadora no hay más diferencia que la del taparrabos [...] No hay más diferencia que los conservadores se llevan mucho de una vez y los liberales poco en muchas veces.»

Todo esto le fue sacando a Baroja de la sociedad. No tenía buena opinión, en efecto, de nadie, y menos de los políticos y de los literatos que se aprestan a dirigirse a las multitudes. Baroja fue siempre un escritor de rincón, de portal, como los zapateros de viejo, como aquel que ponía «la regeneración del calzado»: «Un hombre que se levanta a hablar ante una multitud es, necesariamente, un histrión.» Un juicio así es inapelable. ¿Qué hacer, siendo de aquella manera? Él resumió su sueño en una frase sentimental: «Yo, al menos, siento no vivir en la época en que se lloraba sobre las páginas de una novela, se estremecía uno de espanto en el melodrama y se reía bárbaramente en el sainete.» ¿Qué significaba esto? La desdicha sin remisión, la pérdida de la inocencia y, por supuesto, la abolición del entusiasmo. «El entusiasmo produce retórica, como el hígado produce bilis y la parótida saliva.» En otra parte, también en *La sensualidad pervertida*, nos dará la clave de sus ideales: «Me gusta, como a los gatos, los sillones cómodos, el fuego, el pescado y los halagos; me fastidia la calle, la solemnidad y la retórica.»

Hay siempre en Baroja un como desentendimiento de la realidad, a toro pasado, diríamos, como si el entusiasmo o la ilusión de un momento contradijera o se llevara mal con el estado general de pesimismo o relativismo del personaje que estaba construyendo de sí mismo. Lo hemos visto con el asunto Galdós. De «pesimismo reaccionario» habló incluso un conocido hispanista, sin que sepa uno si hay un pesimismo revolucionario o si es sencillamente que en la vida, como en los barcos, el desaliento está perseguido por atentar contra la supervivencia. «La democracia moderna —insistirá en el prólogo de *César o nada*, la gran novela sobre el caciquismo español que publicó como folletín en *El Radical* de Lerroux—, la democracia moderna tiende a aplanar los espíritus, a impedir el predominio de las capacidades, esfumándolo todo en un ambiente de vulgaridad.»

Hay que añadir, sin embargo, el enorme esfuerzo que significó para él la dilucidación de su personalidad, del medio y, por extensión, del hombre. Éste fue su caballo de batalla. «La literatura es eso —nos recordará en *La sensualidad pervertida*, aquella novela que entusiasmó a Antonio Machado y a Ortega—, darle un fin a lo que no lo tiene, ponerle un principio a lo que se nos ha presentado sin principio.» Escribió cien libros para tratar de entenderse y profundizar en su alma, cerrando círculos y concluyendo inacabados argumentos, y puede decirse que en la de todos y cada uno de los personajes de sus novelas; los protagonistas desde luego, pero también esos cientos de personajes secundarios que como sombras atraviesan por sus obras, atrabiliarios, sombríos, enemistados con todos, soñadores, melancólicos, desengañados, vagamente desesperados o vagamente enamorados, en esa franja del medio que no conocerá jamás lo excepcional, ni por exceso ni por defecto.

«Lo que es indudable también —escribirá con treinta y un años— es que casi todos los españoles suponemos que si ha de pasar en España algo, será parecido a esto: anarquía, desorden, barbaridad, líos. ¿Por qué? Porque la libertad, que es dentro de mí mismo la flor de la conciencia, es fuera de uno mismo obstáculo para todo. Para el individuo, para mí al menos, la ley está siempre por encima de la autoridad, la costumbre por encima de la ley, la libertad por encima de la costumbre. Para el Estado, la costumbre debe estar sobre la libertad, la ley sobre la costumbre, la autoridad sobre la ley. Una orientación y una autoridad, o lo que es lo mismo: una Dictadura inteligente. Es lo que se necesita aquí y nada más.» Aunque creo, sin embargo, que todas estas frases de Baroja, tan contundentes, hay que tomárselas con enorme cautela y sin perder de vista su humorismo pickwickiano, pues Baroja sabía que ningún dictador, por inteligente que sea, representará jamás ese «mínimum de ley», del que también hablará el novelista.

O en otro lugar, en la revista *Electra*, el año uno: «Para el individuo, mejorar, educarse, perfeccionarse y como consecuencia gozar todo lo más posible, ése debe ser el fin; para el Estado, mejorar, educar, perfeccionar la sociedad. Y eso sólo se podría alcanzar con una política experimental, que en España se reduciría a un mínimum de ley y a un máximum de autoridad.»

Lo curioso es que estas ideas, que se han calificado como de un anarquista conservador, Baroja no dejó de sostenerlas nunca, y de hecho, cuando la guerra civil, volvería a manifestarlas en artículos hoy todavía vetados a su reedición en los que Baroja defiende ese carácter del dictador ilustrado, que dudo mucho que encarnara para él alguien como Franco, para quien su escritor preferido era Ricardo León, como por otra parte nos recuerda don Pío. Baroja debía de estar pensando en Lorenzo el Magnífico, quizá, o en Pericles, con los que podía hacerse fácilmente una bonita ensoñación. Los dictadores que conoció en su tiempo le parecieron todos ridículos o patéticos. Algunos, las dos cosas al mismo tiempo, Stalin, Hitler, Mussolini, Franco. Si pudo lo dijo por escrito, y si no de palabra al que quería oírle en sus tertulias de la calle Ruiz de Alarcón.

¿Y la literatura?

Al contrario que Azorín o Valle-Inclán, cuyos respectivos estilos son el fruto de una deliberada búsqueda del arte, Baroja consigue escribir desde la naturalidad, sin atender ni a escuelas de retórica ni a ninguna tradición literaria. «He dicho que el ideal literario mío es la retórica en tono menor», aclarará una vez en tono humorístico. Hasta Azorín y Valle nadie escribía de esa manera porque todos creían que el estilo era la herramienta del escritor. Bien porque fuese médico, bien porque admirase a los ensayistas científicos, quiso Baroja desde el primer momento hacerse con un estilo... sin estilo. Hecho de naturalidad y coloquio. Incluso trata de meter la lógica en la obra de arte y cortarle alas a las leyendas de malditismo. Cuando nos decía que lo lógico era el sostén de lo bello estaba firmando un manifiesto aristotélico. «Yo creo que hay que escribir como se siente [...] Ni humildad ni brillo rebuscados; el escritor debe presentarse tal como es. Hay que tener el valor de aceptar lo que se es en la vida y en el arte.»

De todas las personalidades del novecientos es la de Baroja, sin lugar a dudas, la más sugerente y próxima de todas.

Fue el novelista por antonomasia y jamás renunció a su mundo, hecho a medias de experiencia y lecturas, de realidad y especulaciones de orden intelectual, teñido el conjunto en todo momento por un sutil humorismo y una sentimentalidad de corte dickensiano. Aunque Baroja se nos ha convertido con el tiempo en algo más que un novelista, incluso en algo más que un escritor: Baroja es una actitud ante la vida; el barojiano es alguien que sabe que la armonía del mundo pasa inevitablemente por ese punto equidistante entre el egoísmo y la fraternidad, entre la misantropía y la solidaridad universal. Baroja es también el espíritu crítico en permanente vigilia. Y es el cascarrabias que en su testarudez pesimista no oculta jamás el punto de pequeño ridículo que es verse enemistado con el universo. Decía Ortega que «en general, el humorismo español, del mismo modo que el de Baroja, comienza por ser malhumorismo». Y eso no es exactamente así. O mejor, es y no es así. El humorismo de Baroja es en primer término sentimental, no llega al mal humor. Baroja es como uno de esos trágicos *clowns* que tanto le gustaban, serios bajo la nívea máscara riente y alegres por el hecho de quitársela. Puede Baroja irritarse. De hecho parece irritado por todo y todo le gusta poco, las gentes, las comidas, los literatos, en fin, la vida, pero eso no le pone de mal humor, ya que eso sería imposible. Baroja es precisamente un gran humorista porque no tiene humor ni quiere hacer gracia. Se parece en eso a esos hombres funebristas que cuentan los chistes sin mover un músculo de la cara, con lo que consiguen un efecto mayor que esos otros que, hilarantes, pretenden arrancarnos la risa desde la primera palabra. El humorismo de Baroja, admirablemente administrado por él, está asentado en la ausencia de humor y en la seriedad ténebre de la vida o, mejor aún, en la simulación de esa ausencia, en la simulación de esa seriedad. «La cosa no tiene ninguna gracia», parece decirnos a cada paso, pero con ese brillo en los ojos de quien seguramente se está muriendo de risa para sus adentros. Por otro lado, el egotismo sin humor lo que produce es solemnidad. Fue el caso de Unamuno.

También decía Ortega que las ideas de Baroja eran siempre contra algo o contra alguien, y en eso tampoco lleva razón el maestro, porque se olvida Ortega de que en España, y más en aquel momento, bastaba pensar para que más de cuatro se dieran por aludidos. Fue en su literatura un hombre valeroso y de una generosidad sin parangón: dijo lo que pensaba sin dobleces, eso tan raro. En la vida se le ve, por el contrario, reservón y cobarde muchas veces, y mezquino con frecuencia, pero cuando escribe de Zalacaín, de Shanti Andía, de su pariente Aviraneta es un hombre sentimental que admira sin reservas sus vidas y sus ideas, en cuya estela a él mismo le habría gustado perderse.

No buscó discípulos, no quiso a su lado prosélitos. Como solitario, como verdadero nietzscheano, persiguió a lo largo de su vida la estela de los solitarios, entre los vivos o entre los muertos, en personajes de vitola o en las pobres gentes que penaban en existencias sin posible remiendo.

Antonio Machado, con la cordialidad que siempre le mostró, lo equiparó en una ocasión, enfrentándolo a don Juan Valera a quien veía un fondo grosero, pero vestido de frac, lo equiparó, digo, a «un aristócrata en mangas de camisa». En cierto modo, la literatura española, se nos viene a decir, se divide en los don Juan Valera y los Baroja. Siempre habrá Valeras, siempre habrá Barojas. Por un lado, el retórico, el académico «de diez generaciones de académicos» y el hombre que envolverá vulgaridades en expresiones aticentes, y por otro, el escritor que «sacará espiritualidad de una verdulera». «Baroja —añadirá Machado— es la nota más simpática de su generación por su espíritu curioso y despreocupado, por su rebeldía, por su piedad y, además, porque en el fondo es más alegre el noble pesimismo de este vasco que lo que muchos creen.»

Pero aún no hemos hablado de libros, de todos esos libros que terminaron haciendo de él una actitud ante la vida.

Al mi amigo Eugenio d'Ors
Ricardo Baroja

Retrato de Pío, por su hermano
Ricardo, hacia 1900, de un agua-
fuerte hasta hoy desconocido.

«Los Baroja han constituido siempre una familia
apretada y en cierto modo indivisible» (Salaverría).

PÍO BAROJA

Camino de Perfección.

(PASIÓN MÍSTICA)

NOVELA

B. RODRÍGUEZ SERRA, EDITOR
MADRID

Pocos escritores habrán literaturizado más su vida que Baroja.
Se parece en eso mucho
a Stendhal.

Pío Baroja en su gabinete con estampas
carlistas. Foto que dedicó a d'Ors.
Hacia 1915.

Se lanzó Baroja a mirar la realidad de los fondos sombríos de la ciudad después de haber escrito algunos relatos de tema vasco. En cierto modo, el título de su primer libro podría titular toda su obra, de más de cien volúmenes: *Vidas sombrías*.

Este libro se vendió mal y Baroja sostuvo la anécdota, exagerándola sin duda, según la cual hubo de quemar en la chimenea la mayor parte de la edición para entrar en calor una noche especialmente invernal y cruda. Quizá por eso sea tan raro encontrar hoy ejemplares de esa primera edición, que lleva un retrato de él hecho por su hermano, a la manera de los que hacía Vallotton para los libros simbolistas.

Baroja tuvo en su vida algunas coqueterías como esa de no vender o vender mal sus libros, al igual que la de creerse más viejo de lo que era, o decir que no se había casado porque con sus ingresos irregulares de escritor no habría podido sostener a una mujer y una familia. Tenía él esa ilusión de creerse un poco otro en sus casas burguesas de cierta solera, con buenos bargueños y un sinfín de finos bibelots y curiosidades compradas en los anticuarios, a las que, naturalmente, degradaba siempre diciendo que venían de almonedas y traperías.

Siguieron a *Vidas sombrías*, las *Aventuras y mixtificaciones de Silvestre Paradox*, un libro divertidísimo muy pickwickiano que protagonizan un álter ego sentimental del propio Baroja así como la contrafigura de su hermano Ricardo.

En muy poco tiempo, don Pío remataría su mundo: poesía de las cosas humildes, lirismo de desmontes y ejidos, personajes a trasmano, medio chiflados, ilusos y utopistas, capaces de soltar una lágrima con el aire de Donizetti o de poner un petardo a la carroza del rey, mujeres de la vida atacadas con igual furia por la idiotez, la brutalidad y la desesperación de las lobas acosadas. «Para mí, en la novela y en todo el arte literario —nos dirá en el prólogo de *La nave de los locos*, verdadero decálogo barojiano para el arte de novelar— lo difícil es inventar más que nada, inventar personajes que tengan vida y que nos sean necesarios sentimentalmente por algo.» Ortega, cuando escribió su gran ensayo sobre Baroja, en el que le discute tanto aunque de una manera cordial, esa definición no puede rebatirla. La novela, y toda la literatura, no es más que eso: una necesidad. Viene de una necesidad sentimental, la de escribir, y va a otra, la de que lo escrito nos sea necesario sentimentalmente por algo. Creo que eso debe de tener un fondo kantiano, pero no tiene unos estudios suficientemente sólidos en Kant como para afirmar una cosa así.

Tales serían, pues, los ingredientes de su trilogía de *La lucha por la vida*, que le proporcionó un inmediato reconocimiento entre los escritores e intelectuales: sin demagogia (al contrario de la literatura naturalista a lo Zola), Baroja nos hacía entrega de unas vidas destartaladas y a la deriva, expresión en cierto modo de la deriva de su derrota personal, sin un juicio, sin una promesa, sin un programa. Los personajes de Baroja entran y salen como entra y sale la gente de la vida misma, sin saber muy bien cuál es su papel en la comedia.

Pocos escritores habrán literaturizado más su vida que Baroja. Ha hablado de ella en novelas, en artículos, en sus *Memorias*. Se parece en eso mucho a Stendhal. Episodios conocidos de su vida fueron contados por él desde diversos ángulos en varias ocasiones, siempre con naturalidad, sin ninguna afectación, tratando de pintarse con tonos tenues para que se aprecien más los detalles, y sin que nos importe a nosotros la repetición e insistencia.

En Galdós, los héroes son todos jóvenes ingenieros que se enamoran de unas mujeres un poco protestantes o algo rebeldes. En Baroja no. En Baroja son médicos un poco misóginos, sin demasiada confianza en el sexo débil, por débil tanto como por bello, pero con perpetuos conflictos con ellas, a la defensiva, cuando no hostil hacia un sexo que comprende mal, quizá porque como vasco vivió toda su vida en un régimen de matriarcado. Primero con su madre; luego con su hermana.

De 1900, fecha de su primera obra, a 1914, Baroja publicaría veinticinco libros, entre los que se cuentan algunas de sus más importantes novelas. Jamás frenó ese ritmo su autor. Al contrario, encontró en la vida regular estímulos para sacar dos o tres libros por año, novelas o reunión de artículos que publicaba con asiduidad en la prensa, trabajos de reportero (fue enviado a Tánger, por ejemplo, para informar de las campañas de África) o artículos de fondo. Fue esa del trabajo constante y una fecundidad asombrosa características de la mayor parte de los escritores de la generación, cuyas obras exceden con frecuencia los diez volúmenes de papel biblia.

En toda esa obra, libro a libro, Baroja fue haciéndose sus lectores, pocos tal vez, en comparación con los que tuvieron Blasco Ibáñez o Ricardo León, pero de una asiduidad inexpugnable. Al contrario que Unamuno, que movería conciencias, o que Azorín, que no parecía contar para casi nadie, o que Valle, con lectores influyentes y notorios, Baroja se convirtió con muy pocos libros en ese escritor que disfrutó tanto de una sólida fama como de unos ataques pintorescos y ridículos que no hicieron sino hacérnoslo más simpático (pensemos en las embestidas del padre Ladrón de Guevara, jesuita). Los lectores de Baroja son un poco como él mismo. Los hizo a su imagen y semejanza, ateos, escépticos, sentimentales, silenciosos, todos en sus rincones respectivos, vagamente enemistados con el medio, pero capaces de entusiasmarse de pronto por algo, por una estampa, por una mazurca, por una muchacha. Baroja es de los que prefieren pecar por defecto que por exceso, parecer un pobre hombre que un chupatintas, el trapo anudado a la garganta que el pañuelo de seda, aunque si llega el caso de tener que vestir el frac tampoco se le caerán los anillos de la dehesa. Esa falta absoluta de afectación literaria y personal, decimos, le proporcionó un puñado de lectores que garantizaban las tiradas discretas pero inexcusables de todos y cada uno de sus libros, con cuyas ganancias pudo al fin comprarse una casa en Vera de Bidasoa, predio en el que iría levantando, a lo largo de cincuenta años, la propia leyenda de su vida. Los lectores de Baroja parecerán siempre salidos de sus novelas, como una formación cordial de su literatura, quizá porque en el fondo terminan pensando lo mismo que él: «De joven y sin cultura [entiéndase esto último como una de esas seductoras coqueterías de Baroja hacia el lector, pues es tal vez el escritor con mejores y más asimiladas lecturas en una generación donde había gentes cultísimas, como Unamuno o Azorín], no iba a forjarme yo un concepto, una significación y un fin a la vida cuando flotaba y flota en el ambiente la sospecha de si la vida tendrá significación ni objeto.»

Hombre sumamente agudo para todo y menos tosco de lo que se ha creído, Baroja consiguió al final armar un mundo propio hecho de refinamientos decimonónicos, ensoñaciones provincianas y fabulosos proyectos de aventura y acción. Si en España hubiese prosperado la palabra simbolista, ésa es la que le hubiese convenido más que ninguna otra. Un simbolista nietzscheano, un verlaineano vagamundo. A falta de ella, nos conformaremos con la de modernista. La palabra que no le gustaba a él, que le parecía «fea, cursi».

Entre los defectos que se le reprocharon estaba, aparte el del estilo, que han juzgado imperfecto y poco fino, el de no haber ahondado en la psicología de sus personajes, sobre todo los femeninos, casi inexistentes. Es posible. En un mundo en el que cada día son más lectoras las mujeres, Baroja parece seguir siendo un escritor pensado para hombres, como en cierto modo lo es Cervantes, aunque no Galdós. En el prólogo a *La nave de los locos*, así como en el tomo de sus memorias dedicado a las cuestiones estéticas, Baroja habló mucho de ello. Es probable que no haya en toda su literatura una sola persona de carne y hueso. En cambio nos dio mil personajes que entran y salen, atentos, como alimañas, a los zarpazos de la vida. Que Baroja no quisiera dar un personaje porque no se encontrara con él en un tiempo en que todos estaban más o menos desarbolados, o bien porque no fuese capaz, es algo que debe darnos igual. Así como Galdós organizó todas y cada una de sus novelas en torno a un protagonista, muchas veces femenino, Baroja no piensa en personajes sino en ambientes, en situaciones, en mundo. Juzgamos, es un decir, lo que nos dejó. Y lo que Baroja nos dejó no es sólo una manera de mirar el mundo, escéptica, desengañada y sentimental, sino de mirar una realidad que antes de él no tenía cuerpo. Lo barojiano apunta ya hacia una manera de la realidad inequívoca, como en otros ámbitos puede señalar lo proustiano o lo kafkiano. Lo barojiano es algo menor y desportillado, atrabiliario y contradictorio, si se quiere, pero en ese conjunto de imperfecciones los venideros encontrarán seguramente más grandeza que en los solemnes y sólidos altares de la retórica donde oficiarán en cada época los escritores elocuentes, esos de párrafo tupidito y barroco, con adjetivos que cotizan en Bolsa y moralismos de demagogo.

Cuando a uno le gusta Baroja no hay libros peores o mejores entre los suyos. Todos son un poco lo mismo. Seguramente los habrá de más calidad y peor construidos, pero cuando uno se ha hecho barojista y los ha leído todos, esas imperfecciones dan un poco igual. En todas y cada una de las páginas encuentra uno lo que justifica la atención de leerlas: naturalidad y sentimientos más o menos nobles.

Juan Ramón Jiménez hizo de él un retrato ni severo ni dulce, sino muy realista, que a don Pío le habría molestado porque, contra lo que manifestó siempre, jamás perdió la ilusión romántica de elevarse un poco de todo lo que dijo despreciar en este mundo, que fue mucho: «Cuando Baroja dice lo que dice no hay que hacerle caso, sino reírse con él por la fantasía que pone en su mentira [...] Por lo demás, él no tiene el afán de calar hondo ni de volar alto. Va, va, va, como en un hormiguero. Y su obra toda viaja ante nosotros con un interminable vuelo bajo, con su sombra al lado, como un tren de mercancías.»

Y uno, que tiene sus preferencias, si ha de escoger entre el jerifalte, que vuela alto, y el mercancías, escoge sin dudarlo la vieja locomotora y ese largo convoy de inconfesables esperanzas.

Capítulo quinto

Que no hable uno de Parmeno todo lo preciso podría tener justificación en un libro de la naturaleza de éste, pero no hacerlo de Blasco Ibáñez o de Jacinto Benavente tendría poca, por más que sobre sus obras, ya que no un manto de olvido, parece haberse posado una capa de ceniza.

Al hablar de Valle-Inclán deberíamos habernos ocupado de Benavente por muchas razones. Y al hacerlo de Baroja, de Blasco Ibáñez, aunque seguramente se molestara con ello a don Pío. ¿Dónde, si no, situarlos?

Blasco Ibáñez y Benavente fueron de alguna manera los dos representantes internacionales de nuestra cultura, los valores que conocían en las universidades extranjeras, los únicos escritores que lograron asomarse a las páginas de papel couché internacionales.

De Benavente hablaremos mejor cuando nos ocupemos del teatro, al final del libro. El teatro de esos años ha muerto todo, o está tan moribundo que no deja de ser una manifestación testimonial de la época, como la zarzuela o el agua de cebada, y en el caso del benaventino hemos visto cómo el nutrido pasaje de sus personajes se ha ido todo él a pique sin dejar un solo superviviente, un prototipo del tiempo, un Segismundo del modernismo, como si dijéramos, ya que no un Fausto o un héroe pirandelliano.

Blasco Ibáñez, paradójicamente, sigue teniendo sus lectores y partidarios, como cierta pintura histórica de porte monumental.

Uno de los juicios más duros, pero no por ello menos

divertidos, que hayan podido hacerse de Blasco es de Torrente Ballester, si bien en exceso severo, porque no hay casi nadie que merezca una pasión como la que Torrente le dedica; desde luego no Blasco Ibáñez. Decía Torrente: «Su prosa, como su vida, es arrebatada y vulgar. Su sensibilidad no recoge más que lo impetuoso, lo ordinario: huele a sudor y a sexo, con apetitosas vaharadas de paella valenciana [...] Lo mejor de Blasco Ibáñez es el paisajista de su primera época; del resto de su obra sólo quedan argumentos bien trabados para el cine.»

Como vemos, el problema con Blasco Ibáñez es la inadecuación: entre su vida y su obra, entre ésta y el éxito que obtuvo con ella, y entre lo que pretendió darnos en literatura y lo que nos dio.

Blasco no se sirvió de ninguno de los caminos que condujeron a los demás escritores de esa generación a la literatura. Quizá por ello le despreciaron siempre, pero en realidad tendrían que haberle aceptado como uno de los suyos. ¿No le aceptaron por mal escritor? ¿Eran mejores Lanza o Sawa? Eso nunca ha solido ser razón de nada. Incluso políticamente fue Blasco un hombre que entró tempranamente en liza y que conoció persecución, cárcel y destierro.

La novela de Blasco, su biografía, su lucha, es más interesante seguramente que su obra, que no es de todos modos tan despreciable como la supusieron los compañeros de generación.

De éstos ninguno aceptó jamás a Blasco Ibáñez en sus filas. Antes se habrían muerto. ¿Por qué razón? Juzgaron que se metía en la literatura por la puerta falsa de la política, y ese malentendido, cuando va seguido del éxito como en el caso de Blasco, es difícil de perdonar. Es entonces cuando la envidia, más humillante que nunca, empieza a moverse en el corazón humano como los gusanos que buscan salir de la manzana. Baroja, Unamuno, Azorín, Valle, todos, los Machado, JRJ, fueron al principio escritores pobres que veían cómo alguien, vendiendo españoladas de ínfima calidad, se hacía millonario. Si se es contemporáneo de ese fenómeno, es muy difícil ser ecuánime. Cuando se es testigo del triunfo de la mediocridad, lo normal suele ser perder un poco los nervios y, en primer lugar, prestar atención a un fenómeno que en otras circunstancias pasaría inadvertido y, en segundo lugar, juzgarlo de una manera extremosa.

Blasco representaba para ellos la demagogia en las ideas, la sal gorda en la psicología, la tosquedad en el estilo. Les parecía, más que un compañero de viaje, el último de los naturalistas del siglo XIX, y así ha solido pasar a los manuales de literatura, como un seguidor fervoroso de las ideas de Zola; pero aun esto sería mucho si Baroja, Valle-Inclán o Azorín le hubiesen reconocido ese pequeño mérito de parecerse a alguien.

A eso le llamó Salinas «la justa injusticia cometida con Blasco». Años andando, la literatura española volvería a encontrarse con un caso similar al de Blasco, el escritor orillado, pero en absoluto horro de mérito, Ramón J. Sender. Es curioso cómo a veces la literatura produce obras en cierto modo especulares, ésta de Blasco-Sender; la de Benavente-Gala...

Blasco, que se sintió siempre desdeñado y preterido, les pagó con una moneda parecida: rencor y resentimiento, y, en cuanto pudo, la arrogancia de haber llegado a ser, con mucho, y después del reinado de Trigo, el escritor más rico de su tiempo, gracias precisamente a esas novelas que jamás entraron en uno solo de los cánones preceptivos de la literatura del día. «Los hombres de la generación de que formaba parte (la generación del 98) —nos recordará Pla— se habían lanzado sobre él llenos de cólera. Lo tenían por un hombre vulgar, un escritor grosero. Considerábase natural que Baroja cometiera las mayores extorsiones en el espíritu de la lengua. A Blasco se lo habían prohibido. Tenía que demostrar a diario que era un escritor correcto, situado dentro del diccionario y de la gramática de la Academia, que sabía que el verbo haber se escribe con hache. Ésta fue una de las tristezas que amargaron la vida de Blasco.»

En Blasco Ibáñez, su vida y su literatura se trenzaron de una manera armónica, se diga lo que se diga, al menos en los comienzos. Luego todo eso se modificó y terminó preso de una doble moral pintoresca.

Él, que había nacido en una familia humilde, su padre era dueño de una tienda de ultramarinos, conoció bien el gusto popular, que en Valencia no sabemos por qué es doblemente popular, y decidió dos cosas: no volver a ser pobre y hacerse rico con el dinero de los pobres, y de los pobres porque los ricos no están dispuestos a pagar a nadie para que les corten la cabeza; y en cuanto al dinero, no robándolo, desde luego, sino convenciéndolos de que tenían en él un defensor seguro de sus derechos. Cosa curiosa pero no rara: consiguió que se realizaran ambos deseos a plena satisfacción. Blasco Ibáñez jamás volvió a ser pobre, y los pobres, sobre todo los pobres valencianos, que seguramente le tomarían por un modelo para alcanzar el triunfo, le dieron un crédito permanente.

Había nacido en 1867, o sea, entre Unamuno, Benavente y Valle y Baroja y Azorín.

Al contrario que ellos, Blasco entró al mismo tiempo en la literatura y en la política, pero lo hizo en serio. Los todavía jóvenes estetizantes debieron de ver en esa actitud un rasgo de la vulgaridad del escritor valenciano, al que no le importaba seguir los pasos de muchos escritores decimonónicos, precisamente aquellos a los que pensaban había que licenciar.

Blasco Ibáñez, que había colgado los estudios de Derecho en Valencia, se trasladó a Madrid con el deseo de consagrarse a la literatura por entero, aunque para hacerlo entrara a trabajar a destajo como secretario del folletinista Manuel Fernández y González. Las novelas de éste, escritas a la manera de las de Dumas, Ponson du Terrail o Montépin, conocían por entonces un éxito popular incuestionable y neto. Blasco aprendió del folletinista técnicas de novelas elementales, pero de una eficacia probada, con grandes diálogos, pues eran los tiempos en que los folletinistas cobraban por línea. Gómez de la Serna lo resume con mucho salero:

«—¿Y?
»—¿Qué?
»—¿Entonces?
»—Después.
»—Adiós.»

A peseta la línea.

En Madrid empezó su vida de agitación política. Era un panfletista violento a favor de las clases irredentas y contra el orden establecido, los curas, los reyes, los capitalistas, dentro de un programa de republicanismo radical que le abrió las puertas del exilio, de la cárcel y de los duelos, que traspuso con frecuencia. Más de veinte veces en la cárcel, innúmeros duelos y no pocos exilios. «Su entrada en política —dijo Pla— fue una consecuencia de su pobreza.»

Tras el primero de todos esos exilios en Francia, la tierra donde iría a morir, en otro exilio también, se volvió a su tierra, Valencia, y allí se casó y fundó, con todos sus ahorros, un periódico radical, *El Pueblo,* y una editorial, con un socio llamado Sempere, donde editó a los anarquistas, a los utópicos, a Elisée Reclus, a Friedrich Nietzsche, a Max Stirner, a Haeckel, a Drapper, también a Pío Baroja y, para resarcirse, todo Conan Doyle, cuyos derechos de autor no parece que pagó jamás por insolvente. Eran novelas baratas, para la alfabetización del pueblo levantino en particular y la nación hispana en general (llegó a ser una de las editoriales más populares y mejor distribuidas), pero que al tiempo le ayudaron lo indecible en su carrera personal, lo mismo que la colección «La novela ilustrada» y más tarde «Prometeo», sucesora de Sempere en algunas cosas.

Ramón no le favorece mucho en el retrato: «Edita libros de los jóvenes, con preferencia de los que hacen críticas de libros, y así va ganando la unanimidad [...] Como se casa

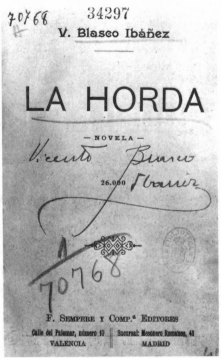

La novela de Blasco, su biografía, su lucha, es más interesante seguramente que su obra, que no es de todos modos tan despreciable como la juzgaron los compañeros de generación.

Blasco, que se sintió siempre desdeñado y preterido, les pagó con una moneda parecida: rencor y resentimiento, y, en cuanto pudo, la arrogancia de haber llegado a ser, con mucho y después del reinado de Trigo, el escritor más rico de su tiempo.

Manuel Bueno por entonces y es el gran crítico de ese tiempo, Blasco le regala todos los muebles y la lámpara del techo de la sala.»

Dirigiendo ese periódico y aconsejando a la editorial, Blasco publicó seguramente sus mejores novelas: *Arroz y tartana* en 1894, *Flor de mayo* un año después, y *La barraca* en 1898. Son sus grandes obras, con las otras novelas del ciclo valenciano, *Entre naranjos,* de 1900, y *Cañas y barro,* de 1902, escritas estas últimas cuando ya era diputado a Cortes (lo fue desde 1898), cuando todos los demás compañeros de letras se debatían todavía en delicuescencias de orden literario, diarios de pequeños filósofos, dandismos dannunzianos, lirismos a lo Wordsworth.

¿Cómo son estas novelas? Alguien tan poco sospechoso de blasquismo como Ortega dirá de ellas en 1912: «Novelas admirables porque en ellas Blasco nos ha representado el alma valenciana, la misma que él lleva dentro.» Pla, que entrevistó al escritor cuando éste gozaba en su exilio de Menton, en Francia, de todo el reconocimiento internacional, tiene una visión bastante exacta del novelista, que uno comparte por entero. Mientras Blasco Ibáñez habló de lo que conocía, sus novelas tienen interés. Cuando entró en los ciclos internacionales se echó a perder. Cuando Blasco Ibáñez escribía con su estilo peculiar, lleno de valencianismos, tosco pero lleno de fibra, las novelas empezaban a caminar. Se le criticaba esa tosquedad, y Blasco buscó un secretario que le puliese las novelas. Lo encontró en un ex seminarista ducho en la garlopa del estilo que le cepillaba los libros con esmero. Desde entonces, las novelas salieron sin incorrecciones gramaticales, pero habían perdido toda fuerza, se quedaron sin nervio y se le venían abajo. Pla, que era sobre todo partidario de sus *Cuentos valencianos,* llega incluso a decirnos que a Blasco Ibáñez habría que traducirle a su lengua verdadera, a la lengua de la que él mismo se tradujo, el catalán o valenciano, porque todo lo había sentido ahí, y que, traducido, ganaría. Es muy posible.

A los seguidores de Blasco no les importó en absoluto que éste empezara la reforma contra los capitalistas convirtiéndose en uno de ellos, y le seguían como a verdadero rey, con una devoción religiosa un poco ridícula, como si fuese una figura del toreo. Blasco fue en esa época subiendo el tono de sus ataques, cada vez más incendiarios. Cuando se leen ahora, espeluzna un poco el tono jacobino del asunto. Defendía todas las causas perdidas, incluso aquellas que podrían haberle acarreado problemas por antipatriota, como defender a los independentistas cubanos, el reparto de la riqueza o la socialización de la tierra.

Si Blasco hubiese sido en sus novelas la mitad de dinamitero que en sus artículos de periódico o en sus novelas, quizá éstas tuvieran hoy más interés. El deseo de hacer una obra de mérito artístico le estropeó, por lo mismo que esos constructores de fallas fracasan cuando se plantean el *ninot* con la ambición de dejar hecho el *Moisés* de Miguel Ángel.

Como testimonio social de la época, las novelas de Blasco Ibáñez son imprescindibles, de eso no hay duda, pero en ellas no hay nada un poco profundo y la complejidad de la vida y las relaciones humanas se le escapó por completo, qué le vamos a hacer.

Cuando creyó que el ciclo valenciano estaba cerrado intentó pillar la estela de sus compañeros, y se le vio hacer incluso el esfuerzo de entroncar con la corriente dannunziana o flaubertiana, sin llamar la atención de aquellos a quienes precisamente quería seducir; ni siquiera cuando quería bienquistarse con ellos y les pedía colaboraciones para el periódico literario que fundó, *La República de las Letras*, en el que contó desde luego con el correligionario Galdós, y en el que colaboraban los González Blanco, Insúa o aquel antigaldosista que se llamaba Urbano, que para no tener que doblegarse ante su fama y llamar a Galdós por este apellido célebre se refería siempre a él como Benito Pérez. No. Ni siquiera entonces pidió nada, porque su orgullo era superior a su inteligencia, que es uno de los mejores sistemas para recorrer el camino del resentimiento.

Por esas mismas fechas aparecieron otras novelas de tema general, como *La catedral*, o de asunto social, como *La horda* (novela en la que, por si fuese poco, plagió a Baroja), muy zolescas, y lo mismo, cuando el ciclo se le quedó corto o cerrado, lo intentó con novelas de corte universal, al estilo de los bestsellers internacionales, o sea, *Los cuatro jinetes del Apocalipsis* o *Mare Nostrum*, que fueron las novelas que le lanzaron al estrellato mundial, al cine y a ganar, se decía, un dólar cada minuto que pasaba.

Con el dinero ganado en la literatura tuvo incluso sus pujos de aventurero: no sólo dando la vuelta al mundo (como hizo constar en otro libro), sino llevando sus sueños republicanos y fourieristas a la fundación de una ciudad en la Pampa argentina, al modo de las poblaciones de nueva planta que había concebido en España Carlos III. Las experiencias de Río Negro y Corrientes, que llamó tras un gran esfuerzo imaginativo Nueva Valencia y Colonia Cervantes, en donde llegó a promulgar leyes, resultaron un fracaso completo, como a la postre casi todo en él, y se desentendió del asunto de una manera poco digna; ahora, desde un punto de vista cinematográfico, la aventura hubiera dado para un largometraje.

No cejó en sus luchas, que le llevaron a enfrentarse con el dictador Primo de Rivera y, por extensión, con Alfonso XIII, que había puesto a aquél al frente del Gobierno de la nación. Blasco tuvo que exiliarse. Lo hizo en un pueblecito de la Costa Azul, cerca de Montecarlo, donde iba, montado en magnífico automóvil con chófer incluido, al casino. Allí o en algún otro lugar del principado le esperaba semanalmente una tertulia entre cuyos miembros figuraba el infante don Jaime, el pretendiente carlista, el amigo de Valle-Inclán. El republicano y el carlista se hicieron grandes amigos, lo mismo que Blasco terminó siendo un gran amigo del dinero por el que tanto luchaban también los desposeídos de sus novelas.

Se ve que Blasco era ingenuo en un grado imponderable. Le gustaba codearse con la gente importante, fuese quien fuese, sin considerar la naturaleza del negocio que pudiera estrechar vínculos entre ellos. A Unamuno, a quien apenas conocía, llegó a proponerle un extraño negocio: «Don Miguel —le dijo—, vayámonos a Estados Unidos, usted funda una religión y yo la administro.» La proposición se formuló de esa manera en la que uno lo único que puede hacer es no enfadarse, y si sale, sale.

La justa injusticia que se ha cometido con su literatura es relativa. Es cierto que es un hombre de una cierta zafiedad espiritual, pero la literatura está llena de esa clase de escritores, sólo que ellos lo disimulan con pujos intelectuales. El origen de todo el malentendido vino por la política. Cada cierto tiempo se volverá a Blasco Ibáñez con la ilusión de deshacer una injusta justicia, ¿o era una justa injusticia?, y habremos de volvernos de vacío, porque si en alguien literatura y vida, que empezaron tan unidas, están más alejadas es precisamente en él. Pero quedarán una mirada primera, abrasada por la luz de Levante, pasiones elementales, vidas de folletín, tragedias no por primarias inexistentes. Pobre Blasco Ibáñez: seguramente supo siempre que su destino iba a ser el que fue, y eso le entristecía lo indecible porque, por más que lo intentó, no pudo jamás torcerlo.

Y acaba este capitulillo que ha tenido que ocupar el escritor valenciano a su entero gusto porque es posible que nadie quisiera venir a compartirlo con él, como no fuese alguno de aquel grupo que se llamó de los Trece, o sea, Carretero, *el Caballero Audaz*, o Diego San José, en fin, los mismos que en otras coordenadas terminaron también entrando o saliendo de la literatura por la gatera de la política. Blasco Ibáñez se habría merecido una obra mejor. Más adelante se hablará de Trigo y de Zamacois y de los escritores de *El Cuento Semanal*, Insúa, Répide, Ciges Aparicio, Carmen de Burgos (que fue amante de Blasco, por cierto, antes que de Gómez de la Serna; también hay obra-vida especular de escritoras como Colombine), López de Haro, en fin. Deberían ir aquí, pero supongo que sería demasiada leña para tan pobre fuego. Más adelante se verá.

En cuanto a Blasco Ibáñez, no hay una vida en toda nuestra literatura, si se exceptúa la de Cervantes, más rica en acontecimientos y peripecias. Fue intensa como la de los sátrapas y precaria como la de los negreros; le movió, o eso dijo, una idea de una España más justa. Fue republicano y socialista, pero al final hizo por sus ideas lo que por la literatura. Su personalidad fue más desbordante que su vida y su obra. Egotista como los jóvenes del novecientos, pero con egotismo excluyente, de Blasco Ibáñez puede decirse que no se pudo hacer carrera.

Capítulo sexto

EN EL QUE SE HABLA DE AZORÍN Y CUANTOS ESCRITORES
ENTENDIERON LA LITERATURA COMO UNA SOLA PÁGINA,
ORDENADA, BRUÑIDA, SIN MÁCULA, EN LA QUE DEBÍA CA-
BER EL MUNDO, COMO CABE EL MUNDO EN UN RAYO DE
LUZ O EL MAR OCÉANO EN UN HOYO DE LA PLAYA

Lo prodigioso de muchos de estos escritores del novecientos
fue que realizaron una obra admirable al margen de los cánones. Unamuno realizó una filosofía sin sistema, Baroja
unas novelas sin personajes, Valle-Inclán un teatro sin drama
y sin consecuencia, Maeztu una regeneración sin libros y
Azorín unos artículos sin tema. Éste mismo parece no sólo
un escritor sin género, sino un hombre sin contorno, sin
vertebración aparente.

El caso de Azorín es no menos singular que el de sus
compañeros.

También deberíamos haberlo puesto junto a Baroja. Son
los dos únicos que siguieron siendo amigos a través del
tiempo. Más Azorín de Baroja que al revés. Fue siempre más
generoso Azorín con Baroja que éste con aquél. Baroja no
fue generoso con ninguno de sus contemporáneos.

Azorín metió a Baroja como personaje en *La voluntad* y
en el *Diario de un enfermo*, y después escribió el prólogo admirable de *Las canciones del suburbio*, pasada la guerra civil,
aunque eso no es decir nada porque, por las mismas fechas,
Azorín escribió el prólogo de las obras completas de Valle-
Inclán. Para entonces, Azorín ya había hecho compatible
todo, desde los dos Luises, de Granada y de León, hasta
Valle y Baroja. Azorín, negociador y pactista por antonomasia, raro ejemplo de persona y escritor que, situándose
siempre *au dessus de la mêlée*, obtiene un beneficio, es el ejemplo canónico de ese escritor que se sitúa por encima de los
conflictos para salir bien librado. De no haber sido escritor

hubiera sido un discreto casamentero o un cambista. Cabría decir de Azorín lo de los casinos de juego: siempre gana la banca. Y no sería extraño que en esas personalidades tan asimétricas fuese donde radicase el secreto del buen entendimiento que existió toda la vida entre Azorín y Baroja, personas por lo demás que no creo que pudiéramos considerar amigos en el sentido que ha de darse a esta palabra de personas afines, que se ven, que salen por ahí una noche juntos, que van a hacer juntos un viaje, al menos después de ser jóvenes. Es cierto que Baroja y Azorín sí viajaron juntos, y salieron algunas noches, y hablaban de los asuntos, pero todo eso parece habérseles agotado muy al principio. No se habrá visto obras e intereses más opuestos entre dos escritores.

La palabra que resumiría a Baroja sería la vida. La de Azorín, la literatura. Uno es un hombre de acción, o seducido por ella. El otro es persona contemplativa, de lecturas. Uno es hombre del norte, de brumas y sombras, de lluvias perennes y tormentas. El otro, por el contrario, es hombre del Levante, de pueblos encalados y luz cegadora. Uno es un anarquista vocacional; el otro, un burgués constitutivo. Tal vez fuese ésa la razón por la que Baroja y Azorín formaran una pareja artística peculiar, de las que duran toda la vida y, hasta donde sabemos, sin dejar de tratarse de usted jamás hasta que se murieron.

Y así como Azorín habló y escribió en múltiples ocasiones de la literatura de su colega, Baroja, a excepción de un prologuito que escribió para el que todavía era Martínez Ruiz y algunos elogios que suenan a compromiso, se ocupó poco de la literatura azoriniana, que tenía por fuerza en el fondo que aburrirle, si creemos lo que Baroja pensaba de la literatura. Podía gustarle más que la de Valle o la de Unamuno, pero no debía de pasar de ahí.

Al igual que todos los otros, Azorín procedía de la burguesía provincial. Pero le diferencia de la mayoría el hecho de que, así como Unamuno creó opinión en el país, y Baroja un talante, y Valle-Inclán una estética, y Juan Ramón o los Machado una lírica, Azorín lo único que creó fue un estilo. No sólo literario, sino periodístico. Los periódicos en España fueron mejores, al menos en alguna de sus páginas, porque Azorín impuso una moda. Sólo por eso habría que levantarle un monumento. Ahora el estilo Azorín ya se ha olvidado, pero, al menos durante setenta años, todo el mundo que se quería poner fino escribía como él: sujeto, verbo, predicado y punto. Era un estilo al principio afrancesado, pero supo importar e imponer, en una lengua como la nuestra que valora el parrafito largo y torneado de los sermonarios, la frase corta y sincopada. Y con ese estilo, una voluntad de estilo, hecha en cada una de las palabras, como en esos restaurantes donde no sólo se come bien sino con la cocina a la vista siempre de los comensales, a fin de que puedan éstos comprobar que tanto los ingredientes como los procedimientos son de primera clase y los adecuados. Pues bien, lo más paradójico es que, tras ese esfuerzo, se nos aparece Azorín como un escritor sin lectores, alguien que no los hubiera tenido nunca, ni entonces ni ahora, porque quien dijo «tener estilo es no tenerlo» lo hizo para unos lectores que no leían.

La posteridad al resto de la generación les ha proporcionado un lugar o bien entre los críticos o entre los escritores o entre los lectores. Los afortunados a veces se benefician de los favores de dos o más de estos estamentos. El docente es el único que se ocupa en la actualidad de Azorín, escritor que ni los lectores leen ni los escritores respetan, salvo modas de última hora, pasajeras. También ha tenido Azorín, y tiene, un puñado de lectores particulares y grises como él mismo, pero a los que no se puede considerar estamento ni ninguna otra cosa solvente.

Azorín, que nació en Monóvar de Alicante en 1873, era hijo de un abogado de Yecla, pueblo del que era alcalde. También era diputado provincial de Alicante, había viajado y conservaba en casa una buena biblioteca del abuelo. Azorín admiraba a su padre, lo mismo que a su madre y a toda aquella acomodada familia de ricos de pueblo. Era una familia dilatada, como las de antes. Azorín tuvo nueve hermanos. Una de sus hermanas, Consuelo, se casó con un escritor del que se hablará en estas páginas, Manuel Ciges Aparicio. A Ciges lo mataron en la guerra los nacionales. Azorín no pudo hacer nada para evitarlo, aunque hubiera podido hacerlo, tras la guerra, por su familia, pero se negó. Para entonces, el escritor de Yecla ya era un hombre conservador, amedrentado, desbordado por las circunstancias y con unos afanes de protagonismo que podían parecer ridículos en la medida que nadie le dio ya entonces el menor pábulo. Pero esto es ir demasiado deprisa. Al principio, en los primeros años de su vida de escritor, Azorín se llegó a hacer famoso por lo contrario, por ser un anarquista peligroso, y luego un hombre influyente en la opinión y en la literatura. Todo cambia mucho. Dio también un par de volatines políticos que dejan los de Valle en cosa de aficionado.

Aunque Azorín tuviese fama de hombre terrible, lo cierto es que era un buen burgués. Habló poco pero escribió mucho. Hoy algunos lo llamarían un grafómano. Contó muchas cosas de su familia, desde el principio, directa o indirectamente. Mucho y poco, según se mire. Para el gusto contemporáneo poco, pues apenas hay en sus escritos autobiográficos revelaciones escabrosas o de un carácter íntimo. La intimidad de Azorín es la de los santos padres, que no pecaban ya ni de imaginación. Le gustaban los recuerdos y las familias paradas, un poco como los daguerrotipos y las flores que se ponían debajo de los fanales, secas y polvorientas, o a un lado de la cara, junto a las cocas del peinado. Todo en los relatos de esos años lo cubre Azorín con un fino polvo y una luz deslumbrante. De esos paisajes levantinos, Azorín se ocupó en muchos libros desde el primer momento, desde *La voluntad*, que fue su primera novela, y mucho también en *Valencia*, el primero de los dos libros que dedicó a sus recuerdos de infancia y mocedad.

Azorín en una foto poco conocida
de finales del siglo XIX.

Azorín es hombre del Levante, de pueblos
encalados y luz cegadora. De esos paisajes
levantinos, Azorín se ocupó en muchos
libros, desde el primer momento, desde
La voluntad, que fue su primera novela.

Azorín y Baroja son los dos únicos que siguieron siendo amigos a través del tiempo. Más Azorín
de Baroja que al revés. Fue siempre más generoso Azorín con Baroja que éste con aquél.

Azorín estudió en los escolapios. Quizá fuese ésa una de las razones para hacerse anarquista.

Los estudios de Derecho que empezó a los quince años en la Universidad de Valencia los continuó en Granada y en Madrid, donde los terminó.

El primer libro que se hizo imprimir fue un folleto sobre *La crítica literaria en España,* que firmó con el seudónimo *Cándido,* por recordar a Voltaire y molestar de paso a alguien. A ése siguió otro folleto, antes de marchar directamente a Madrid, en 1896, para terminar la carrera. Tenía veintitrés años.

Azorín traía una carta de presentación para el redactor jefe de *El País. El País* era un periódico republicano y radical. La carta era de Luis Bonafoux. ¿Cómo consiguió de Bonafoux esa tarjeta? Bonafoux era un escritor de terrible reputación y no mala pluma, como hemos visto ya. Aceptaron a Azorín en *El País,* y éste empezó a trabajar como un forzado. Uno de sus artículos mereció de Clarín el elogio en uno de sus temibles *Paliques.* Azorín le guardó siempre agradecimiento por ello, al contrario que Baroja, que lo atacó al poco de morir el año uno o el año dos, muy típico del vasco. Ahora que lo piensa uno, Baroja no tuvo en su vida una gran controversia con nadie de fuste, una discusión intelectual seria y sostenida, ni con Valle ni con Unamuno ni con Maeztu, por ejemplo, al modo de las que tuvieron éstos u Ortega. Lo suyo fueron siempre picotazos y con gentes en general ya difuntas. Las cosas desagradables solía decirlas siempre pasado el tiempo, o muerto el interesado, que es una costumbre muy astuta y mezquina. La única gran discusión teórica la mantuvo con su amigo Ortega a propósito de la novela. Como es sabido, Ortega escribió un ensayo en el que criticó de una manera admirativa la manera de escribir novelas de Pío Baroja. Éste le contestaría en un célebre prólogo en una de sus novelas, del que ya hemos hablado, pero sin personalizar nunca la polémica. Fue la única vez. A todos los que eran tanto o más que él procuró siempre dejarlos de lado, hasta que llegó a sus memorias, redactadas en unos años en los que habían muerto ya la mayoría de sus rivales, lo que seguramente facilitó o soltó su mal humor. En cambio, don Pío, con aquellos que consideraba unos perfectos rastacueros, como Gómez de la Serna, Salaverría, que veía a Baroja como un hombre sólo anarquista de boquilla, para mantener su clientela, o con Ruiz Contreras (que se vengó propalando que Baroja se apellidaba en realidad Martínez de Baroja y Nessi), con éstos jamás recató su opinión.

El caso es que Azorín no duró mucho, unos meses, en *El País*, de donde lo echaron por tener ideas demasiado audaces incluso para un radical.

Azorín aprovechó para seguir redactando un diario, algo así como los pormenores de su navegación por Madrid y la literatura desde su llegada a la capital. Ése fue el origen de *Charivari (Crítica discordante)*, proyecto que tuvo su continuidad en el *Diario de un enfermo*, uno de los primeros diarios de nuestra moderna literatura, diario de paseante baudelaireano, de confidencias amargas y desesperos románticos. Pero fue *Charivari*, como si dijéramos, su verdadera manera de presentarse en sociedad. Hasta ese momento todo habían sido ensayos.

El librito, un hito de librepensamiento y pensamiento libre en nuestra pequeña historia, y que tomaba el nombre que aquel periódico satírico francés que «se reía de todo, incluso de las cosas honorables», como dijo Stendhal en *Le rose et le vert*, está lleno de críticas acerbas y juicios sobre obras y personas en los que la audacia sólo puede ser comparada con la despreocupación. Pero hay algo aún más valioso en ese pequeño diario: el pulso de la vida, que lo reviste de un halo de pureza y juventud.

Muchos de los lectores de Azorín, que reniegan de él en cuanto lo ven dando bandazos políticos y literarios, encuentran aún en las páginas de *Charivari* el candor de las causas nobles y la firmeza de las empresas difíciles.

¿De qué nos habla en ese pequeño folleto? Es un joven

dandy, pese a ese paraguas rojo con el que escandaliza a los madrileños, o justamente por eso. Cita a muchos autores extranjeros, franceses mayormente, en su lengua. Autores del día. Eso declara que Azorín es un joven atento a lo que pasa fuera. Habla de todo un poco, de teatros, de periodistas, de contemporáneos y de viejos. Lo hace con la ingenuidad de los niños y la temeridad de los locos. La verdad en él no parece difícil: el «respetable ex ministro de Ultramar señor Núñez de Arce [...] es uno de los más limitados literatos españoles; como poeta no se encuentra en toda su obra una sola idea grande»; «He visto a Unamuno en la librería de Fe, el judío, y Zaragüeta. [...] Miguel de Unamuno me es simpático; entre él y yo encuentro semejanzas de vida. Él, frío, retraído, alejado del trato social en su retiro de Salamanca; yo... ¿Me voy a contar a mí mismo cómo he vivido? Pero hay en Unamuno cosas que no me gustan: no me gusta su nebulosidad, su incerteza de ideal filosófico, su vaguedad de pensamiento»; «He leído *El señor feudal*. Nunca creí que Dicenta pudiera hacer una cosa tan descabellada como ese drama». Entre medio de sus juicios, Azorín lee en un periódico la crítica que le hace Clarín. Reproducción de un fragmento de una carta de Clarín, y otra vez a la brecha. «Benavente ha tenido la desgracia de publicar sus *Cartas de mujeres* después de las *Cartas* de Prévost (y por eso se habla de pastiche), y de estrenar *Gente conocida* después de *La meute*, de Abel Hermant.» Luego, Azorín elogia a Benavente, «hombre cultísimo, de selecta y variada lectura, tiene ingenio espontáneo, percepción para coger al vuelo el detalle, la *nuance*, la frase que caracteriza al personaje». Otras veces, Azorín se alía con críticos feroces, como su amigo Bonafoux, quien se refiere a una obra de Joaquín Dicenta que pasó en su día por una denuncia social: «¿Crees tú que los obispos tienen derecho a aconsejar a los fieles que no asistan a las representaciones de los dramas de un Björnstjerne Björnson, y no digo a las representaciones de los dramas tuyos, que nada tienen de socialistas ni de anarquistas, puesto que no lo eres tú, ni lo has sido, ni lo serás en tu vida? [...] ¿Te quejas, Joaquín, de que atropelle a tu *Juan José*, y pasas por alto y sin quejas de ninguna especie tantos atropellos ajenos? Y al protestar a favor de *Juan José*, ¿no protestas en nombre de las ideas ni de los sentimientos, sino en nombre de la propiedad? ¿Estás rico, por ventura? ¡Más te valiera estar pobre!» Y Azorín, incansable, él que jamás iba a practicarlo, de pronto se veía dotado con el don del insulto: «Si yo dijera al señor Balart, poeta y viudo: conozco un poeta, señor Balart, que mató a su mujer a disgustos (entre ellos, el de *liarse con otra*), y después, cuando murió, tuvo la frescura de publicar un tomo de versos en que lloraba a lágrima viva la muerte de su cara esposa.

»Si yo dijera, dirigiéndome al señor Grilo, respetable ermitaño: tengo noticias, señor Grilo, de que un vate ideal publicó en un periódico una elegía a un hijo que le nació muerto a consecuencia de una coz que el vate le disparó a su hembra estando embarazada.

»Si yo dijese esto, no demostraría ni que el señor Grilo es un ripioso ni que el señor Balart (viudo) es un poeta sin inspiración, prosaico, horriblemente difícil... e insincero.»

¿Qué apreciamos en todo esto? Desde luego, el tono es nuevo. No sólo el tono literario, la claridad con la que se exponen las ideas originales. Advertimos sobre todo novedad en el tono moral. ¿Qué pensaríamos hoy si alguien, de entre los jóvenes, le hablara de modo idéntico al académico de hoy, al Balart de ahora mismo, y le sacara a relucir lo de la esposa? Aunque tampoco hay que ver tanta radicalidad. En el mismo folleto se afirmaba, por ejemplo, que «el autor de *La fe* [Palacio Valdés] es el mejor novelista español después de Galdós». O sea, que la idea de que estos jóvenes entraron rompiendo con *todo* el pasado, como después ellos mismos quisieron hacer creer, no es exacta. «Campoamor es un artista; tiene delicadeza, flexibilidad, ternura, arranques geniales de un pensador que se ríe de muchas cosas sacrosantas; es además un psicólogo, tan conocedor como el primero, como Stendhal o Bourget [la equiparación no es precisamente fina], por ejemplo, del alma femenina.» Por eso, dos años después, en 1900, más seguro, sabiendo el terreno que pisa en literatura, podrá decir: «Campoamor es el emblema de nuestra vulgaridad literaria. La juventud española le desprecia profundamente a este rimador trivial que no tenía ni dos adarmes de idealidad en la cabeza.» O en su panfleto *Anarquistas literarios*: «Campoamor no tiene entre los vivos quien le supere, ni entre los muertos quien le haga sombra, a no ser Espronceda», para decir, dos párrafos más adelante, que Baudelaire es el mayor poeta contemporáneo. Azorín siempre será esa hipermetropía y una miopía congénita cuando de lo que trata es de juicios de valor, que cambia inmediatamente en influencia y nombre literario. Eso hay que aceptarlo. Con los años, Azorín, el terrible, tendió al entendimiento y, donde antes había trufado denuestos, los cambió por elogios, que al final de su vida le salían para todo y por todos, como si se le hubiese reblandecido la materia gris, con tal de poder llevar a cabo el artículo diario. Pero poco a poco fue el escritor orillando al crítico dinamitero, y la literatura salió ganando.

Mientras fue joven, antes del cambio de siglo, permaneció sin embargo firme en su extremado celo.

El resultado de tal sinceridad fue que tuvo que dejar Madrid, como los duelistas, con la idea de volver cuando se calmaran las aguas. Volvió, pero quien regresó parecía un hombre en cierto modo reformado. *Charivari* ni ninguno de sus otros compañeros en la literatura del panfleto volvieron a reimprimirse hasta que se incluyeron en el primer tomo de obras completas (y de manera incompleta), cuando la hora del examen de conciencia probaba con creces que hacía cincuenta años que se había producido ya el propósito de la enmienda.

Volvió con la intención de llevar adelante esa moralización de la literatura. No habla Azorín de ideas de regeneración, de la pérdida de las colonias, del problema de

Diario de un enfermo *es uno de
los primeros diarios de nuestra moderna
literatura, diario de paseante
baudelaireano, de confidencias amargas
y desesperos románticos.*

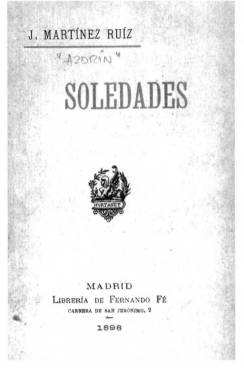

En 1898, Azorín escribió un libro que tituló
Soledades, *que dedicó al «maestro Leopoldo
Alas. Recuerdo de un discípulo que sigue
y agradece sus consejos». ¿Los siguió?*

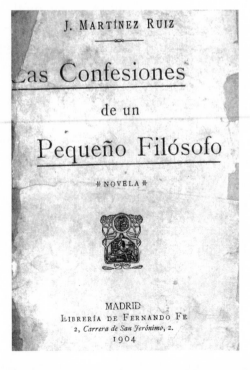

*Dilucidar cuál es el pensamiento de Azorín
sobre las cosas será algo de imposible consecución.*

España como problema. Sólo le preocupa la literatura... y la vida como género literario.

Al poco tiempo escribió *Soledades* (1898), que dedicó al «maestro Leopoldo Alas. Recuerdo de un discípulo que sigue y agradece sus consejos». ¿Los siguió? Clarín le dijo: «Estos bohemios recalentados son nauseabundos, créame usted, simpático joven. No se junte usted con la *gente nueva*, busque la *novísima.*» Las primeras palabras del monovero no dejan lugar a dudas: «No basta con ser sabios; es preciso ser buenos.»

¿Lo sería en adelante Azorín? Desde luego. Así como otros, Bonafoux por ejemplo, no se curaron de la furia jacobina, Azorín sí.

De ese libro dijo Maragall que poseía «la mejor cualidad (y la más rara) que puede tener un libro: el ser vivo».

Las memorias de Azorín, que reunió en tres libros, *Valencia, Madrid* y *Memorias inmemoriales*, recogen las vicisitudes del momento, las inquietudes, la falta de trabajo, las redacciones, las intrigas con periodistas de segundo o de tercer orden. Cuando Azorín, en el año 13, decidió formalizar su generación, incluso en contra de los generacionados, dio incluso nombre y filiación de todos y cada uno de los socios, ocho, ni uno más: Unamuno, Benavente, Valle-Inclán, Bueno, Darío, Baroja, Maeztu y él mismo, omitido en esta ocasión por decoro. ¿Pero dónde se quedaron los Salamero, los Nakens, los Cavia o López Barbadillo, periodistas de salto de mata, entre la pobretería y la bohemia? ¿Qué se hizo de aquellos Emilio Bobadilla, *Fray Candil*, Salvador Rueda, Verdes Montenegro, Luis Pardo o José de Cuéllar a los que tanto elogió en algún momento?

Sin embargo, ni siquiera el propio Azorín, el más interesado en la formalización de la generación, dejaría de ser ambiguo, en un estilo muy característico suyo de nadar y guardar la ropa. Nos dirá Azorín en 1916, cuando la batalla por su generación se estaba librando todavía: «No somos partidarios de que se empleen cierto género de denominaciones para distinguir estos o los otros literatos; no acaba de gustarnos esto de la generación del 98. Diríase que hay cierta impertinencia (cuando no pedantería) en esta manera de designar.» ¿No es increíble? Parece que hubiese redactado esas líneas después de una conversación con su amigo Baroja, y para contentarle a éste. Azorín en *Madrid*, sin embargo, escribió de esa época todo lo contrario: «Ha habido en el fondo de la generación del 98 un légamo de melancolía. En reacción contra la frivolidad ambiente, esos escritores eran tristes... No se diga, como se suele, que la tristeza provenía de la consideración del desastre colonial. Nos entristecía el desastre [aunque, cabe añadir, que nada escribieron de él cuando se produjo]. Pero no era, no, la causa política, sino la psicológica.»

También es rara la combinación de sus dos vocaciones, la de maniobrero y la de escritor puro, que lo fue.

En *Antonio Azorín*, que no casualmente dedicó Azorín a Ricardo Baroja, que por las mismas fechas estaba ya aguafortando unas *Escenas españolas*, o en *Las confesiones de un pequeño filósofo*, libros ambos deliciosos y que Mainer llamó «autobiografías generacionales», el escritor mostró al fin sus cartas literarias y se propuso cautivar desde la primera línea al lector presentándose tal cual era. Nada de literatura de adulterios y lances, nada de frases estupendas y personajes de tronío. Azorín iba a hacer de necesidad virtud: su vida era suficiente para hacer literatura: «Lector: Yo soy un pequeño filósofo; yo tengo una cajita de plata llena de fino y oloroso polvo de tabaco, un sombrero grande de copa y un paraguas de seda roja con recia armadura de ballena: yo emborrono estas páginas en la pequeña biblioteca del Collado de Salinas. Quiero evocar mi vida. Es medianoche; el campo reposa en un silencio augusto; cantan los grillos en un coro suave y melódico; las estrellas fulguran en el cielo fuliginoso; de la inmensa llanura de las viñas sube un frescor grato y fragante.» Ahí estaba ya todo su estilo, todo su talante. Pero el escritor puro se resistió siempre a perder su puesto social y político en la sociedad. El pequeño filósofo fue también en la sombra toda su vida un pequeño Maquiavelo que jamás se chupó el dedo, como diría Mairena. Así debemos entender la creación de la revista *Juventud*, que fundaron Azorín y Baroja en 1901, junto al periodista Carlos del Río. Fue una revista en la que colaboró lo más granado de los nuevos y algunos maestros. Giner de los Ríos, Costa, Cajal, Silverio Lanza y don Ciro. Entre los jóvenes estaban Fernández Villegas, Rueda y Valle-Inclán, Unamuno y Maeztu, Llanas Aguilaniedo, Manuel Machado, Martínez Sierra y Besteiro. La subtitularon *Revista popular contemporánea* y proclamaron que «nuestro deseo es hacer labor nacional».

La revista, escrita por personalidades tan acusadas como contradictorias, se movió entre las llamadas a la agitación o catarsis propuesta por Unamuno o a la «crónica sentimental» preconizada por Baroja. Lo que no se comprende bien, insistimos en ello, es cómo alguien como Baroja firmó las cosas que firmó y luego se desentendió de ese espíritu de politización absoluto, a menos que queramos pensar que todos ellos se sirvieran de la política como un trampolín para hacerse un nombre en la literatura. Si no, eso se explica mal. Su grado intelectual y teórico de compromiso en loas, proclamas y textos de agitación es alto. En la literatura menos. Luego pasan los años y cada cual cuenta las cosas de manera muy particular. En fin. Ésa es una cuestión que habrá que dilucidar algún día en una paciente labor de conjunto a la que podría ponerse el título de «Donde dije digo...».

Mientras tanto, mientras desarrollaban su labor intelectual y de intervención en las revistas, fueron cada uno de ellos escribiendo sus propios libros, que llegaban a las librerías con la regularidad de las estaciones.

Azorín, firmante todavía con su verdadero nombre de José Martínez Ruiz, concibió, asendereado como escritor, una trilogía, al modo de las de su amigo Baroja, integrada por *La voluntad, Antonio Azorín* y *Las confesiones de un pequeño filósofo.* El protagonista de la serie era el personaje que le hacía falta, el pequeño filósofo de las cosas cotidianas y las minucias, y un poco como el propio Martínez Ruiz, alguien que «lee en pintoresco revoltijo novelas, sociología, crítica, viajes, historia, teatro, teología, versos», alguien cuya anarquía le llevará, como a Baroja, a ser un convencido detractor de la democracia como gobierno antinatural de la plebe. De todas podría decirse que eran novelas de formación. La primera, *La voluntad,* es más bien una declaración de principios, como el escaparate publicitario de un programa de literatura nueva, y contiene pasajes muy hermosos sobre la juventud de Azorín, trozos de poesía, como si dijéramos, que estarían bien en una novela, o fuera de ella; la segunda, aspectos de su madurez temprana. Son cuadros más que novelas, son retratos más que secuencias. En una fórmula afortunada y ya célebre de Ortega y Gasset, quedó circunscrito ese mundo a «primores de lo vulgar», al minucioso recuento material y espiritual de lo que apenas tenía en la literatura relieve. Un mundo sin relieve para un hombre sin contorno. «En el fondo no cree en nada», dirá Martínez Ruiz de Antonio Azorín, o sea, de él mismo, quien añade que siente «un cansancio, un hastío indefinible, invencible». Es, pues, un tipo sin voluntad y de vuelo intelectual nietzscheano y meditativo, lo que le aproxima en algunas cosas al Fernando Osorio, álter ego de Baroja, pues es una mezcla rara de la acción y la especulación.

Esos tres primeros libros, libros, para qué vamos a decir otra cosa, son tan deliciosos como aburridos, que hay que leer a trozos por lo mismo que no se puede comer la tan nutritiva miel a cucharadas, al contrario que los de Baroja, lo que no quiere decir nada porque, con un poco de tiempo, de silencio y de entrega también podrían leerse muy gratamente pese a lo premioso del ritmo. Los profesores los encuentran idóneos, como los médicos los campos de cultivos adecuados, para formular y sintetizar unas bonitas y encajadas teorías.

Ni Antonio Azorín ni luego Azorín lograron nunca tener una idea contundente de las cosas. Lo que en los compañeros de su generación fue siempre una idea delimitada, Dios, España, la política, la novela, la poesía, la filosofía, en Azorín adquirirá tintes siempre imprecisos y sutiles. Dilucidar cuál es el pensamiento de Azorín sobre las cosas será algo probablemente de imposible consecución. Sí podemos saber que todo cuanto vio o rozó quiso traducirlo en una literatura genuina, en algo que sólo podía ser azoriniano. Pero al contrario que lo esperpéntico o lo barojiano, de matices tan evidentes, lo azoriniano vendría a ser precisamente lo contrario, una realidad sin aristas. Un hombre sin contorno, un estilo sin forma, una vida sin esquinas ni rincones, llena de matices pero sin aristas ni visión de conjunto. Se le ha comparado a menudo con un pintor, y es cierto que Azorín pinta cuando escribe, pero con pincel de un pelo, como los monjes de los códices miniados. Y con los brazos pegados al cuerpo. Azorín al escribir no despega los codos de la cintura. Es cierto que Azorín fue quizá quien con más violencia reaccionó contra el literato, el político y el burgués de la Regencia, pero no es menos cierto que acabó siendo el hombre que en los años cincuenta más podía parecerse a una figura de la Regencia. El Azorín que escribía en *Arte Joven*: «El Estado es el mal, el Estado es la autoridad, y la autoridad es el tributo que esquilma al labrador, la fatiga que mata en la fábrica, la quinta que diezma los pueblos y deja exhaustos los campos, el salario insuficiente, la limosna humillante, la ley, en fin, que lo regula todo y lo tiraniza todo», el Azorín de 1900, está muy lejos no ya del de 1950, sino del que en 1907 se presentó en las listas de Maura como diputado para ser, que lo fue y durante años, subsecretario. Muy lejos de aquel Azorín disolvente que siete años antes clamaba en el mismo artículo: «No votemos... No, no; la indiferencia es la vida.» Muy diferente de aquel otro que hubo de humillarse para pedir el voto, de aquel Antonio Azorín que afirmaba: «No hay cosa más abyecta que un político.»

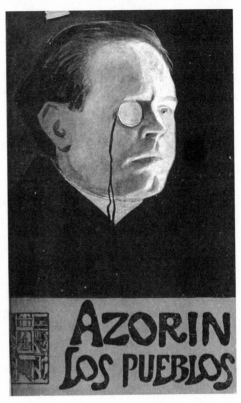

Azorín vio por primera vez, con ojos nuevos, los pueblos del Levante español, y de Castilla la Nueva, mayormente, como vio, con nueva sensibilidad, las prosas de fray Luis de León, o de Cervantes, o de Larra, o de santa Teresa.

Lo más tonto, dentro del campo literario del día, es oír los reparos que se le hacen a Azorín para cantar a continuación las alabanzas a Miró, desnudar a un santo para vestir a otro.(En la foto, Azorín y Miró.)

Pero no nos engañemos: a Miró, con todo lo fino que fue, no podrá nadie sacarle de su purgatorio. Fue un hombre tristísimo y fino al mismo tiempo.

Por eso es en cuanto a personalidad, por callada en lo privado y contradictoria en lo público, la más extraña y desconcertante de todo el novecientos. No es que como Valle no tenga ideas. Azorín las tiene, elementales y sutiles; lo que jamás cometió fue la tontería de oscurecerlas para que pareciesen lo que no eran. Si Valle es un artista de intuición, Azorín fue un artista de impresión. En el mejor de los casos a uno le podríamos ver como un caricato a lo Toulouse-Lautrec y al otro como un puntillista. Es posible que a ambos se los quiera incluir en una escuela impresionista, pero si se comparan sus libros se ve que tienen poco que ver entre sí.

Azorín, a lo largo de su vida, haría girar toda su obra alrededor de tres núcleos que fue desarrollando paralelamente: el primero fue el novelesco, un poco quietista siempre, de protagonistas serios y pasmados, como el barniz rancio de los museos viejos; los clásicos españoles, que harían de él nuestro primer crítico literario moderno, lleno de intuiciones valiosas y sensibles, fue el segundo de estos núcleos, y el paisaje español el tercero.

Es cierto que los escritores del novecientos dieron una importancia grande y exclusividad al paisaje español, que trataron como tema en sí mismo, pero no fueron los primeros, como a veces se ha creído. ¿Cómo entenderíamos, si no, estos versos?: «Con el rostro entre las manos, / silencioso y pensativo, / desde la abierta ventana / el campo brumoso miro, / dentro del alma sintiendo / algo del paisaje mismo: / la tristeza resignada de un cielo gris y tranquilo.» Los incluyó Icaza en *Efímeras*, de 1892, y esos paisajes del alma son en cierto modo precursores de algunos de Antonio Machado o de Unamuno, y ese rostro entre las manos ¿no es el de Antonio Azorín, pequeño filósofo? ¿No fueron también esas dos palabras, alma y paisaje, las que esa generación más estimó por encima de cualquier otra?

En cuanto a las novelas, las de Azorín en realidad son muy poco novelas. Más bien se trata de fotografías morales de un personaje o, mejor, de una persona (Antonio Azorín no llega a personaje jamás). Los otros dos núcleos, paisaje y literatura, están concebidos como pequeños capítulos de sus colaboraciones diarias en la prensa, pues no debemos olvidar que Azorín sería toda su vida un escritor de periódico. Su obra nació para el periódico, de eso no hay duda, pero el autor pensó siempre en trascender esa colaboración efímera. Es difícil saber si algo tan difícil lo consiguió o no. El ochenta por ciento de los libros de Azorín tienen ese esquema de conjunto de artículos y glosas. Si juzgamos por las librerías de viejo, donde menudean las primeras ediciones de Azorín, no parece que consiguiera implantarse nunca demasiado en el gusto popular. Sí en el de los profesores y redactores de manuales, pero no en el de lectores de libros. ¿Y en su tiempo? Es muy posible que Azorín ni siquiera contara con el lector de periódicos, mantenido en ellos no obstante como elemento decorativo y tradicional, por lo mismo que los ingleses no terminaban de decidirse a arrumbar el sombrero hongo, al que terminaron tomando cariño.

De cualquier manera, más que en sus novelas especiadas y mudas, que no dejó de escribir nunca a lo largo de su vida, es en los otros dos núcleos donde nos encontramos al más original de los tres Azorines. El Azorín de *Los pueblos, La ruta de don Quijote* y *Castilla,* y el Azorín de *Lecturas españolas, Clásicos y modernos* o *Al margen de los clásicos.*

La fórmula era con frecuencia la misma: artículos de periódico, con una extensión parecida y casi siempre en el *ABC.* Esa regularidad luego a los libros les da cierto ritmo cansino, de traqueteo ferroviario, del que ve en la ventanilla del tren, con exacta cadencia, los postes de la luz, y siente bajo el asiento el golpe regular de los raíles. También aprovecha Azorín para hablar de todo a la vez. El artículo sobre el clásico se le convierte a menudo en artículo sobre la vida minúscula, el paisaje, la casa, la celda, el camino, la tartana. Y al revés, el artículo que empezó en la tartana, la posada, la habitación de la fonda, le lleva inequívocamente al libro, al clásico, a la literatura.

Vio por primera vez, con ojos nuevos, los pueblos del Levante español, y de Castilla la Nueva, mayormente, como vio, con nueva sensibilidad, las prosas de fray Luis de León, o de Cervantes, o de Larra, o de santa Teresa. De vez en cuando, con verdadera fruición de erudito nos descubre a un escritor menor u orillado por el tiempo que le parece delicioso, como un sabor nuevo. Son escritores del tiempo viejo, lo mismo del tiempo gótico que del clásico o romántico. Nos dice: el canciller Ayala, o Moratín, o Mor de Fuentes. Luego va uno a Mor de Fuentes o al canciller, y nada. Buscó en los paisajes tanto como en la prosa castellana valores de quietud para el alma, alimentos sustantivos de su literatura, que era tanto como decir de su vida, compuesta sobre todo de libros y viajes, y la alta combinación política, como en sombra, y de manera bastante fantasiosa, porque le hacía a él mucha ilusión saberse en tales meollos en los que por otra parte estuvo siempre un poco como el convidado de piedra con su hieratismo acostumbrado.

Fue también, como esos pintores que todo lo fían al primer golpe de vista, un hombre que se guiaba por dictados cordiales, lo que tal vez le destensara el nervio en ocasiones.

Sus opiniones de la literatura, así como sus visiones de tales o tales autores, a las que se ha acusado de erráticas, asistemáticas y poco fiables, dieron sin embargo, cuando los dieron, resultados de una novedad indiscutible, alumbrándoles el camino a todos los que desde los sistemas y la fiabilidad académica permanecían varados en opiniones inanes. Es probable que muchas de sus páginas hayan sido «superadas» académicamente (pensemos en las dedicadas a Cervantes y al *Quijote*, que recogió en sendos libros), pero sólo por haber logrado hacer literatura de la literatura les estará reservado un lugar al lado precisamente de aquellas que a él le arrancaron encendidas y fervorosas lecturas.

Tras su paso por la política, como subsecretario del ministerio, Azorín fue, día a día, intentando desdibujarse en persona, tanto como luchando por perfilar un personaje literario cada día que pasaba más difícil. En las *Memorias inmemoriales* lo sentenció de una manera un poco dramática, aunque debía de ser exacta, si bien los misántropos no suelen ser tan explícitos sobre su misantropía, por lo mismo que los locos son los últimos que se enteran de su locura. Azorín, en un ataque de patética desolación, nos diría: «No me importa nada de nada. Soy nadie. Y con nadie quiere nadie amistades. He llegado a tener horror de la realidad. No digo bien: la realidad que yo estimo es una realidad como destilada por alquitara...»

Y Azorín entró en la Academia y se metió en su casa, de la que salía para acudir a la Academia. Lo veían pasar, lo veían venir, pero siempre de una manera angustiosa, de puro aguda. Escribía. Cada día su artículo. Castilla siempre, con Albacete. Los clásicos. La opinión de esto o lo otro, política de ministerio, de gobernación, de instrucción. Lo festejaron los jóvenes en una fiesta de Aranjuez, acto del que se publicó en la Residencia de Estudiantes, cuidado por Juan Ramón, un precioso librito. Fue como si dijéramos su último banquete. Juan Ramón, que tanto le había apreciado, terminaría distanciándose de él: más que el Montaigne que creía ser, dijo, era alguien de una gran mentira y esterilidad que los había estado engañando a todos. «Su literatura resulta una taquigrafía sentimental», diría también. Puede ser. Yo creo que hoy Azorín, al menos para los que seguimos leyéndole, es una referencia, pero no sabríamos decir de qué, como esas veletas que siguen en alto pero ya no señalan, porque los vientos no pueden con ellas ni ellas con el viento.

De vez en cuando se levantan voces para decir: hay que volver a leer a Azorín. Uno mismo ha sido a veces modesto orquestador de tales arrebatos desde hace veinte años. Pero eso no sirve de nada, quizá para la conversación de postín y el alterne esnob; no más. Azorín será como fue Mor de

Fuentes para Azorín, con los años, de eso no hay duda. Un poco más o un poco menos, según las modas. Por entretenimiento jamás se le volverá a leer. Lo leeremos una tarde en pequeñas dosis, como se miran las fotos del pasado. No puede estar uno mirando fotos amarillentas toda la vida, y la vida de Azorín, la de sus obras, tan delicada y fina, sugestiva y equilibrada, ha amarilleado. ¡Qué le vamos a hacer! Tampoco leemos a Berceo a diario. Azorín será nuestro Berceo moderno en el camino empedrado de nuestra literatura. Cuando dentro de otros cien años la gente ni siquiera recuerde que lo ha olvidado, ignorará que la lengua que utiliza es en buena parte como Azorín quiso que fuese: limpia, clara, concisa y expresiva. Nada de retórica ni de solemnidad. Siempre habrá Pérez de Ayalas y Valle-Inclanes, el tipo del bicornio académico y su caricato, contrafiguras de la misma moneda, pero aunque no se sepa que Azorín existió, éste estará presente en la literatura de ese puñado de escritores que velen, al margen de todos y de todo, como aquel José Martínez Ruiz, no ya por la pureza de la lengua como por una mirada diáfana sobre las cosas. Azorín nos enseñó no sólo a escribir sino a mirar. Escribió de esa manera porque miró de esa manera. «Escribimos mejor cuanto más sencillamente escribimos, pero somos muy contados los que nos avenimos a ser naturales y claros», escribirá por entonces. En literatura todo lo que se escribe de una manera es porque ha sido vivido antes de ese modo. Se harán, pues, llamadas periódicas sobre su obra, pero no servirán de nada. Nos quedan sus libros, su visión de los clásicos, comparable a la de los propios clásicos, nos quedan sus paisajes, su Castilla como daguerrotipo inmóvil de un tiempo que soñamos mejor, el de las tartanas y diligencias, el de las posadas y los lugares porticados y sombríos. Nos quedará el de las lecturas españolas. Pero para eso hay que gustar de leer y de hacerlo en esta lengua, cosas ambas cada día más raras.

Sobrevivió Azorín a todos los de su generación, con excepción de Menéndez Pidal. En general, los escritores del

Las cerezas del cementerio *es un buen título para dar una idea de la literatura de Miró.*

Cuando Miró decidió novelar dio muy desde el principio, desde **Del vivir**, en un personaje que era consustancial a él mismo, Sigüenza, al que le hace vivir su misma rutinaria vida de opositor y hombre sensible, a quien dedicaría **El libro de Sigüenza**, su mejor obra.

novecientos fueron todos como los verdaderos egotistas, no dejaron discípulos. Y sin embargo podemos decir que Azorín cambió una manera de escribir el periodismo que llamaríamos literario. Su estela la descubrimos en Ramón, en d'Ors, en Ruano. Y sin él no habría sido posible, ni imaginable, por ejemplo, alguien como Gabriel Miró, otro alicantino.

Miró fue un caso desdichado de escritor. Modernista desde luego, pero tardío. Vida y obra corta. Vida retirada, silencioso y silenciado. Obra de artista del buril.

Lo más tonto dentro del campo literario del día es oír los reparos que se le hacen a Azorín para cantar a continuación las alabanzas a Miró, desnudar a un santo para vestir a otro. Pero no nos engañemos: a Miró, con todo lo fino que fue, no podrá nadie sacarle tampoco de su purgatorio.

Fue Miró un hombre tristísimo y fino al mismo tiempo. En la segunda edición de *Nómada*, su novelita publicada como consecuencia del premio que obtuvo en el certamen de la Novela Corta, Miró cuenta la historia muy penosa de cómo esa novela se premió cuando su padre agonizaba, mitigando «los padecimientos de una vida santísima», y cómo, también, vio la luz el mismo día en que su padre dejaba de verla porque se moría, y cómo su hermano y su madre pusieron un ejemplar en el costado del pobre hombre que se les iba a difuntar en cualquier momento. Habla del padre, es cierto, pero es como si hablara de él mismo, como si se diese él mismo mucha pena.

Se publicó ese relato en 1908 y con tal motivo le agasajaron con un banquete cuatro de los escritores consagrados del día, curiosa y heterogénea comitiva: Felipe Trigo, Zamacois, Valle-Inclán y Baroja. Zamacois estaba en eso por director de *El Cuento Semanal*, Trigo por amigo de Zamacois, Valle-Inclán porque seguramente creyó por *Nómada* que le había salido un discípulo, pues la prosa es muy parecida a la del autor de las *Sonatas*, y los temas, con lebreles, amas, doncellas, muchas invocaciones a Nuestro Señor Jesucristo y un vocabulario arcaico y de alta alcurnia les son comunes a ambos, al galaico y al levantino; en cuanto a Baroja, ¿qué razón hubiera aducido Baroja para estar homenajeando a Miró? Sin duda la del «se empeñaron», que suele ser parecida a la del «por si acaso».

Miró había empezado a publicar muy joven novelas que luego no incluyó en sus obras completas. *Nómada*, la historia de un caballero desesperado por la muerte de su mujer y de su hijita y al que la vida trata perramente, está en el inicio de su madurez, caracterizada por narraciones especiadas, de corto recorrido novelesco pero de muy encajada labor estilística.

La vida de Miró es escasa en acontecimientos y poca cosa. Estudió Derecho y fue funcionario toda su vida, primero en las provincias levantinas y luego en Barcelona y en Madrid, no siempre en destinos que le convinieron. No pudo, como pretendió en alguna ocasión, vivir de su literatura, y conoció básicamente un par de campañas insidiosas, una promovida por elementos clericales cuando se publicó *El obispo leproso* en 1926, y otra la que le apartó de la Academia Española, lo que motivó que Azorín dejase de asistir a sus sesiones como protesta. Era un hombre, al parecer, silencioso y delicado que huyó siempre del bullicioso mundo literario, no sólo cuando vivió en Alicante sino también en Madrid, adonde se mudó en 1920, tras estancia en Barcelona. Murió en Madrid en 1930: hubo una edición conmemorativa de su obra, en sólidos volúmenes que parecen franceses, elogios fúnebres, que también parecen franceses, artículos, homenajes y en menos de cinco años se le envió al negociado de los raros, del que salen cada otros cinco voces que dicen: hay que hablar de Miró. Cinco años después, precisamente, se publicó la primera biografía sobre él, que se tituló, como no podía ser menos, *Biografía íntima de Gabriel Miró*, porque no parece que tuviera otra que no fuese sino la habida con él mismo, a menudo, a tenor de lo que se cuenta en ese libro, de una candorosa grisalla.

Los profesores con Miró tienen siempre serios problemas

de conciencia, pues no saben nunca a qué casillero remitirlo. Por edad podía pertenecer a lo que llamaron 98, pues sólo es cinco años más joven que Azorín. Por otro lado, su corte estético, así como la voluntad decidida a realizar una obra artística, resulta enteramente modernista, como Valle-Inclán. Si con Azorín se tiende a emparentarle, con Valle-Inclán, con el que guarda tanta o más relación, menos, habida cuenta de que los resultados de sus respectivas literaturas son opuestos, pero el origen es el mismo: la obra artística, la frase modulada y voluptuosa, el perfume del kif en un caso y en el otro del azahar y los naranjos, ese olor un poco dulzón de lo que madura y muere: *Las cerezas del cementerio* es un buen título para dar una idea de su literatura.

Como quiera que sea, los profesores han tenido dudas serias con este escritor alicantino, pero da perfectamente lo mismo situarlo unos centímetros más a la izquierda o a la derecha; el retrato de grupo no va a cambiar sustancialmente ni el carácter de esa fotografía de la época en la que sin duda ha de figurar.

Habida cuenta de su carácter y su vida, cuando Miró decidió novelar dio muy desde el principio, desde *Del vivir*, en un personaje que era consustancial a él mismo, Sigüenza, al que le hace vivir su misma rutinaria vida de opositor y hombre sensible, dotado como nadie para la vida sensitiva, en su esplendor y en su leprosería, y a quien dedicaría *El libro de Sigüenza*, su mejor obra con *Años y leguas*. Libros ambos de muy refinadas hechuras en los que lo importante no era la acción sino el paso. Las cosas en estos libros no suceden como en el resto de los libros y novelas; no. En Miró las cosas no suceden, transcurren.

Fue autor de una docena larga de libros, entre novelas, relatos y estampas quietistas, como las *Figuras de la Pasión*. Levantó este libro, que fue el intento de trasponer el paisaje de Levante a la Judea palestina, una gran polvareda clerical, pero le dio un gran renombre, con una gran anuencia de crítica y público, al menos de la crítica y el público de hace setenta años, pues no es fácil imaginar que a Miró pueda leerle nadie hoy, como no sean los un poco diabéticos de la literatura.

Empalagoso y melifluo son dos de los adjetivos que a menudo se dedican a una obra que fue hecha con verdadero amor y pureza. Y si en conjunto las críticas son razonables, puede decirse que a la obra de Miró viene a sucederle lo que a ciertos postres moros en los que la canela y la miel consiguen embotar todos los otros sabores sin que por ello dejen de ser, tomados en pequeñas cantidades, algo sumamente sabroso; si a uno le gusta lo dulce, claro.

Que las novelas y relatos de Miró no son novelas ni relatos es cosa que salta a la vista con haberlo leído. Se desinteresa Miró de sus personajes, de esos obispos leprosos, de esas mujeres consumidas por las devociones, de esos caballeros atormentados; se desinteresa incluso de Sigüenza y de sí mismo para entregarse a la pintura de las cosas, los huertos, los interiores, los ropajes, la sensualidad de una anatomía... Podría definirse su obra con el título tan acertado y poético de otro de sus libros: *El humo dormido*, quieto sobre el mundo, transparente como un celaje, sutil como una gasa o una veladura.

Es cierto que de todo lo dicho podría desprenderse un juicio negativo, y no lo es del todo si pensamos en que su amor al paisaje le redimía de toda la melaza que volvía un poco apelmazada su prosa, inepta para la vida. «Amo el paisaje desde muy niño», le confesó a Andrés González Blanco, el poeta de las provincias.

Ramón Gómez de la Serna, que lo conoció y lo apreció antes que ningún otro, retrató su literatura muchos años después en cuatro adjetivos, muerto ya Miró: «literatura exuberante y escueta, pustulenta y desorbitada».

Alejado de la vida que quiso darnos, sus libros, que tanto tienen a veces de tapa de una caja de pasas, se han quedado desgraciadamente como cantera inapreciable para entresacar los fragmentos que habrán de servir de comentario de textos para estudiantes de la asignatura de literatura o de lengua españolas, en una manera muy diferente a como servirían Valle-Inclán o Noel. Los tres puede decirse que son los escritores que más atención e intención pusieron en la elección de su vocabulario, bien surtido de palabras escogidas concienzudamente. Así como Valle y Noel podrían situarse en los dos extremos de una preocupación común, la de poner en circulación palabras oídas y arrebatadas al pueblo, en el caso de Valle hecho con un gran sentido de la medida, de la armonía y del gusto, y en el de Noel sin pies ni cabeza, de una manera abusiva y desproporcionada, las preocupaciones léxicas de Miró son de otro orden, muy parecidas a las de Azorín: encontrar en nuestra lengua vocablos de cierta nobleza y cadencia y valorarlos no por lo que contuviesen de vida o historia, sino por lo que en sí mismos tenían de elegante y evocador, sin descartar naturalmente toda la jurisprudencia literaria que pudiesen aportar. O sea, que escribió en una lengua literaria, y en este caso mucho más literaria que la de Azorín.

Si Azorín trató de exorcizar los peligros evidentes de la morosidad narrativa mediante un lenguaje seco, puntual, de frase muy corta (que parece un sabio remedio utilizado por el maestro de Monóvar, como una sacudida para que al lector, que se duerme indefectiblemente por esa atmósfera incensada con sándalo, le espabile un poco), Miró, consciente o inconscientemente, apostó de nuevo por el párrafo clásico español de tirada larga, con oscilaciones y vaivenes de barcarola que le mecen a uno en los magníficos landós de su idioma.

La apuesta de Miró fue también compartida por un novelista que, siendo sólo dos años más joven que él, participó de manera muy principal en la reactivación de la novela española desde presupuestos artistizantes. Galdós y otros, como Unamuno, le significaron con su amistad y admiración, lo que significó un buen espaldarazo. Vino a cumplirse con Pérez de Ayala el principio según el cual su relación

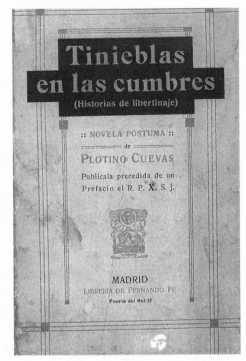

En España cada treinta o cuarenta años salen un Benavente y un Pérez de Ayala, de eso no hay duda, que cautivan el gusto de la masa lectora.

Los comienzos en prosa de Pérez de Ayala los encontramos en una novelita medio pornográfica, Tinieblas en las cumbres (Historias de libertinaje), que publicó con el seudónimo de Plotino Cuevas.

Si las criaturas de Baroja parecen haber venido a este mundo tras un alumbramiento, las de Pérez de Ayala no pueden dejar de recordar en todo momento que son fruto de la paciente y minuciosa fabricación de su autor o cuando menos del fórceps.

con los abuelos fue grande y buena, pero no tanto con los padres, que pudieron en realidad ser sus hermanos mayores, por lo que se cambió, en cuanto pudo, de generación, pasándose a la suya más natural de 1914, con Ortega, Marañón o Azaña.

Empezó, como Miró, a escribir en los primeros años del siglo, pero en su caso lo hizo con un libro de versos, *La paz del sendero* (1904), en la corriente de la poesía postsimbolista a lo Jammes o Laforgue, con una dicción tradicional y transparente.

En prosa, sus comienzos los encontramos en una novelita medio pornográfica, *Tinieblas en las cumbres (Historias de libertinaje)*, que Pérez de Ayala publicó con el seudónimo de *Plotino Cuevas* y que tanto gustó a Galdós, de quien Pérez de Ayala llegaría a ser un poco albacea literario, al menos en lo que se refiere a la correspondencia del novelista canario, que se la confió entera.

Cuando Torrente Ballester escribió su *Panorama de la literatura española*, Pérez de Ayala vivía aún, pero el retrato que hizo de la persona, en clave realista, parece bastante exacto. También el literario. «El mismo Pérez de Ayala se ha retratado en el Alberto Díaz de Guzmán de sus primeras novelas. Es un personaje cuyos problemas ofrecen un matiz perfectamente intelectual y cuyas aventuras son las de un señorito hidalgo, de buena casa y con el riñón cubierto. Con un nombre campanudo, buena cultura y sin apuros, ¿qué complejos de inferioridad podremos buscar en su biografía?» El retrato literario no era menos acertado: «Un conflicto entre la decidida voluntad de creación poética y una clara aptitud para el ejercicio del pensamiento.»

Pérez de Ayala había nacido en 1880 en Oviedo. Sus padres lo enviaron interno a los ocho años a un colegio de jesuitas en Carrión de los Condes, villa de un funebrismo exagerado. De la experiencia extrajo el muchacho un anticlericalismo militante y un memorial de agravios y ultrajes que años después serían la base de la novela que le proporcionó una gran celebridad, *A.M.D.G.*, anagrama del «*Ad maiorem Dei gloriam*», lema de los padres de la Compañía.

Después del bachillerato, y tras un viaje por Inglaterra, quiso realizar los estudios de Derecho, que abandonó para trasladarse a Madrid y probar fortuna en la carrera literaria tras haber reflotado el negocio familiar cuya ruina había llevado a su padre al suicidio.

Sus primeros contactos fueron, pues, con los poetas modernistas del círculo del Juan Ramón de *Helios* y de Martínez Sierra, que incluyó en su libro *Motivos*, una evocación de ese primer libro de versos. *La paz del sendero*, 1904, era una entrega sensible aunque muy distante de la naturalidad que por entonces habían alcanzado ya los poemas de Juan Ramón o los Machado, sus amigos. El tono del libro se avenía mal con el talante de un hombre que sabíamos de todos modos amante del salón y que lejos de vestir la pana de los caminos se revistaba los trajes príncipe de Gales en las sastrerías de la Red de San Luis.

Tras ese primer libro de versos empezó a publicar novelas. En una primera fase publicó cuatro, de corte autobiográfico o de clave.

La prosa de Pérez de Ayala lo encumbró inmediatamente a un puesto de privilegio. En España, cada treinta o cuarenta años sale un Benavente y un Pérez de Ayala, de eso no hay duda, que cautiva el gusto de la masa lectora. Incluso el propio Torrente Ballester, que lo vio bien por otra parte, sucumbe a tales encantos: «Pérez de Ayala es uno de los grandes escritores, de los grandes estilistas contemporáneos.» Ya hemos dicho en alguna ocasión que cuando uno es un gran estilista es porque falla alguna cosa fundamental. Ser estilista no es casi nada. Estilista fue Miró; aunque consiguió ser algo más, lo fue Azorín, lo mismo que Gómez de la Serna; lo fueron González Ruano o Cela, escritores preocupados por eso que se llama «la voluntad de estilo», invento en España de Azorín, fabricación suya interesada. España, un país de naturaleza barroca, sin embargo, ha podido transigir con Cervantes o Galdós, pero quien verdaderamente la conmueve es Ricardo León o Pedro Mata, escritores de recursos fuera de toda ponderación.

Primero Galdós y luego los hombres del novecientos, Unamuno, Bueno, Maeztu, Baroja o Azorín, habían devuelto a la prosa castellana una claridad y eficacia que habían perdido hacía siglos. La generación siguiente, la de Ortega, la de Azaña y la del propio Pérez de Ayala, un hombre puente, reaccionó contra lo que consideró ya una cuaresma excesiva y volvió a las poco tolendas carnes de los períodos largos, y a la elocuencia elegante pero sin freno.

El propio Pérez de Ayala, en la segunda de sus novelas, *A.M.D.G. (La vida en los colegios de jesuitas)*, de 1910, era dueño ya de esa prosa elegante que llevaría a cotas enteramente novelescas con *Troteras y danzaderas*, novela en clave de la golfemia y el desenfreno bohemio que también iba a tratar, años más tarde, el Valle de *Luces de bohemia*. En uno y otro libro, así como en los otros dos, *Tinieblas en las cumbres*, de 1907, y *La pata de la raposa*, de 1912, el hilo conductor fue Alberto Díaz de Guzmán que, ya hemos dicho, era el álter ego del autor.

Si las criaturas de Baroja parecen haber venido a este mundo tras un alumbramiento, las de Pérez de Ayala no pueden dejar de recordar en todo momento que son fruto de la paciente y minuciosa fabricación de su autor. En ese sentido recuerdan, más que a los de Galdós, a los personajes de Clarín, por el que también sentía una gran admiración. Todo lo que Galdós tenía de inspiración cervantina lo tenía Clarín de cálculo flaubertiano. Si unas son unas criaturas vivas, con más o menos taras o mermas, las otras, sin duda más perfectas desde muchos puntos de vista (lenguaje, personajes, concepción, idea, acción), las vemos moverse como esos mecanismos que, imitando a la perfección el movimiento humano, no pueden ocultar los resortes del muñeco autómata.

Siguieron a esas novelas otras, unidas a las anteriores por

la bisagra de *Prometeo, Luz de domingo, La caída de los limones* (1916), trío que subtituló como «novelas poemáticas de la vida española».

Lo de la novela poemática fue una moda entonces, importada también de París, y Miró y Azorín con las suyas pretendieron imponer aquí el género.

Estas novelas de Pérez de Ayala tienen bastantes partidarios y hay quien las pone por encima de toda la novelística de su autor, sobre todo la segunda, considerada como una obra maestra. En ella (un dramón de la España profunda que termina en un naufragio) se habla, por ejemplo, de la gentil Balbina, que era «la muchacha más hacendosa del pueblo, y acaso la más linda» a la que afrentan, uno detrás de otro, los siete caciques del pueblo, los Becerriles, enemigos de los Chorizos. El tono en todos los relatos es ese, más o menos, de afrentas, de acaecimientos y de incurables ignominias. El valor de las novelas poemáticas es de pura alegoría puesta en una prosa siempre a punto de caramelo. «Y así —concluye *Luz de domingo*—, confundidas las dos almas en un dulce aliento [se han dejado ahogar en el naufragio], volaron al país de la suma concordia, en donde no existen Becerriles ni Chorizos y brilla eternamente la pura e increada luz dominical.»

El mismo aspecto físico de este libro se asemejaba mucho a los de Valle-Inclán en más de un concepto. En primer lugar, la edición, de ornamentaciones platerescas y modernistas, y, en segundo lugar, la combinación de verso y prosa, verso para las entradas de los capítulos y prosa para los relatos, que ya había probado Valle-Inclán en más de una de sus novelas o farsas. Si éste la farsa la derivaría hacia el esperpento, Pérez de Ayala querría llevar el esperpento hacia lo pompeyano, lo cual le originaría un no pequeño problema de inadecuación: los dramas terribles que presenta de la vida española quedan enaltecidos por un lenguaje parnasiano muy fino y bruñido, como si, para entendernos, se rebozaran ajos en chocolate suizo.

Son novelas que responden a planteamientos intelectuales en las que no se priva nunca de verdaderas digresiones ensayísticas, vengan o no a cuento de la novela, y con un estilo de gran preciosismo, por donde hace tiempo la sangre vació las arterias, lo que le habría de llevar a Juan Ramón Jiménez a hacer uno de esos retratos no por estrictos menos exactos y escalofriantes del que va años luz por delante de toda crítica escolástica: «Le he oído a un familiar suyo: "Ramón no puede trabajar si no tiene la mesa llena de libros y revistas" [...] Tiene, dicen Moreno Villa y sus como amigos y admiradores, el sentido de la lengua como nadie. Sí, el sentido de la forma de la lengua, del molde de la lengua, del vaciado, del yeso de la lengua: de la lengua en sí misma, no en relación de sujeto a objeto, de objeto a sujeto; el sentido de la forma crónica, académica, hábil, fría, seca. Su prosa está vaciada en una tumba.

»Las "formas" son de agua, de viento, de fuego; las "formas" son orijen, se propagan, corrijiendo abiertas, por cien cauces. La forma de Pérez de Ayala es pila recojedora, donde todo, anchamente, se remansa, mascarilla de lago. Todo llega a ellas de todas partes, y se queda en sí sin derrame ni contajio, como en los pechos sin pezones manaderos de una estatua que lo fuera, y académicamente, de la difunta Prosa.»

Después de estas novelas poemáticas, Pérez de Ayala nos dio alguna de sus novelas más perfectas, como *Belarmino y Apolonio*, de 1921, o *Los trabajos de Urbano y Simona*, de 1923, obras concebidas para ilustrar la idea que el autor tenía sobre aspectos teóricos de la novela, como el lenguaje o el amor. A uno, estas dos novelas le gustaron mucho en su día, al descubrir los destellos de lo que no sabe distinguir si son brillantes genuinos o bien imitada bisutería. Habría que dilucidar esa cuestión hoy, veinticinco años después, pero uno sabe que ya no lo dilucidará seguramente. Pero la literatura se hace también de recuerdos, y los recuerdos escriben en nosotros con el mismo derecho que el presente. Después, a partir de 1926, fecha en la que publicó su última novela, Pérez de Ayala permaneció «en silencio» como novelista hasta su muerte, en 1962. «¿Por qué ese silencio?», cuando el escritor estaba en la cumbre del reconocimiento nacional e internacional, se preguntaba Andrés Amorós, quien ha estudiado concienzudamente obra y vida del escritor asturiano. «Nadie lo sabe con seguridad», se respondía a continuación con alguna desolación. Pero podríamos sospecharlo: el relojero Pérez de Ayala se había cansado de los mecanismos, que debían de aburrirle a él mismo, consciente de su difunta prosa. No dejó de escribir, desde luego: pero había vencido en él el intelectual: aún nos daría unos cuantos volúmenes de ensayos o de recuerdos, bastante convencionales estos últimos, por cierto, y harto correctos. Siguió escribiendo para la prensa de América o de España y sus divagaciones literarias o filosóficas, de una gran mundanidad y finura, le ayudaron a vivir. No olvidemos que sus amigos fueron Araquistain, Ortega, Marañón, intelectuales más que creadores. Dejó de escribir porque se metió en la política, porque quiso construir la República, porque fue embajador, porque ganó una guerra sin poder disfrutarla, porque vivió un exilio sin merecerlo, porque tornó a España, donde no le esperaban ni querían... O mejor aún; al revés. Porque ya no podía escribir se metió en la política, construyó una República, etcétera.

Capítulo séptimo

SÓLO PARA OCUPARSE DE MIGUEL DE UNAMUNO, UN
HOMBRE QUE LO LLENABA TODO ÉL SOLO ALLÁ DONDE
FUERE

En cierto modo, este libro tendría que haberse empezado
por este capítulo, por Unamuno y Maeztu, los únicos que
en verdad responden al canon que de la generación del 98
se ha tenido todos estos años, y que lo fueron desde el primer momento. ¿En qué sentido? Desde luego en el político.
Fueron los más políticos de todos. Unamuno como militante
socialista y Maeztu como socialista simpatizante. A ambos les
preocupaba España. Les preocupaba, les dolía, los irritaba.
Los dos dieron muestras de que el Desastre y la pérdida de
las colonias dejaba postrado moralmente al país. Mientras
el resto de los literatos del novecientos estaba ocupado en
sus pequeñas guerras, en sus cafés, en sus estrenos teatrales,
en sus modernismos, en sus revistas y proclamas, incluso en
el *tono* regeneracionista, Unamuno y Maeztu muestran un
afán legítimo, de ley, por la regeneración. Incluso algunos,
como Baroja, hemos visto, se declararon escépticos con el
programa. El resto se mostraban indiferentes. Al menos en
ese primer momento. Con el tiempo, todos ellos terminaron
de hoz y coz en política, tradición que arrancaba por una
parte de Galdós, alguien a quien desdeñaban, o de Blasco
Ibáñez, al que despreciaban sin tapujos. Incluso alguien
como Valle-Inclán, el hombre más esteticista, probó la fortuna de las urnas, o Baroja, el más escéptico.
　　Azorín, en su ensayo *La generación de 1898*, mencionaba,
para apoyar sus tesis, unas *Lecciones* de economía social, de
Ramón de la Sagra, de 1840, y un libro de un tal Guillermo

Lobé, *Mi segundo viaje a Europa*, de 1841, y otros de Torres Muñoz Luna, como *El porvenir de la agricultura española*, de 1865, y otro más, *La agricultura y la hacienda*, de 1871, y otros libros más de Eugenio Sellés y de Vicente Almirall.

Uno no ha leído tan doctos y necesarios libros, pero basta haber leído lo que en 1898 escribían los literatos del novecientos para comprender que esos temas estaban muy alejados de las preocupaciones de todos ellos, si exceptuamos a los arriba mentados Unamuno y Maeztu. Es como si dentro de cien años alguien fuese a suponer que anduvimos en este tiempo enredados en tratados de sociología de más o menos caducidad.

Por otra parte, es verdad que en la época del fin del siglo nos encontramos con obras y autores preocupados con ese asunto de la regeneración, como Cajal, Lucas Mallada o Macías Picavea, prestigiosos árbitros en esas cuestiones. Pero de ahí no ha de deducirse nada: ni que se estaba gestando una generación diferente ni que los muy sesudos estudios de don Luis Morote o de Damián Isern tengan nada que ver con la literatura, aunque sus libros de 1899 se titulen precisamente de manera tan regeneracionista *El problema nacional* y *Del desastre nacional*, y habida cuenta de que España, como problema, no es sólo secular sino endémica. Por otro lado, siempre habrá quienes estén dispuestos a darnos cada cierto tiempo amenísimos y muy precisos estudios sobre *Los males de la patria y la futura revolución española*, título por cierto de un libro que sí hemos visto, cuyo autor, de un gran tremebundismo, fue Mallada, que Baroja conocía por ser aquél ingeniero como su padre.

No obstante, bien por contagio de Maeztu, bien por una paulatina concienciación, bien porque venía dado por el ambiente, el caso es que Azorín, Baroja y Maeztu se hicieron amigos. Firmaron en 1901 un manifiesto: «Deseosos los que firman de cooperar, dentro de sus modestas fuerzas, a la generación de un nuevo estado social en España [...] Estamos asistiendo a la bancarrota de los dogmas; muchos de éstos, que hace unos años aparecían como hermosas utopías, hoy están cuarteados, modificados [...] En España, como decíamos antes, hay un gran número de hombres jóvenes que trabajan por un ideal vago. Esta gente joven no puede unir sus esfuerzos porque no es posible que tengan un ideal común. Dada la pereza intelectual del país, dada la pérdida nacional del sentido de moralidad, lo más lógico es presumir que de estos jóvenes, siguiendo el camino de la mayoría de los hombres de la generación anterior, los afortunados engrosarán los partidos políticos, vivirán en la atmósfera de inmoralidad de nuestra vida pública, y los fracasados irán a renegar constantemente del país y de los gobiernos en el rincón de una oficina o en la mesa de un café.» En el manifiesto se ponía énfasis en la ciencia y en el poder de ésta para remediar las lacras del país: «Aplicar los conocimientos de la ciencia en general a todas las llagas sociales, unas comunes a todos los países, otras peculiares a España, es nuestro deseo. Poner al descubierto las miserias de la gente del campo, las dificultades y tristezas de millares de hambrientos, los horrores de la prostitución y del alcoholismo; señalar la necesidad de la enseñanza obligatoria, de la fundación de cajas de crédito agrícola, de la implantación del divorcio como consecuencia de la ley de matrimonio civil. Y después de esto llevar a la vida las soluciones halladas, no por nosotros, sino por la ciencia experimental...»

Baroja cuenta en sus *Memorias* que no querían limitarse a simples teorías especulativas y que, a fin de buscar aplicaciones inmediatas, estuvieron *los Tres* visitando al general Polavieja y a otros jefes militares, con los que discutieron las ventajas de una dictadura ilustrada para España, una dictadura antiparlamentaria y laica.

En cierto modo, Baroja fue siempre fiel a esta idea, proclive al autoritarismo ilustrado, como viejo liberal partidario, no obstante, de la mano dura y de meter en cintura al país a golpe de baqueta.

Luis S. Granjel encontró entre los papeles de Unamuno

una carta de *los Tres* en la que éstos buscaban atraer al catedrático de griego a su causa: «Aunque no me parece mal, ni mucho menos —les responde Unamuno—, la forma concreta que piensan dar a esa acción social, en ella no podría más que ayudarles indirectamente, porque no entiendo de enseñanza agrícola nómada, ni de ligas de labradores, ni me interesa, sino secundariamente, lo de la repoblación de montes, cooperativas de obreros campesinos, cajas de crédito agrícolas y los pantanos, ni creo sea eso necesario para modificar la mentalidad de nuestro pueblo, y con ella su situación económica y moral... No espero casi nada de la japonización de España [...] Lo que el pueblo español necesita es cobrar confianza en sí, aprender a pensar y sentir por sí mismo y, sobre todo, tener un sentimiento y un ideal propios acerca de la vida y de su valor. Ayudaré a ustedes, siempre que mis ocupaciones me lo permitan, donde quieran, como quieran y cuanto quieran, y estaré a su lado; pero, por mi parte, me reservo otra campaña para la que vengo preparándome hace años.»

Por esta carta se ve el egotismo de Unamuno y la falta de simpatía que circularía entre unos y otros con los años, hasta ignorarse por completo, lo que los llevó a menudo a ser injustos unos con otros: «La vida pasional, palpitante, profunda de España había que buscarla donde la halló Pereda, en *Sotileza*, o Blasco Ibáñez, en *La barraca*, en las naturalezas bravías y elementales del pueblo o del mar o del campo; ¡pero en la España de Torquemada!» (se refiere al usurero galdosiano), nos dirá Unamuno, un hombre de escaso gusto y criterio literario desconcertante, el día que se moría Galdós, en 1920, con manifiesta generosidad. Con un hombre como él se ve que no se podía hacer grupo ninguno, porque la contundencia de sus gustos excluía a todos los demás.

Baroja y Azorín, no obstante, no se resignaron y fundaron una revista, *Juventud*.

Por qué razón Baroja, el más individualista de los tres, quiso ignorar u olvidar su pasado de activista convencido, es algo que habremos de dilucidar algún día. En la revista *Juventud* se decía: «Hay que hacer el estudio de España, cuasi desconocida e ignorada, sobre todo en su aspecto social, efectuando una labor de investigación intensiva [...] Así sabremos qué es lo que necesitamos de lo moderno, cómo deberemos adaptarlo y aplicarlo, sin violencias, sin prisas, sin empeñarnos en el disparate de permutar nuestra alma latina por el alma sajona, sino emprendiendo una verdadera restauración sobre la base de lo existente, que sea algo así como el poner a la moda nuestro traje anticuado y viejo, con reformas que sienten bien a nuestra figura y a nuestro tipo, pero que no nos arrebaten por completo la capa y la espada y el ancho sombrero de pluma que tan a maravilla nos cae.»

El eco de este casticismo sólo parece que lo siguiera Maeztu, sin lugar a dudas el menos literato de todos sus compañeros.

Todo lo contrario de lo que nos ocurre con Miguel de Unamuno, cuya obra aún hoy sigue concitando la controversia, la discusión y el indudable interés de todo lo que sigue vivo.

Unamuno nació en Bilbao en 1864, durante el cerco carlista a la ciudad, en manos de los liberales. Unamuno recordó toda su vida los cañonazos del sitio y habló de ellos en numerosas ocasiones.

Después de estudiar el bachillerato se vino a Madrid a cursar la carrera de Filosofía. Esos años los tuvo siempre como los más tristes y sombríos de su vida, porque la ciudad le gustaba poco. Quizá se debiera a que durante esos años estudiantiles se desencadenó en él una profunda crisis religiosa, que le llevaría de una vida piadosa a una regida por un agnosticismo atormentado y doloroso que no pudieron paliar los analgésicos krausistas, y así la pérdida de la fe, en 1880, la vivió como una expulsión del paraíso, a cuyas puertas acudiría una y otra vez, hasta la mayor crisis religiosa, que se verificaría en 1895.

*La obra de Miguel de Unamuno aún hoy
sigue concitando la controversia, la discusión y
el indudable interés de todo lo que sigue vivo.*

*Unamuno, al contrario que su admirado
don Miguel de Cervantes, tuvo muchos
dones, pero no el del humor.*

«Los de 1898 saltamos renegando contra la España constituida y poniendo al desnudo las lacerías de la patria, éramos, quien más, quien menos, unos ególatras» (Unamuno).

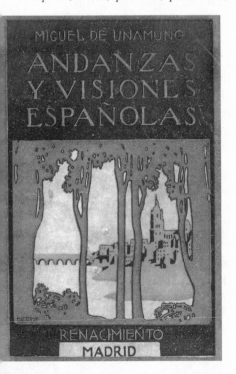

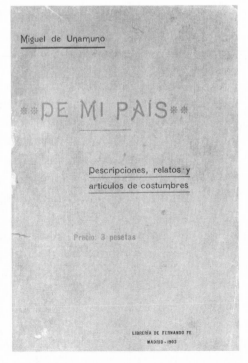

En fin, todos esos vaivenes religiosos iban a ser la sustancia unamunesca, unida a su «firme ideal de cuáquero», como sostendría el propio escritor en un tono más o menos irónico (no humorístico, porque Unamuno, al contrario que su admirado don Miguel de Cervantes, tuvo muchos dones, pero no el del humor).

Tras haber terminado la carrera a los diecinueve años, y pasar otros seis como profesor en Bilbao, decidió presentarse a una cátedra de griego para la Universidad de Salamanca o Granada.

Fue durante estas oposiciones, en 1891, donde conoció a Ganivet, el sabio granadino que había escrito ya su tesis sobre la lengua sánscrita, después de haber presentado otra con el título *España filosófica contemporánea,* que no halló la aprobación del poniente, Nicolás Salmerón.

La amistad con Ganivet, que tomaría los escenarios madrileños para los trabajos de su Pío Cid, fue lo más relevante de aquel año, una amistad que se prolongaría epistolarmente a través de los años, hasta la muerte del triste Ganivet. Se dijo que don Juan Valera, años después, comentaría respecto de esta oposición de Unamuno que «ninguno sabe griego, pero hemos dado la cátedra al único que podrá saberlo».

Inmediatamente se dirigió Unamuno a Salamanca. Fue tal encuentro uno de los más felices y fructíferos en toda la literatura española. Unamuno llegaría a hacer de Salamanca su verdadera patria, y Salamanca, en la poesía de Unamuno, quedó de tal modo marcada por ella que no hay rincón de esa ciudad ni casa ni tramo del río que no conserve reminiscencia y eco de sus palabras.

En esa época, Salamanca era un pueblo de 23 000 habitantes y en él se instaló ese mismo otoño de 1891 con su mujer.

Empezó, pues, a dar sus clases en una universidad muerta y en una ciudad cuyas principales preocupaciones eran por entonces construir una plaza de toros mayor y levantar un monumento a Colón por el descubrimiento, cuyo centenario se iba a celebrar a los pocos meses.

Durante esos primeros años, Unamuno publicó mucho, tanto en la prensa bilbaína como en la local, artículos y cuentos de tema vascongado que le permitían ligarse con su infancia, como la serie que integrarían después los *Recuerdos de niñez y mocedad,* hasta llegar a los ensayos que formaron el conjunto de *En torno al casticismo,* que fue publicando antes, en forma de artículos, en *La España Moderna,* la revista de don José Lázaro Galdeano.

Cuando empezó a publicarse en Bilbao *La Lucha de Clases,* periódico socialista, Unamuno se apresuró a adherirse, hasta el punto de escribir a su director: «Ha acabado por penetrarme la convicción de que el socialismo limpio y puro, sin disfraz ni vacuna, el socialismo que inició Carlos Marx con la gloriosa Internacional de trabajadores, y al cual vienen a refluir corrientes de todas partes, es el único ideal hoy vivo de veras, es la religión de la humanidad.»

La carta, que es larga, es una profesión de fe socialista en toda regla. La evolución literaria de Unamuno fue en todos esos comienzos, a diferencia de la mayoría de los literatos del momento, en solitario. Después de los ensayos sobre el casticismo español, tan ganivetianos también, y tras la muerte de su segundo hijo, hecho que le conmocionó y apenó lo indecible, Unamuno publicó su primer libro, la novela *Paz en la guerra,* no tanto sobre la última guerra carlista, aquella cuyos cañonazos brizaron su cuna, que también, sino sobre la evolución espiritual de un personaje que se le parecía mucho. O sea, un poco una novela de formación. Como las que escribió Baroja, como las de Azorín.

La novela contiene pasajes muy hermosos de Bilbao, y los estudiosos la encuentran idónea para hacer investigaciones y conjeturas, pero uno la ha hallado, cuando ha vuelto a ella, pesada, por lo que tiene de libro de tesis, incluso de historia, más que de novela, de lo que tiene poco.

Y así se llegó al 98. Por el biógrafo de don Miguel, Emilio

Salcedo, sabemos que la noticia del Desastre sorprendió a Unamuno descansando en una dehesa salmantina, desentendido del drama y sin querer abrir los periódicos. En una carta a su amigo Jiménez Ilundain llega a decir: «La moda ahora es lo de la regeneración, moda a la que no he podido sustraerme. También yo he echado mi cuarto a espadas. Pero la verdad es que estos dramas nacionales me interesan mucho menos que los que se desarrollan en la conciencia de uno.»

En muy poco tiempo, Unamuno se hizo firma imprescindible en todas las publicaciones literarias y periódicos importantes del país. Incluso Rubén Darío, el primero en ver que Unamuno era ante todo un poeta, lo llevaría como colaborador a *La Nación* de Buenos Aires. Luego todo le vendría un poco rodado al catedrático de griego: le nacían los hijos casi a uno por año, otros se le morían, le hicieron rector de la universidad, lo que significaba un pequeño sobresueldo, participó asiduamente en juegos florales, «descubrió» a José María Gabriel y Galán, viajaba en cuanto podía al Ateneo de Madrid, de cuyas actividades jamás estuvo al margen, y escribía al menos tres o cuatro artículos semanales, tres o cuatro cartas diarias (y en el caso de Unamuno hablamos siempre de cartas por lo general largas, llenas de ideas, de razonamientos, de esbozos y noticias, pese a que como él mismo declarara en el prólogo a *Teresa* «apenas si logro contestar las cartas que se me dirigen, ya que quien se dedica al púlpito ha de abandonar el confesionario; sólo dirigidas a él se conservan en la casa-museo de Unamuno de Salamanca más de cuarenta mil, y sabemos que el rector las contestaba todas, cifra que nos daría, tras las oportunas operaciones, que en cuarenta años el rector escribiría al menos tres cartas al día durante todos los días del año), sin olvidarnos de sus clases, sus conferencias y la preparación de sus libros, para los que no desdeñó ningún género de la literatura, siendo en este aspecto el escritor más versátil no sólo de su generación sino de la literatura española. Cultivó la poesía, el teatro, el libro de viaje, la filosofía, el ensayo político, la novela.

Durante muchos años fue Unamuno la figura cimera de todos los escritores del novecientos. Por un lado es el que, de una u otra forma, más relación guardaba con el siglo XIX, y en tal aspecto, aun crítico, era la figura que servía de eslabón con el pasado. Por otro, es el escritor más contradictorio y paradójico, lo que gusta siempre mucho a la hora de interpretar.

Aceptamos también que no es Unamuno una figura simpática para las gentes del gremio, para los escritores. Pero ¿qué es eso de la simpatía, qué tiene que ver con la literatura? Dueño de un ego muy importante, no parece posible que en el mismo ecosistema la especie Unamuno deje vivir a las demás especies. «Los de 1898 saltamos renegando contra la España constituida y poniendo al desnudo las lacerías de la patria; éramos, quien más, quien menos, unosególatras.» Quien piense que alguien como Unamuno era más egotista que Maeztu, Azorín o que Baroja, para no hablar de Juan Ramón Jiménez o de Valle-Inclán, es porque sencillamente no sabe de lo que está hablando. El diagnóstico de Unamuno parece bastante exacto, aunque los egotismos buscan siempre formas diferentes de manifestarse. El egotismo de Valle, por ejemplo, apoyado de continuo en los humores del hachís, que tan célebre y celebrado le hicieron en su tiempo, resulta tan incuestionable como el egotismo de un Azorín empeñado toda su vida por dejar atada y bien atada la significación literaria de una generación que era la suya, o como el de Baroja, de raíz engañosamente misantrópica, pues que le llevaba no tanto a huir de la compañía y trato de los hombres sino solamente cuando éstos eran escritores o personalidades públicas y más notorias que él.

No. Es la figura de Unamuno la que en conjunto puede llegar a irritar o producir más antipatías, sobre todo entre sus colegas, y los tuvo en todos los campos: enseñanza, filosofía, poesía, política, literatura...

Sí. Unamuno no ha sido jamás un escritor para la secta de escritores, aunque tres de los más importantes de su tiempo y de todos los tiempos, Darío, Juan Ramón Jiménez y Antonio Machado, lo consideraran siempre como uno de los grandes poetas de siempre, al contrario que los novelistas, que jamás le consideraron novelista ni los filósofos filósofo ni los autores de teatro dramaturgo ni los políticos político. «Hay algo en Unamuno —nos dirá el Martínez Ruiz en su temprano *Charivari*—, cosas, que no me gustan; no me gusta su nebulosidad, su incerteza de ideal filosófico, su vaguedad de pensamiento... Para ser socialista, como él pretende serlo (no socialista revolucionario, que no llega a tanto, a pesar de su colaboración en *Ciencia Social*), para ser socialista hay que mirar más alto y ver más en concreto, tener fe, tener más tesón del que Unamuno tiene.» Y ésa era una crítica de 1899, formulada por alguien como Azorín, el más nebuloso de los nebulosos.

Tampoco Baroja, a quien el personaje cae profundamente antipático, como vemos en sus *Memorias*. Ni Maeztu, con el que Unamuno polemizaría.

Cuando en 1916 se refirió a todos sus compañeros de generación lo haría de un modo aún más crudo: «Nosotros por nuestra parte, los ególatras del 98 [ni siquiera hablaba ya de egotistas, sino de ególatras], no estábamos entonces dispuestos a vender el alma por una acta de diputado. Nos admirábamos a nosotros mismos, como dice Cossío, creíamos haber nacido para renovar la patria, para hacer de España el solar de los españoles, un pueblo de yos y no un rebaño de electores y contribuyentes. ¡Pero no éramos "arribistas", no! En el sentido que se da a esto del "arribismo", no lo éramos. Nuestro mayor cuidado consistía en no dejarnos poner hierro, en permanecer orejanos. ¿Fue un error? ¿No lo fue? ¿Y quién puede decirlo? Soplaban sobre nosotros vientos de anarquismo, de individualismo desenfrenado; apacentábamos los unos de la fórmula spenceriana de "el individuo mata al Estado"; otros se nutrían de Nietzs-

POESÍAS

DE

MIGUEL DE UNAMUNO

BILBAO:
Imprenta y Encuadernación de José Rojas
1907

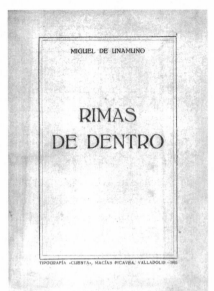

MIGUEL DE UNAMUNO

RIMAS
DE DENTRO

TIPOGRAFÍA «CUESTA», MACÍAS PICAVEA, VALLADOLID.—1923

Unamuno no ha sido jamás un escritor para la secta de escritores, aunque tres de los más importantes de su tiempo y de todos los tiempos, Darío, Juan Ramón Jiménez y Antonio Machado, lo consideraran como uno de los grandes poetas de siempre.

«Yo no creo en la revolución, ni en la revolución desde arriba, ni en la revolución desde abajo, ni en la revolución desde en medio. No creo más que en la revolución interior, en la personal, en el culto a la verdad» (Unamuno en 1906).

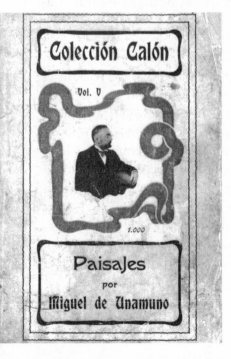

Colección Calón

Vol. V

1.000

PaisaJes

por

Miguel de Unamuno

«Los que piensan son siempre progresistas, piensen como piensen, y son retrógrados los que no piensan» (Unamuno).

che, y a la busca dentro de sí mismos del sobrehombre, descubrían al hombre, se descubrían a sí mismos, su propia dignidad personal.»

Con tales ideas, la relación social con escritores de valía semejante a la suya era problemática. Salvo con Antonio Machado, que lo tuvo siempre en un altar, la realidad le fue alejando de toda la literatura española, aunque la vida le llevara continuamente a relacionarse con unos y con otros.

Ni siquiera los escritores de la generación siguiente lo entenderían. Al contrario. Pensemos en Azaña y Ortega y Gasset; aquél, que había sido admirador suyo en la juventud, terminaría siendo uno de sus máximos enemigos políticos, y el otro el máximo cuestionador de su figura como pensador. Tendría Unamuno que esperar a la generación siguiente, la de las vanguardias, o sea, la de sus nietos, para encontrar en ellos las simpatías que los hijos le negaron; comprensión por otra parte un tanto folclórica y a trasmano de hombres a quienes Unamuno atraía más por su pintoresquismo que por lo que verdaderamente significaba no sólo en la cultura española sino en la profundización del ideal humano. Pensemos, si no, en las lecturas que de él hicieron literatos como Gómez de la Serna, Giménez Caballero o González Ruano, que escribió un libro sobre él de una banalidad infalible, pero entretenida.

De modo que esa de la incomprensión fue siempre su más fiel compañera. Desde el principio fue así: «He aquí la palabra terrible: no hay juventud», nos dirá en la temprana fecha de 1895, en su *En torno al casticismo*; «habrá jóvenes —continúa diciendo—, pero juventud falta [...] Todo es aquí cerrado y estrecho [...] Fue grande el alma castellana cuando se abrió a los cuatro vientos y se derramó por el mundo [...] España está por descubrir, y sólo la descubrirán los españoles europeizados. Se ignora el paisaje [...] Atraviesa la sociedad española honda crisis; hay en su seno reajustes íntimos, vivaz trasiego de elementos, hervor de descomposiciones y recombinaciones, y por de fuera, un desesperante marasmo [...] Es un espectáculo deprimente el estado mental y moral de nuestra sociedad española».

¿Cómo obrar, pues, en una sociedad sin juventud, y por tanto sin interlocutores estimables?

Si aceptamos, como Darío, que Unamuno lo que fue sobre todo es un poeta, y uno de los grandes del tiempo, debemos entender qué supuso su obra en el conjunto de la poesía de la época y sobre todo en relación a su trayectoria personal.

Para empezar digamos dos cosas: Unamuno fue un poeta tardío, al menos en publicaciones. Su primer libro, del año siete, llegaba cuando ya había publicado varios otros de ensayo y de novela, unas docenas de opúsculos e infinidad de artículos. Ya era incluso un hombre célebre. Por otro lado nos daba Unamuno una poesía nueva en cuanto a contenidos y preocupaciones, pero en una dicción por completo decimonónica. Tanto pensamiento como sentimiento, en él inseparables, nos lo presentaban vestido en ropajes anticuados, en retóricas usadas hasta entonces bien para fabricar rimas destinadas a los abanicos de las damas, bien en amables cuartetas para expresar ligeras preocupaciones filosóficas, al estilo de las *Doloras* campoamorinas. Por fuerza, el complejo pensamiento, el sentimiento torturado de Unamuno, había de acoplarse mal en los moldes que recibía de la tradición. De hecho, algo parecido le ocurriría con las novelas, con el teatro, incluso con la filosofía como sistema: las formas tradicionales le venían pequeñas, o eran patrón para otra hechura, demasiado femeniles para lo viril de su porte: todo le nace a un tiempo enérgico y torcido, y él no es un hombre de inquietudes artistizantes. En absoluto. El arte es para él llegar al centro mismo de una idea o de un sentimiento. El carácter de dureza que a menudo se le ha reprochado tanto en su prosa como, sobre todo, en su poesía viene de ese desajuste de un pensamiento moderno metido en unos moldes tradicionales. Tal vez sólo en el artículo de periódico, en la carta y en el relato de viajes consiguió

Unamuno una naturalidad que en los otros géneros llamados mayores sólo adquirió tras dura brega. «Yo considero como las horas más intensas de mi vida —le confesará en una carta a Trigo, reproducida por éste en *El amor en la vida y en los libros*— las empleadas en pensar y escribir mis obras, y como el placer más intenso y puro el concebirlas. Si algún día quisiera hablar de las cosas que ustedes hablan y ensalzan, lo haría en crudo, sin la alcahuetería del arte.»

Aunque en realidad esa forma era espejo de la lucha que conocía permanentemente su interior. Paradójico hasta la exasperación (y la paradoja es sólo expresión de una duda), buscó en los contrarios siempre la manera de alumbrar criaturas vivas y felices que le hicieran olvidar por un momento el más atroz dolor: la conciencia permanente de ser un ser para la muerte.

Se mire como se mire, ése iba a ser el sustrato de toda su obra, en prosa o verso. ¿Cómo vencerla, como sobrepasarla y ponerla de su lado? He ahí su caballo de batalla. Para ello no duda incluso en interrogar a Dios, en quien cree como ser de silencio.

Su poesía, lírica siempre, le sirvió para preguntarse por la fragilidad de todo, de la necesidad de forjarse un corazón de acero para sobrevivir ai tiempo.

«Yo no creo en la revolución —nos dirá en 1906—, ni en la revolución desde arriba, ni en la revolución desde abajo, ni en la revolución desde en medio. No creo más que en la revolución interior, en la personal, en el culto a la verdad.»

De Unamuno podrían entresacarse volúmenes de frases contundentes, expresión siempre de verdades interiores y sugerencias feraces, por encima de acuerdos o disidencias. No pudo remediar nunca lo que había en él de propagandista y reformador, ni del lenguaje esquemático y contundente que a veces precisan éstos para sus revoluciones. Si su grito de guerra fue durante unos años su célebre «¡Muera don Quijote! ¡Viva Alonso el Bueno!», no es menos cierto que una postura como ésa, de radicalidad, le llevaría a no pocas contradicciones, como vemos en el libro *Vida de don Quijote y Sancho*, que dedicó a dilucidar su visión del Quijote y de España, visión que con el tiempo le llevaría a enfrentarse con Ortega, pues donde éste quería hablar de Cervantes el viejo Unamuno era incapaz de ver otra cosa que a don Quijote.

A menudo se le ha acusado a Unamuno de cierto fundamentalismo o energumenismo, contradicho por él con no menos violencia, convencido de que había quienes querían neutralizar su pensamiento. «Los que piensan —nos dirá una y otra vez— son siempre progresistas, piensen como piensen, y son retrógrados los que no piensan (o lo hacen con lugares comunes). El que con inteligencia y corazón, conocimiento y sentimiento quiera volvernos al siglo XII, nos lleva mejor, mucho mejor, al XXI que quien sin corazón ni inteligencia nos quiere llevar a un siglo XXI necesariamente fantástico y abstracto.»

«¿Qué importan "mis" ideas? —nos había dicho en un texto de 1900—. No hay ideas "mías", ni "tuyas", ni de "aquél"; son de todos y de nadie. La originalidad de cada cual estriba en vaciar su alma; en el soplo que anima su obra. Nadie se apropia nada y todo lo sabemos entre todos.»

Y es en esa tensión entre el hombre solitario que era y la compacta humanidad para la que escribía donde estableció todas las tensiones. Incluso él, que aceptó la idea azoriniana de generación, no se libró de arremeter contra la generación de los modernistas, que para él eran sinónimo de feminoides y delicuescentes.

Veía en los hombres del 98 un vigor, una fuerza, una seriedad que no vio nunca en los modernistas. En una contestación que hizo a una encuesta de *El Nuevo Mercurio*, respondió: «El nombre modernista ha sido un mote en que se ha catalogado a una porción de escritores a los que sería difícil encontrar una nota común que los caracterizara», y se ve que la impresión que los modernistas le causaron es de «blandenguería, de molicie, de vaguedad, de indecisión. Rara, rarísima vez les encuentro apasionados [...] Me parecen en general falsos. No creo en su alegría, no creo en su tristeza, no creo en su escepticismo, no creo en su fe, no creo en sus pecados ni en sus sentimientos, no creo en su sensualidad. Todo ello ha sido hasta asentarse. Al brisar en los treinta y cinco han ido dejando sus posturas respectivas para mostrarse como personas calculadoras y razonables». La verdad es que se refería a los modernistas, pero podía estar refiriéndose también a los del 98. La descripción podría valer para todos. Por eso, su antimodernismo lo manifestó siempre que pudo. «Es dentro y no fuera —nos dirá en *Contra esto y aquello*— donde hemos de buscar al hombre... Eternismo y no modernismo es lo que quiero; no modernismo que será anticuado y grotesco de aquí a diez años, cuando la moda pase.»

El destino querría que Unamuno fuese desarrollando su obra literaria al tiempo que veía cómo su voz se dejaba oír cada vez con mayor nitidez en el panorama político español. Arrostró solo su enfrentamiento con el dictador Primo de Rivera, que lo desterró, y arrostró solo el exilio. ¿Dónde quedaron todos aquellos hombres que pensaba él más vigorosos?

Quizá, sí, hubiese que concluir con Baroja: «Una generación que no tiene puntos de vista comunes, ni aspiraciones iguales, ni solidaridad espiritual, ni siquiera el nexo de la edad, no es generación; por eso la llamada generación de 1898 tiene más carácter de invento que de hecho real.»

¿Y los libros de Unamuno? De muchos autores queda el pensamiento, la idea, y de otros los libros. En algún caso, como en el de Unamuno, nos queda en parte una idea de la vida y unos libros. Paradójicamente no nos quedan los libros en los que Unamuno fundamentó sus ideas, sus libros de filosofía, de política, incluso no quedan ni siquiera los de opinión, aunque es un autor capaz de fecundar él solo de ideas a tres generaciones de ensayistas, para ponerlos de su lado o en contra. Lo que nos queda de Unamuno son en primer lugar sus libros de viajes, que resultan maravillosos, sus *Por tierras de Portugal y España* o sus *Andanzas y visiones españolas*; han podido algunos compañeros de generación describir paisajes de una manera tan hermosa como él lo hizo, serán iguales a los suyos, pero no superiores; desde el primer momento supo Unamuno lo que sería para él el paisaje, como leemos en este fragmento del año dos, del libro *Paisajes*: «Los lugares cantados por excelsos poetas y en que éstos pusieron el escenario de sus perdurables ficciones son tan históricos como aquellos otros en que ocurrieron sucesos que hayan salvado los mares del olvido.» Nos queda una gran antología de poesía como lo mejor de su tiempo y de toda la poesía española, desde luego esos sonetos comparables a los de Quevedo, o ese prodigio de libro, *Rimas de adentro*, feliz de principio a fin, donde Unamuno se nos da como poeta de una voz íntima, susurrada y limpia; nos quedan sus relatos y novelas cortas, como la inolvidable de *San Manuel Bueno, mártir* o *La novela de Don Sandalio, jugador de ajedrez*, y, aquí y allá, inesperadamente, como venidas a nuestro encuentro un poco al azar, páginas de sus ensayos, como aquel «Adentro» que llegó a hacerse emblemático del programa regeneracionista.

Fue Unamuno un escritor imponente que no se resignó a ser vencido por la muerte, que no se resignó tampoco a luchar contra ella sin la fe, que no se resignó a pervivir sólo con la literatura. «¿Qué nos queda?», se preguntará angustiado un hombre cuyo mejor papel en esta vida fue el de permanente desterrado; «morir cada uno en su rincón, morir solos y sin patria ni hermandad», se responderá en medio de la mayor desolación en 1914. Quiso permanecer y durar, que se le recordase, que se le pudiera acompañar en su noche larguísima: «Siempre en la hora de la muerte —nos dirá de él JRJ—. Él es una sombra negra. Su sitio exacto: la caja negra pero abierta. Él querría que lo tuvieran siempre, vivo o muerto, es lo mismo, de cuerpo presente.»

Capítulo octavo

DONDE APARECEN LOS POETAS QUE SE LLAMABAN A SÍ
MISMOS MODERNISTAS CON EL ORGULLO DE QUIEN
ARROJA UN GUANTE A LA SOCIEDAD, DESDE RUBÉN DA-
RÍO HASTA EL POBRE FRANCISCO VILLAESPESA, PASANDO
POR OTROS MUCHOS DE DESIGUAL MÉRITO Y NOMBRE

Uno de los más recurrentes lugares comunes en la polémica
entre lo que se llamó noventayochistas y modernistas fue el
de creer que sobre los primeros recaía el peso de la prosa
y, con la prosa, la formulación de las ideas y el compromiso
moral de aplicarlas para mejora e instrucción del país, mientras que en los segundos vendría a encarnarse la indolencia
de «los hijos del sol» y la lírica meridional. En unos, la brega
de los libros de ensayo y las novelas, la gravedad y la responsabilidad de sacar a España del atolladero donde la habían metido los políticos; en los otros, por el contrario, la
cantarina existencia, irreflexiva y muelle, de percibir cómo
el rumor de los surtidores se trenza al perfume de los jaz-
mines. Unos, el norte fiero, frío y férreo; otros, el sur de las
noches a la reja, tórrido y pegajoso; el norte de la ciencia,
la higiene y el progreso, y el sur africano del bandolero y
los fandangos. Unos serían los forjadores de una prosa dura,
cortante y eficaz, en tanto que los otros vendrían a ser, a lo
más, artífices de la belleza, como el que teje tapices persas
(y la corriente orientalista entre los poetas modernistas fue
pujante, como lo fue, también, la moda historicista).

Recordemos que Azorín, en la primera nómina que daba
de su generación, no incluía poeta alguno español, y sí a
Rubén Darío, cuyo ideario estético tan poca relación guarda,
por cierto, con el que tenían Baroja, Maeztu, Unamuno o
el mismo Azorín por esos mismos años, escritores éstos que
miraron siempre la figura de Darío cuando menos con desconfianza y reserva.

Sin saberlo, o a sabiendas, Azorín no estaba sino señalando lo que sería ya una constante en en la modernidad del siglo xx: la pérdida, por parte de la poesía, del relevante puesto social que había tenido durante todo el siglo xix. En la historia de la literatura se había experimentado, en tan sólo tres siglos, la mutación del valor de los géneros, pasando de Cervantes, que tal vez habría cambiado la buena fortuna del *Quijote* por haber obtenido un éxito mediano en las tablas como poeta, a Azorín, un hombre que comprendió quizá que la poesía, tal como se había entendido hasta las postrimerías del xix, estaba llamada a su fin, si juzgamos la poca atención que comparativamente prestó él a los contemporáneos que la practicaron.

El panorama de la poesía en castellano, cuando llegaron los hombres del novecientos, estaba dominado en términos absolutos por los dos poetas y medio a los que aludió Clarín en conocida crónica: Campoamor, Núñez de Arce y Manuel del Palacio, más que por Bécquer o Rosalía.

De Campoamor son interesantes las observaciones de Cernuda y Antonio Machado, que lo rescataban del infierno en el que lo quisieron meter las siguientes generaciones. No pudieron llevarlo al paraíso pero, a falta de limbo, lo dejaron en el purgatorio. Con Núñez de Arce, al igual que con Echegaray, poco ha podido hacer la ciencia literaria para salvar sus obras, al igual que con Manuel del Palacio, una figura simpática, de la que no nos queda sino el nombre y algunos ejemplares de su magnífica biblioteca, sacada en pública almoneda hace unos años en los puestos de libros viejos del Botánico.

Las visiones más certeras del período son la de Juan Ramón Jiménez y la de Cernuda, que las dejaron recogidas en sendos libros, *El modernismo* (en realidad anotaciones para un curso sobre literatura en la Universidad de Puerto Rico) y *Estudios de poesía española contemporánea*, respectivamente. Son naturalmente visiones diferentes de dos personas que eran personal y poéticamente muy distintas, pero complementarias, más genuina e irrebatible la del primero y más fina en cuanto a gusto, quien llenó sus deslumbrantes lecciones de datos inéditos y de primera mano, y más profesoral la del segundo.

Fue JRJ quien dijo que Bécquer iniciaba la poesía española contemporánea con su modestia moderna.

Tras el lirismo de Bécquer y su amigo Augusto Ferrán, de un refinado e íntimo popularismo, como el de Campillo también, y sin olvidarnos naturalmente de Rosalía, la Rosalía que pasaría a la poesía moderna a través de Unamuno y Antonio Machado, la poesía española tropezó y cayó, como hemos visto, en el prosaísmo de Campoamor y Núñez de Arce, más interesante desde luego el del primero que el del segundo.

Es cierto también que no toda la poesía era *ésa*. Pero los tímidos intentos de cambiar de temas y recursos en la poesía española descansaban sobre poetas de formación muy endeble, como Salvador Rueda, o con demasiado lastre decimonónico, como en el caso de Ricardo Gil y Manuel Reina, que seguían poetizando, por un lado, los temas clásicos, griegos y latinos, si bien en sus vertientes más líricas y anacreónticas, y los temas literarios, figuras del pasado heroico y cultural, remoto o reciente, de los Rafael a los Heine, de los Aretino a los Goethes en Weimar. Del primero de los tres, de Rueda, se quiso hacer un protomodernista, y de los otros, dos tardorrománticos. Hubo durante unos años cierto consenso en considerar a *La caja de música*, de Gil, un gran libro de poemas, pero lo cierto es que es de una discreción casi dolorosa. En fin: la época en todos ellos ha terminado por devorar lo que tuvieran de genuino. Nos haríamos una perfecta idea de ese universo poético si miráramos alguna de las fotografías de los estudios de los pintores del momento: esos tapices persas, las cimitarras colgadas de los muros, los restos arqueológicos iberos, la pieza de cerámica antigua levantina, el desnudo de una mujer...

Es cierto que en literatura los cortes no se producen jamás de manera tajante y lo de atrás se nos viene hacia adelante y al revés, esto en aquello. Así deberíamos ver también dos casos singulares de la poesía de entonces: el de Gabriel y Galán y el de Vicente Medina, escritores ambos en su lengua vernácula o dialecto.

En este libro, la provincia apenas sale, porque las cosas en literatura transcurrían siempre en Madrid, a diferencia de lo que iba a suceder treinta años después, cuando las vanguardias literarias florecieran por toda la Península. En 1898 no, había que venir a Madrid si se quería hacer literatura española. No valía ni siquiera Cataluña, donde invitaban cortésmente a los escritores en castellano a pasar la frontera. Los que se quedaron en su provincia fueron haciendo una obra de carácter local, a veces con libros interesantes, como aquellas *Divagaciones por la ciudad de la gracia* del sevillano José María Izquierdo, que tanto gustaban, con lícita exageración, a Cernuda, o aquella *La braña* del santanderino Manuel Llano o los gallegos Rey Soto, tan valleinclanesco, o Prudencio Canitrot, que pudo ser y no fue, pero con un porte magnífico, o el costumbrista bilbaíno Aranaz Castellanos. En todos ellos se vivió el renacimiento de la región, del país natal, con libros de un discreto nacionalismo literario, en algunos casos, como Izquierdo, con muy notables resultados y páginas preciosas, y en otros, como en Aranaz, Castellanos, con obras interesantes, muy crítico y burlón con la nueva burguesía bizcaitarra.

«El alma del pueblo es esencialmente dialectal y sólo ella es manantial de poesía», recordará Maragall, el hermano menor del apesarado Bartrina y el hermano mayor de Medina y Gabriel y Galán, en la lucha para dignificar las otras hablas de España. Incluso iba más lejos afirmando, a propósito justamente de Galán: «Yo creo que así que una lengua llega a ser oficial ya no sirve para la poesía», lo cual está sostenido *«pro domo sua»*.

Son dos casos de poesía popular y, por tanto, de poesía que recogía fórmulas antiguas y una manera de abordar los sentimientos que proporcionó a sus autores una celebridad enorme. Hay algo, incluso, que hace ambos casos muy parecidos. Los dos contaron con el aval o el beneplácito de algunos de los escritores con más crédito para los nuevos tiempos. Ni Gabriel y Galán sería lo que fue sin la mediación que tuvieron en el caso Unamuno o Maragall, ni Medina hubiera despertado el interés sin el reconocimiento y el apoyo de Azorín, Juan Ramón Jiménez o los propios Unamuno y Maragall.

En el caso de Gabriel y Galán tendríamos además un hombre que por edad pertenecía a esa generación de hombres del novecientos.

Había nacido en un pueblo de Salamanca en 1870 y sólo se dio a conocer como poeta cuando tenía treinta años, de una manera casual, por medio de un hermano que mostró en Salamanca a Unamuno el célebre poema que Gabriel y Galán dedicó a Cristo en dialecto extremeño. Unamuno, a quien la composición entusiasmó, difundió el descubrimiento, y desde ese día hasta el de la muerte del poeta salamanquino, cinco años después, en plena juventud, no desmayaría su entusiasmo. Publicó éste en vida tres libros cuyos títulos hablan por sí solos: *Castellanas, Campesinas, Extremeñas*. El fervor unamuniano prendió muy pronto en otros lectores, y en muy poco tiempo los poemas de Gabriel y Galán eran memorizados y repetidos por todos los coros infantiles de todas las escuelas nacionales, quién sabe si también por solidaridad gremial, toda vez que el poeta también había sido maestro de escuela. Es cierto, como advirtió Onís, que «la consagración apresurada significaba no sólo entusiasmo por su obra sino protesta y censura contra las tendencias revolucionarias de la nueva literatura». Pero no es menos cierto, digo en tono procesal, que el sentimiento del paisaje de Gabriel y Galán tenía más que ver con el de los hombres del novecientos que con todos los reaccionarios que lo jalearon, entre ellos el cacique Jarrapellejos de Trigo, al igual que su lirismo verdadero con los de Lope, de Juan del En-

La estrella de Gabriel y Galán empezó a declinar, hasta que después de la guerra civil quisieron lanzarla de nuevo al espacio sideral, por representar muy bien los valores del catolicismo, así como los valores de la patria.

El papel de Rubén en la formulación de la estética nueva es determinante y así reconocido por todos sus contemporáneos.

Hizo Darío muchas veces confesión de su credo y de su personalidad. «Amo la belleza, gusto del desnudo; de las ninfas de los bosques…»

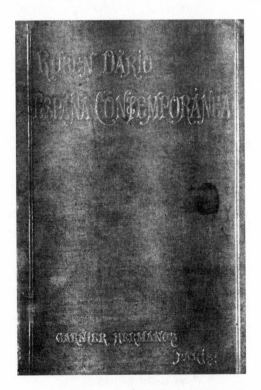

«Lo que yo veo, precisamente en usted, es un escritor que quiere decir en castellano cosas que ni en castellano se han pensado nunca ni pueden, hoy, con él pensarse» (Unamuno a Rubén Darío en 1899).

cina, del romancero popular, mucho más que con la ram-
plonería de los vates del XIX. Fue sinónimo esa obra durante
muchos años de la poesía que le gustaba al pueblo (que de
hecho se sabía muchas de esas composiciones de memoria),
pero a los diez o quince años de su muerte la estrella de
Gabriel y Galán empezó a declinar hasta que, después de la
guerra civil, quisieron lanzarla de nuevo al espacio sideral
por representar muy bien los valores del catolicismo (no olvidemos que ya el obispo de Salamanca había secundado con
su firma al poeta), así como los valores de la patria. Es difícil
aventurar un pronóstico sobre esta poesía, si se leerá o no
en el futuro. Sí sabemos que en Gabriel y Galán se encerraba
un verdadero poeta que apenas pudo desarrollar lo mejor que
llevaba dentro, demasiado limitado por una lengua tal vez en
exceso retórica, pero que espera su renacer, como poco a
poco han venido renaciendo estos pintores oscuros de nuestro
romanticismo, de nuestro casticismo, de nuestro vernacu-
lismo, para ocupar su rincón oscuro, el que sea, pero suyo.

Y algo parecido cabría decir del poeta murciano y en
dialecto murciano Vicente Medina, nacido en Archena en
1866, de vida novelesca y muerto en 1937 en Argentina,
donde fue editando sus obras completas en encuadernacio-
nes de magnífica piel de becerro, que es no pequeño exo-
tismo para cualquier escritor vernáculo.

Esa poesía regionalista partía de obras anteriores, tanto
de los gallegos Rosalía de Castro y Curros Enríquez como
de Maragall, y como tales poetas escribió Medina en castellano y en su dialecto. «Cansera», uno de los poemas de
Medina, de 1908, JRJ llegó a calificarlo en su curso del modernismo como «el mejor poema popular español que expresa el sufrimiento». Es curioso, sin embargo, pero uno
termina difiriendo del criterio de los maestros porque lee
uno el poema y su sensibilidad se encuentra ya muy alejada
de aquel dramatismo un tanto teatral, aunque de nacimiento
verdadero. Lo que tomaron ellos por magisterio, a uno le
deja indiferente.

Era, pues, una poesía que recogía el hondo dolor del pueblo y sus alegrías elementales, de ahí su enorme facilidad para conectar con él.

Se han traído aquí los nombres de Galán y Medina porque sería injusto no acordarse de ellos. No creo que nadie vaya a leerlos hoy, y uno tampoco va a insistir demasiado en que se lea a Gabriel y Galán cuando la gente ni siquiera lee a Juan Ramón Jiménez o a Unamuno, pero sí estará bien recordar que al menos los amantes de la poesía pueden acercarse a ellos porque, contra lo que a veces se ha dicho, su lectura no contamina en absoluto. Y dicho esto, pasemos a otra cosa.

El hombre de la renovación poética en España, incluso diríamos que de la sensibilidad literaria de la literatura en castellano, fue, sin lugar a duda, Rubén Darío.

Pasa con Rubén que puede ser igualmente considerado americano, nicaragüense o argentino, francés o español.

Antes quizá nos venga bien poner un retrato de Rubén ante los ojos, aunque sea hecho de cuatro brochazos. Podría sernos útil. Lo pergeñó JRJ en su curso sobre el modernismo y fue tomado en los apuntes de uno de los oyentes. No puede leerse en él nada malvado, pues está hecho por quien más lo veneró como poeta: «Rubén Darío es un pagano, quiere cosas vistosas; poeta grande, casas espantosas, de mal gusto; Francisca Sánchez, su mujer, fue criada de Villaespesa. Rubén Darío gastaba su dinero en bebidas caras. Elemento sensual. Quietud mongólica. Hablaba muy poco. Darío era como un hombre del Renacimiento. "A despecho de mis manos de marqués, soy un indio o un negro." Era lo que él creía que era, un cardenal del Renacimiento. Aficionado a los mariscos, langostas, etc. Gustaba de las francachelas con *whiskey*, que terminaba en tres días de sueño. Crónicas de Rubén Darío en que escribía un párrafo cada amigo.»

Yo creo que esas líneas pueden empezar dando el tono de un hombre al que todo el mundo quiso siempre como un niño, sin darse cuenta de la velocidad con que iba hacia una muerte de hombre.

Se ha citado a menudo la reseña, en realidad *carta americana*, que sobre su temprano libro *Azul* escribió don Juan Valera como ejemplo de la perspicacia crítica de éste, lo cual no es del todo exacto, pues si bien Valera escribió de un Darío desconocido, así como de un Baroja incipiente, hizo referencia a otros cientos de escritores, al igual que Clarín, sin el menor interés y con no menor entusiasmo. Aquel Valera del que Antonio Machado dijo que «se pitorreaba de Goethe y lloraba de emoción recitando los versos blancos de Moratín».

Sea como fuera, el espaldarazo de Valera, en una sociedad literaria rigurosamente jerarquizada, fue determinante.

Sí parece indiscutible el gran proyecto de Rubén: pasar al castellano todos aquellos logros modernos de la literatura francesa e inglesa, aunque la inglesa la conociera muy pocamente, y hacerlo con un lenguaje nuevo de veras, llamativo y eficaz, expresión del más alto concepto de belleza o de lo que por ella entendía.

Durante años, nuestro pobre Salvador Rueda quiso disputarse con Darío la paternidad del movimiento, a quien por cierto Rueda pidió un prólogo para su libro *En tropel*, que Darío le escribió en verso, pero basta cotejar las páginas de uno y otro para comprender que así como el segundo cultiva un paganismo de almanaque, para familias cristianas, Rubén, admirador de Poe, de Baudelaire o de Barbey d'Aurevilly, lograba levantar en muy pocos años los pilares de la estética que se conocería con el nombre de modernismo, ese torrente, para decirlo «en belleza», en cuyas aguas turbias se agitaban los sustratos más oscuros e inquietantes, mórbidos y sensitivos, del alma humana. Pero, en honor a la verdad, sí sabemos que Rueda y Darío, ellos mismos, creyeron en un principio representar por igual un movimiento de renovación, cada uno de ellos a uno y otro lado del Atlántico; el desarrollo posterior de la obra de cada cual se encargaría de situarlos a los dos en su respectivo lugar.

Juan Ramón siempre ligó ese movimiento estético a los de renovación teológica y religiosa de Alemania y Francia, para dar a entender que se trataba de un movimiento de más largo tranco y, por ende, de alcance mayor, lo cual, con todos los respetos, yo creo que es cortar pelos en tres, porque si Maeztu se preguntaba dónde estaba la influencia de la pérdida de las colonias en Valle o Baroja, cabría preguntarse dónde está la influencia de la teología en Manuel Machado y Francisco Villaespesa.

El papel de Rubén en la formulación de la estética nueva es determinante y así reconocido por todos sus contemporáneos, tanto en los libros de poemas que éstos escribieron como en los muy numerosos textos teóricos o críticos sobre el movimiento o los poetas nuevos.

La vida y la obra del poeta tienen del fulgor la intensidad, la elevación y la pureza, como si hubiese sido consciente de la brevedad de sus días. Conviene siempre, con la biografía de Rubén, que nos tomemos la molestia de verificar la sencilla operación de resta para conocer en todo momento los años que contaba, pues tendemos a creerle un hombre precozmente maduro, con sus uniformes de gala y sus bicornios, cuando en realidad fue todo lo contrario, el eterno joven que todo parece haberlo hecho antes de los treinta años. Incluso los honores que recibió a lo largo de su vida, desde su más temprana juventud, parecen más los de un hombre que hubiera llegado al final de su carrera que los de un muchacho que la está empezando. Eso es lo que nos parece Rubén: el joven de vigor ilimitado al que nada ni nadie puede poner freno, un nuevo Lope, diríamos.

Había nacido en León de Nicaragua en 1867, y era, por tanto, sólo un año menor que Valle-Inclán y cinco que Alejandro Sawa.

Sorprende cómo Darío, que mostró desde muy joven inclinación por la literatura y la poesía, alcanzase ya desde

232 — ANDRÉS TRAPIELLO

muchacho relacionarse con lo más granado de la política de los países americanos, muchos de cuyos presidentes lo tomaron bajo su protección (uno de ellos llegaría con los años a promover una ley de divorcio en su país sólo para que el poeta pudiera divorciarse) y lo pusieron al frente de los más diversos consulados y embajadas, pese a, como decimos, su juventud; y así le vemos dar tumbos con tales empleos diplomáticos por medio mundo, si bien los tales solían irse con la misma facilidad con que venían, obligando a Darío a una vida en perpetua precariedad, bohemia y trashumancia, que le llevaron a conocer la mayor parte de los países americanos, en los que dejó siempre el fermento de su personalidad y de su estro. Es cierto que muchos de estos empleos diplomáticos no estaban retribuidos adecuadamente, pero le facilitaron la entrada en muchos países bajo sus más firmes arcos de triunfo. Podría decirse que si en poesía fue un Lope, en su actividad político-poética fue el Bolívar moderno y sin lugar a dudas el poeta del momento que más poetas reclutó para una causa. En todos los países y de todas las edades, primero los más jóvenes, y con los años, incluso los señores académicos de quienes con tanta gracia se mofó en vida.

Hizo Darío muchas veces confesión de su credo y de su personalidad. «Amo la belleza, gusto del desnudo; de las ninfas de los bosques...»

Dejó muy joven Nicaragua por Chile, donde, como hemos dicho, publicó *Azul*, que suele considerarse el hito que señala el nacimiento del modernismo. Tenía veintiún años. Pero Darío, que no podía enfriar su corazón ni su cabeza, dejó Chile para trabajar en *La Nación* de Buenos Aires. Estamos hablando ya de un joven de veintidós años cuya vida es como la pólvora. Volvió a Nicaragua; pasó a El Salvador, donde el presidente de la República le nombró director del periódico *La Unión*; se casó, después de haber conocido amores tempestuosos con la que con el tiempo será su segunda mujer; derrocaron al presidente de El Salvador y Da-

La relación entre Rubén Darío y Francisca Sánchez, hoy documentada y estudiada, fue bonita y triste, como de uno de los cuentos que escribía el propio poeta. (Postal inédita que le envió Francisca Sánchez a Darío.)

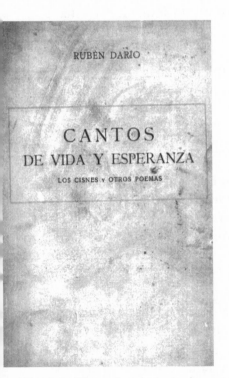

RUBÉN DARÍO

CANTOS
DE VIDA Y ESPERANZA

LOS CISNES Y OTROS POEMAS

«Fue Rubén Darío un hombre fundamentalmente bueno, un niño grande, cuyos errores y desarreglos procedían de su misma ingenuidad y exaltación sentimental, de típica inadaptación genial» (Federico de Onís).

Uno de los libros más importantes de nuestra literatura, los Cantos de vida y esperanza, imposible de comprender si no es precisamente a partir de su permanencia en España.

río volvió a Nicaragua, donde otro presidente le hizo director de otro periódico, *El Correo de la Tarde*, en el que iba a colaborar Gómez Carrillo, y de allí marchó con su familia recién creada a Costa Rica, a trabajar en otro periódico, país que abandonó al enterarse de que en Guatemala habían hecho presidente de la República a un amigo suyo... peripecias de las cuales se saca una gran conclusión: en América, por esas fechas, casi todo el mundo era o había sido presidente de la República o director de periódico.

La vida de Darío durante estos primeros años fue, contrariamente a lo que pudiera parecer, difícil y de lucha, de persona que cuenta con recursos escasos.

Darío vino por primera vez a España en el 92, con ocasión de la celebración del centenario del descubrimiento. Vino solo. Dejó a su mujer y a su hijo en América. En España se dio prisa por conocer a todo el mundo de las letras, sin pararse en barras, consciente, se ve, de su talento y valía: a Castelar, a Cánovas del Castillo, a Juan Valera, a Zorrilla, a Rueda, a Campoamor, a la Pardo Bazán, a Menéndez Pelayo. El retrato que hizo de todos esos personajes es positivo, grandilocuente, admirativo. Le valían un poco todos en lo que eran. No hay actitud crítica en él. Fue a visitarlos como el que llama a puertas que sabe le habrán de ser útiles si se le abren, y está dispuesto a decir de todos ellos, en sus crónicas, una palabra amable, un elogio. Con tal que le respeten a él, le parece bueno y simpático todo el mundo.

Cuando regresó a América aprovechó la escala de La Habana, donde se encontró, cómo no, con un ex presidente de Colombia a quien solicitó que se le nombrara cónsul de Colombia en la ciudad de Buenos Aires, adonde quería ir; de paso también se le murió la mujer, pero el destino dispuso, para hacer que las cosas resultaran simétricas, que conociese a su verdadera madre, a quien apenas conocía, por haberle dejado al cuidado de unos parientes cuando era niño...

Como se ve, sólo la peripecia de una vida como ésta exigiría el libro (que Rubén ya tiene), pero es importante al menos constatar el año de su llegada a París, 1893. «Yo soñaba con París desde niño —nos dirá—, a punto de que cuando hacía mis oraciones rogaba a Dios que no me dejase morir sin conocer París.»

En París le esperaba alguien que ya era su buen amigo, el escritor guatemalteco Enrique Gómez Carrillo, empleado de la casa de ediciones Garnier y corresponsal para la prensa americana. También en París encontró Darío a alguien que iba a ser incluso un amigo mayor, el español Alejandro Sawa, uno de los pocos que franqueó el usteo para acceder al tuteo (Gómez Carrillo jamás traspasó ese umbral). Gómez Carrillo lo llevó a ver al siempre ebrio Verlaine, a Moréas y Charles Morice. Era el tiempo en que los escritores hacían vida de café, llegaba uno a París, se presentaba al ídolo y podía uno volver diciendo: He estado con fulano, con mengano, y vivir de eso, en la provincia, toda la vida. Para Sawa y Darío fueron años de alcoholismo, golfemia y alegría de vivir, años en los que las camelias y los cancanes tenían la misma forma e idénticos perfumes. Como él diría: «Mi esposa es de mi tierra; mi querida de París.»

Enrique Gómez Carrillo era centroamericano como Darío y algo más joven que él (había nacido en 1873), aunque sólo vivió cinco años más que su paisano. Fue Gómez Carrillo el *chroniqueur* de la generación del novecientos. No era un gran escritor, de acuerdo. Pero era un gran tipo, una buena figura, un duelista, un conquistador, un hombre amante de las leyendas y un mitómano, sin contar con que fue uno de los mayores y más fervorosos propagadores y propagandistas del movimiento modernista. Fue también de los primeros en creerse las crónicas que escribía: «Yo he visto a Verlaine, señor, como le estoy viendo a usted...» Todo el talento que quizá le faltara a la postre para su propia obra lo supo poner en descubrir, conocer y conectar obras y escritores de mérito.

Si Darío había empezado a escribir a los quince, Gómez

Carrillo ya frecuentaba las redacciones de los periódicos a los diecisiete. Se creó pronto una gran fama de *enfant terrible* por sus opiniones y juicios.

Fue llegar a París y entrar en contacto con la casa Garnier, que publicaba libros en español, «refugio (miserable) de los escritores españoles», nos dirá Ruano en un libro que dedicó a Gómez Carrillo.

En Garnier vio aparecer una gran parte de su obra, pero fue sobre todo su fama de duelista lo que le proporcionó en muy poco tiempo un nombre de hombre terrible capaz de sostener en el campo del honor sus opiniones literarias, cosa que en una época de extremismos estéticos no era capaz de llevar a cabo casi nadie. El D'Artagnan de las letras, le llamaban. Como Sassone, como Blanco Fombona. Se ve que eran ímpetus americanos, de las sofocantes tierras del trópico, que no lograron templar las brumas heladas del Sena. Se batió Gómez Carrillo, aseguran, en dieciocho ocasiones. Sus biógrafos sostienen también que era hombre de café, y la que fue su mujer reveló que solía éste beber ajenjo, más por moda que por gusto, «porque Verlaine lo bebía, y también por *épater* a los ingenuos vecinos del café, que se regalaban con Dubonnet». Con esto ya está dicho todo.

Se dijo que su prosa era muy elegante, porque esas cosas se dicen siempre de unos cuantos en cada época, máxime cuando los tales trabajan en los periódicos y hacen crónicas de sociedad. Una prosa, decían también, cadenciosa, trabajada, artística. Es posible, pero al leerle hoy la encuentra uno normal, ni mala ni buena, del montón, pero su autor llegó a ser una verdadera institución del periodismo cultural y no había persona de cierto relieve literario que no le buscara para presentarle las cartas credenciales.

Carrillo se casó tres veces, bodas de cierto tronío. La primera con la hija de un general que había sido presidente del Perú, lo que confirma una vez más nuestra teoría de que en América por esas fechas había sido presidente de las diferentes repúblicas casi todo el mundo. Esta mujer escribió un libro entretenido sobre *Mi vida con Enrique Gómez Carrillo*, no exento de pequeñas venganzas.

De esa mujer se separó pronto y se dio a una soltería dorada donde abundaron las *liaisons* de alto vuelo, como una que le atribuyeron con Mata-Hari, personaje al que dedicó incluso un libro para desmentir la relación. Después se casó con Raquel Meller. Ésta era una de las tonadilleras más bellas y esculturales de Madrid, y de más éxito. La boda fue un asunto ventajoso para ambos, porque Gómez Carrillo, que se la llevó con él a vivir a París, logró que triunfara en esa plaza, cantando siempre en español, lo que era un alarde. Aunque el consorcio resultaba bueno, la pareja decidió separarse a los pocos años, pero de una manera pacífica, como las compañías que liquidan con tranquilidad sus activos después de unos provechosos ejercicios. Luego todavía encontró Gómez Carrillo humor y figura para casarse por tercera vez con la viuda del dramaturgo belga Maeterlinck, que había pertenecido como se sabe a la aristocracia literaria europea de su tiempo.

En cuanto a su literatura, Gómez Carrillo debió de ser consciente de sus limitaciones y terminó conformándose con escribir en sus crónicas sus recuerdos, sabedor de que si era algo lo era siempre *par rapport aux autres*.

Cuando el poeta exuberante que era Rubén entró en contacto con los simbolistas y parnasianos franceses se produjo la verdadera fisión poética. El elemento parnasiano y orientalista de *Azul*, libro de prosas y versos recamados, como esas coronas de *atrezzo* que sacan en las películas, era evidente. El contacto con poetas como Verlaine iba a darle otra hondura a su obra, que desarrollaría de nuevo en América, esta vez en Buenos Aires, donde conoció a Leopoldo Lugones, de quien se hizo amigo, y de quien dijo al conocerlo: «Éste vale más que yo.»

A los treinta años, Darío era ya el verdadero capitán del movimiento, aunque como declarase a Clarín, que había arremetido contra él y contra los afrancesados en uno de sus *paliques*, «yo no soy jefe de escuela ni aconsejo a los jóvenes que me imiten; y el "ejército de Jerjes" puede estar descuidado, que no he de ir a hacer prédicas de decadentismo ni a aplaudir extravagancias y dislocaciones literarias».

Cuando en 1896 publicó en Buenos Aires *Prosas profanas*, que armó gran revuelo, Darío era, pues, un poeta consagrado ante cuyo genio todos doblaban la rodilla.

¿Cómo era el libro? De versos, naturalmente, sonoros, embriagadores, musicales como no los había conocido antes la literatura española, que a través del americano entronizaba la definición poética de Verlaine «*de la musique avant toute chose*»: «Era un aire suave, de pausados giros»... es, como se ve, un verso que nos levanta del suelo y nos va a poner de pie sobre las olas. El verso en realidad recordaba otros, también en castellano: «Cendal flotante de leve bruma, rizada cinta de blanca espuma.» ¿De quién? Naturalmente de Bécquer, pero ni siquiera prescindió Rubén de la sonoridad de Zorrilla en estas *Prosas profanas*, que recamó de otros deliciosos e insustanciales poemas que tienen mucho de las pinturas de Watteau, como aquel célebre «La princesa está triste... ¿qué tendrá la princesa?» o los más estupefacientes versos que dedicó justamente a Verlaine y que, como hemos dicho alguna vez, es imposible leer sin marearse un poco: «Padre y maestro mágico, liróforo celeste que al instrumento olímpico y a la siringa agreste...» En el libro están, desde luego, todos los ecos de la Francia, Gautier, Catulle Mendès o Heredia, pero también, insistimos, la música callada del *pauvre* Lélian. Versos intraducibles todos a otro idioma que no sea el de *Prosas profanas*, sensitivos y sorprendentes, de un virtuosismo técnico que habría que remontarse hasta Quevedo para encontrarlo parejo.

Cuando llegó la guerra de Cuba, en el 98, Darío, que había conocido en Buenos Aires a Martí, al que había llamado «mi maestro», y que comprendía y secundaba la independencia de la colonia, se puso sin embargo de parte española.

Se dijo que la prosa de Gómez Carrillo era muy elegante, porque esas cosas se dicen siempre de unos cuantos en cada época, máxime cuando los tales trabajan en los periódicos y hacen crónicas de sociedad.

Gómez Carrillo no era un gran escritor, pero era un gran tipo, una buena figura, un duelista, un conquistador, un hombre amante de las leyendas y un mitómano, sin contar con que fue uno de los mayores y más fervorosos propagadores y propagandistas del movimiento modernista.

Villaespesa se merecería la dedicación de alguien que rescatara pacientemente de sus primeros libros alguno de esos poemas llenos de sensibilidad que escribió.

Villaespesa fue siempre un poeta de facultades, pero en sus comienzos lo vemos arrebatado por el estro, rimador incansable, consumiéndose en la llama de la poesía, a la que dedicaba todas las horas del día.

Llegó a España por segunda vez el año 99 con la corresponsalía de *La Nación* de Buenos Aires, que le enviaba para «que escribiese sobre la situación en que había quedado la madre patria». *La Nación* fue en realidad «su principal sostén» a lo largo de su vida. Primero llegó a Barcelona y luego vino a Madrid. Como era frecuente en él, en muy poco tiempo entró en contacto con lo más significativo y valioso de estas dos ciudades. En Barcelona con Rusiñol, con quien estrechó pronto lazos de amistad, con Utrillo, con Casas. Y en Madrid... En Madrid conoció absolutamente a todos los escritores nuevos y viejos: Benavente, Francisco Villaespesa, Mariano de Cavia, Valle, volvió a ver a Sawa, Marquina, los integrantes de la tertulia de Fornos o de la revista de Ruiz Contreras, Baroja, Azorín, Maeztu... Y a los que no conoció entonces, como a Juan Ramón Jiménez o a Antonio Machado, los conoció a través de sus poemas, o uno o dos años después. Pudo escribir más tarde Rubén: «El individualismo, la libre manifestación de las ideas, el vuelo poético sin trabas, se impusieron. Ahora entre los poetas jóvenes de España los hay que pueden parangonarse con los de cualquier Parnaso del mundo. La calidad es ya otra gracias a la cultura importada, a la puerta abierta en la vieja muralla feudal.»

Para la mayor parte de ellos, el encuentro con Darío fue determinante, a todos ellos influyó, en todos dejó la impronta de su talento, la personalidad de sus versos, el talante caluroso de su generosidad. Otros en cambio, como Unamuno, le discutieron en un primer momento su proyecto, como quedó constancia en una carta que le envió el vasco en 1899: «Lo que yo veo, precisamente en usted, es un escritor que quiere decir en castellano cosas que ni en castellano se han pensado nunca ni pueden, *hoy*, con él pensarse. Tiene usted que hacerse su lengua, y en esta labor inmensa se gastan energías que el escritor clásico aprovecha en expresar las ideas comunes en su país y en su tiempo, cuando estas ideas son vivas, es decir, en las épocas clásicas.

Cuando las ideas comunes son muertas, como hoy sucede en España, el escritor, purista y correcto y de irreprochable lenguaje, sólo expresa sonoras vulgaridades...» Rubén jamás le tuvo en cuenta al maestro tales críticas y otras, más injustas aún, que no le impidieron asegurar, en artículo célebre, y ser el primero en percibirlo de paso, que Unamuno era ante todo un poeta, uno de los grandes poetas españoles. Ni siquiera le tuvo en cuenta Rubén aquella frase de Unamuno que se hizo célebre cuando dijo que a Rubén se le veía la pluma cuando escribía, en lo que se le notaba que era indio. Rubén entonces tampoco se lo tuvo en cuenta, porque le contestó con mucho humor diciendo que le escribía «con la pluma que se le veía debajo del sombrero», aunque, por cierto, aprendió el mecanismo de la frase de Unamuno para decir a su vez que se notaba que Baroja era panadero en que era un escritor de mucha miga. Baroja reaccionó con malas pulgas y también hizo una variante del chiste de la pluma. En fin. Sólo a la muerte de Darío, Unamuno escribiría un malconcienzado artículo, que tituló precisamente «Nunca llegan tarde las palabras buenas», en el que se preguntaba: «¿Fui con esto justo y bueno? No me atrevo a decir que sí [...] ¿Por qué, en vida tuya, amigo, me callé tanto? ¡Qué sé yo!... Es decir, no quiero saberlo. No quiero penetrar en ciertos rincones de nuestro espíritu.»

Y resultan curiosas esas disputas por el sentido de la poesía entre dos hombres de quienes, como dijo JRJ, nacería toda la poesía moderna española.

De aquel tiempo también hizo el vate nicaragüense su crónica: «He buscado en el horizonte español las cimas que dejara no ha mucho tiempo, en todas las manifestaciones del alma nacional: Cánovas, muerto; Ruiz Zorrilla, muerto; Castelar, desilusionado y enfermo; Valera, ciego; Campoamor, mudo; Menéndez Pelayo... No está, por cierto, España para literaturas, amputada, doliente, vencida; pero los políticos del día parece que para nada se diesen cuenta del menoscabo sufrido, y agotan sus energías en chicanas interiores, en batallas de grupos aislados, en asuntos parciales de partidos, sin preocuparse de la suerte común, sin buscar el remedio del daño general, de las heridas en carne de la nación.» Como se ve, hasta Rubén se olvidaba de lo mejor que había dado esa generación, Galdós.

Un año después conoció a Francisca Sánchez, que era la hija de uno de los guardas de la Casa de Campo y que había sido criada de Villaespesa. Era una mujer analfabeta. Rubén, que había abandonado a su mujer en América, concibió una gran pasión por ella y la hizo su mujer. En realidad fue su verdadera mujer, que le daría tres hijos, porque con la otra, la legal, se casó «mientras se hallaba en estado de irresponsabilidad a lo que parece». O sea, en una de aquellas borracheras grandiosas a las que sólo pueden adjetivar epítetos homéricos.

La relación entre ambos, hoy documentada y estudiada, fue bonita y triste, como de uno de los cuentos que escribía el propio poeta, quien siempre dijo que la relación con la muchacha había sido lo más importante que le sucediera en su vida, sin que por ello pudiera Rubén sustraerse a su destino de errabundaje, bohemia y alcohol.

Muchos años después, entre los papeles que dejara Francisca Sánchez, se encontró una carta, escrita a los pocos días de la muerte del poeta. Es una carta estremecedora, de una mujer que lo quiso hasta la misma médula sin importarle nada más. «Mi Rubén, todo noble y grande, más grande que nadie, tenía sus gustos y sus rarezas, y por eso él hizo de mí la mujer que entendiera al hombre y no al *nombre*. Así, mi querido señor, nunca me di cuenta de ese nombre ni de la gracia de su inmenso talento. Sólo miraba al hombre, a aquel tatay a quien tanto quise y cuya frente acaricié siempre.»

Hace unos años, en una tienda donde se venden tarjetas postales antiguas, en Madrid, nos tropezamos con esta que Francisca Sánchez le escribió a París, al 166 de la rue Legendre. Cómo esa pequeña cartulina, inédita hasta ahora y sembrada de caligrafía parvularia y enternecedoras faltas de ortografía, logró volver de París a Madrid, vía Barcelona, y recorrer los caminos que fatigó hasta llegar a 1997 es uno de esos raros misterios de la vida: «Madrid 13 de Junio 1903. Mi muy querido hijito: Hoy hé recibido tu tarjeta en la que me alegro mucho de que tu saluz este bien la mía y la del niño bien, pues sabras como mañana Viernes salgo para el pueblo á las 9 de la mañana desde Avila te echare una tarjeta para decirte como llego mi hijito me estraña mucho de lo que me dices del nombre del niño le é puesto Feliz porque le e puesto el nombre del santo del dia y sino miralo en el calendario y veras como es San Feliz, pero enfin cuando baya me contaras todas esas dudas cuando me escribas al pueblo las señas son Provincia de Avila Pon Menga Muñoz en Nabalsauz de lo del dinero me lo mandas a Nabalsauz sin mas mi Tatay recibes memorias y tu un abrazo y mil vesos de tu querida tatansa?»

Puede decirse que fueron los años más fecundos del poeta. Trabajó sin desmayo en sus crónicas, que volvía a reunir en volúmenes que iban saliendo con regularidad, pero sobre todo trabajaba en el que iba a ser su gran libro, y uno de los más importantes de nuestra literatura, los *Cantos de vida y esperanza*, imposible de comprender si no es precisamente a partir de su permanencia en España.

Los libros de prosa, la prosa de Darío, con ser sobria y elegante a menudo, tampoco suele tener mayor interés, aunque lo tenga el asunto de lo que trata, como en las crónicas de su viaje por España, las de Barcelona sobre todo, de 1899; pero en general es prosa del que dicta a amanuense, cuando no del que la encomienda a negros, como hemos visto. Una prosa correcta, con gracia a veces, sin llegar, por ejemplo, a la que años después iba a escribir un poeta como Machado, y desde luego muy lejana de la que él hubiera tal vez querido escribir, semejante a la de Valle-Inclán, que fue al estilo de la prosa castellana lo que él al verso. La poesía, en cambio, lo era todo para él, y aunque la dictase en ocasiones, como nos informó JRJ de su *Salutación,* le brota siempre de elaborados serpentines, y todo eso pareciendo, sin embargo, el surtidor de una fuente. *Cantos de vida y esperanza* era el libro del «Yo soy aquel que ayer no más decía», maravilloso ejemplo de lo que ha de ser un autorretrato, el libro de «Lo fatal», el del «Nocturno», el de «las tristes nostalgias de mi alma, ebria de flores», el del «duelo de mi corazón, triste de fiestas», hermosísimos versos como los mejores que se hayan escrito en nuestra lengua.

El poeta que tantas veces había puesto su pluma y pondría en lo que le quedaba de vida al servicio de los próceres políticos, como los vates decimonónicos, y que tantas veces mercenarió su talento, que ya había escrito algunos poemas memorables en sus *Prosas profanas,* iba a darnos a partir de los *Cantos,* desgranándolos de una vida cada vez más absurda e imposible, algunos de los más hermosos poemas de nuestra lengua, hondísimos de sentimiento y misteriosos de fondo.

Juan Ramón Jiménez, que cuidó la edición de ese libro, lo describía así: «Yo solía suplicarle al gran poeta que no bebiera whisky ni coñac Martel Tres Estrellas en la forma que los bebía. El alcohol lo idiotizaba, bebido era monstruoso, una especie de hipopótamo callado. Rubén Darío, por una falta absoluta de voluntad y acaso por evadirse de una realidad que él, si hubiera sido más egoísta, hubiera podido fácilmente componer para una vida más fácil y tranquila, estaba siempre borracho. Una noche me lo encontré en la calle de las Veneras sentado en el suelo, la cabeza en la pared, abierta la levita, y el sombrero de copa y los guantes en el arroyo...»

Consecuencia de la vida que llevaba fue la progresiva cirrosis hepática que terminaría matándole, aunque no cesó un solo instante en el torbellino de su existencia, que le lanzaba a uno y otro lado del océano con la facilidad con que en el telar se desliza la lanzadera.

El tapiz resultante fue una obra ejemplar y los amigos

Los primeros libros de Marquina fueron de poemas, originales, llenos de fuerza. Algunos de ellos estaban concebidos como un todo, poema, edición, ilustraciones, como **Las vendimias**, encuadernado a la japonesa e ilustrado por el dramaturgo Adrià Gual.

Marquina empezó con un tono íntimo, delicado, casi japonés, pero la vida y las ganas de ganar dinero le llevaron pronto al verso ruidoso, retórico y tupido. (En el centro de la foto.)

Fueron los paisajes el tema y el centro de una literatura que parecía descubrir a España, como en este libro del que fuera un tiempo inseparable de los Machado que elogiaron sin reserva.

españoles y americanos, poco dados a las efusiones, lloraron su muerte con sentidas plegarias que pasaron a formar parte de coronas líricas.

¿En qué fue Rubén Darío generación del 98, como quería Azorín? En el sentido que quería Azorín, político y regeneracionista, en poco. Al contrario, como modernista fueron muchos los que le tuvieron en principio por decadentista y relajado, autor de una poesía abundante en joyeles, bizantinismo y chinerías, exótica hasta el delirio, como los cuadros de los prerrafaelistas (¿dónde los graves paisajes castellanos y la vida casta?). Si Juan Ramón era para Maeztu un caso perdido de hiperestesia, de haber podido a Darío lo habría encerrado no ya en un frenopático, sino en Siberia.

Rubén fue siempre un hombre contemporizador, político, amante del lujo, del champán, de las mujeres. Así lo declaró él, al que la miseria lanzaba las más de las veces a descabellados negocios. «Según todos los que le conocieron —nos asegura Federico de Onís con informaciones que recabó de primera mano para hacer un retrato impecable— fue Rubén Darío un hombre fundamentalmente bueno, un niño grande cuyos errores y desarreglos procedían de su misma ingenuidad y exaltación sentimental, de típica inadaptación genial. Era tímido y audaz, místico y sensual, amante del placer y temeroso de la muerte [recordemos: "la carne que tienta con sus frescos racimos y la tumba que aguarda con sus fúnebres ramos"], católico y pagano, noble y a menudo abyecto, inclinado al reposo familiar y siempre errante: pobre y grande humanidad la suya que despertaba admiración hasta en los más altos y compasión hasta en los más bajos.»

Pese a morir joven, antes de cumplir los cincuenta años, Rubén dejaba detrás un movimiento consolidado y una estética que había llenado de seguidores América y España. Basta leer la tan bien informada *Breve historia del modernismo* de Max Henríquez Ureña para darnos cuenta de que desde el petrarquismo no había conocido fulgor parecido la poesía castellana, en la que Rubén hizo de nuevo Garcilaso.

Fueron muchos los americanos que vinieron a España y que podrían ser incluidos en este libro de la misma manera que Rubén. En muchos casos, España era el estribo para apearse en París viniendo desde América. La poesía de América de estos años fue tan importante como la que se escribió en España, y si no conoció obras cimeras como las que escribieron Unamuno, JRJ, los Machado, sí tuvo muchas figuras de primerísima importancia, de Silva o Casal a Herrera y Reissig o Lugones. La relación de los poetas de aquí y de allá, inexistente hasta Rubén, cobró de pronto carta de naturaleza, como bien vio Blanco Fombona al dar a la publicidad en libros editados en España la poesía americana. Pensemos en Santos Chocano, en Nervo, el poeta mexicano, camarada de Darío, o en el aún más fino escritor y poeta Francisco A. Icaza, de quien recordamos sobre todo su poesía, de un lirismo popular exquisito, sin contar con todos aquellos que a la sombra de Darío entroncaron con la poesía española y la literatura que comenzaron a escribir nuestros escritores del novecientos.

Pero no fue en los americanos, si exceptuamos a Nervo, Lugones o Herrera y Reissig y López Velarde, donde el verbo rubeniano fue más fecundo, sino en un pequeño y selecto grupo de poetas españoles, diríamos andaluces, llamados a cambiar la historia no sólo de la poesía española sino de la escrita en castellano.

Y llegados a este punto tenemos que referirnos de modo inexcusable a un libro extraordinario, a la *Antología de la poesía española e hispanoamericana*, que el arriba mentado Federico de Onís publicó en Madrid en 1934.

Ya sabemos que no es un libro en absoluto desconocido para los estudiosos y profesores, pese a haber sido de circulación muy restringida, por no decir secreta, inusual en los catálogos de libros viejos y ausente de tales librerías de lance. Es, sin embargo y sin ningún género de duda, la gran antología de la poesía en lengua castellana de todo ese período y uno de los libros donde encontraremos más poesía grande de todos cuantos se han editado en toda nuestra historia. Es, digámoslo sin rodeos, la mejor de las antologías posibles hecha por el antólogo más sensible e inteligente. A su lado, antologías más celebradas o aireadas se quedan en estratégicas combinaciones más o menos pueriles o mercantiles, como la célebre de Diego, en la que, por cierto, la mayor aportación de poesía la hacen los poetas más viejos, justamente los que no necesitaban aquella antología y cuyo nombre fue utilizado para darle el espaldarazo a los más jóvenes.

El propio aspecto formal del libro de Onís, el número de poetas incluidos en él (más de ciento cincuenta de toda América y de España, desde finales del XIX a principios de los treinta), las informaciones que contiene y las notas biográficas y críticas del propio autor, lo convierten en la verdadera Biblia de la poesía modernista y simbolista en español. ¿Cuál ha sido la razón de que un libro de esta naturaleza haya quedado orillado de nuestra historia literaria, siendo como fue estricto contemporáneo de la antología de Diego? Quizá haya que buscar precisamente en esto la razón. Muchos de los poetas que antologó Onís han conocido luego, ciertamente, estudios y monografías, pero en general el juicio que nosotros tenemos hoy sobre la mayor parte de ellos apenas ha variado sobre el que Onís formuló hace sesenta años. No se habrá visto lector más sensible ni crítico más agudo ni generoso que él, al tiempo que un hombre de una elegancia moral extraordinaria para comprender las circunstancias personales de cada uno de los autores de los que se ocupó, a quien, por cierto, Gómez de la Serna atacó de una manera vil después de la guerra, a él y a cuantos Onís había defendido, llamándolos a todos «los superferolíticos, los que se van a morir fuera de España sin saber lo que es España [...] y pudieron hundir la España que se ha salvado por un milagro». Han pasado sesenta años de estos insultos y, lejos de hundir a España, podemos comprobar que lo que Onís defendió y a quienes defendió se ha salvado en lo mejor de su literatura y en el mejor de sus libros.

El poeta que iba a poner en contacto a Rubén con los poetas que vivían en Madrid fue Villaespesa. En realidad fueron dos principalmente los poetas entonces, los jóvenes poetas del modernismo, antes de que el joven Juan Ramón Jiménez, que en aquellos años aún firmaba Juan R. Jiménez, diera señales de vida desde su Moguer natal, antes de que los Machado volvieran de París, antes de todo, cuando nadie podía aventurar ni siquiera que en el terrible Unamuno se escondía un violentísimo lírico, intimista y desgarrado.

Hoy a aquellos dos poetas, uno en prosa, el otro en verso, el tiempo los ha desdibujado por completo, pero fueron ellos dos tal vez los más entusiastas defensores de lo nuevo, quienes emprendieron con más firmeza las empresas poéticas, con sus revistas, sus libritos, sus estrenos, sus reuniones.

Uno fue Gregorio Martínez Sierra, y el otro Francisco Villaespesa.

Villaespesa había nacido en un pueblo de Almería en 1877 y, pese a haber realizado estudios de Derecho, pudo en él más la vocación poética, que le arrastró hasta Madrid, adonde vino a probar fortuna y donde entró en conocimiento, bien en persona bien por sus poemas, con otros poetas modernistas, como Antonio de Zayas o Manuel Machado, luego Antonio y después su gran amigo de esos años, el enfermo y melancólico Juan Ramón Jiménez.

Fue siempre un poeta de facultades, pero en sus comienzos lo vemos arrebatado por el estro, rimador incansable, consumiéndose en la llama de la poesía, a la que dedicaba todas las horas del día.

Los primeros libros fueron saliendo con facilidad, a veces tres por año, sin poder represar sentimientos ni rimas.

Esos poemas, escritos antes del novecientos, acusaban el

tono y el clima de Bécquer y la sonoridad de Zorrilla. Vivía en la calle Divino Pastor. Escribía tendido en el suelo, sobre una esterilla. A su tertulia iban todos: los Machado, Candamo, Bargiela; Juan Ramón le escribía cartas que terminaban: «Y haga usted lo que quiera de su Juan Ramón.»

Juan Ramón cuenta cómo recibió una postal de él, firmada también por Rubén, en la que le pedían viniese a Madrid, un Rubén, recordémoslo, de treinta y cuatro años, a un Juan Ramón de diecinueve.

Cansinos pinta a Villaespesa gandul laborioso, alucinado por la fantasía del arte puro, inmolándose en una actividad febril, viviendo del suegro, que le tenía recluido en un gabinete para no verlo ni a él ni a sus amigotes, de una incultura abonadísima, sin estudios, intuitivo siempre pero cometiendo unos lapsus terribles, perpetrando a todas horas el mismo libro y la misma revistilla, en ese hervor sostenido e ilusionado y un poco patético que es todo entusiasmo pasados los dos primeros minutos. «Poeta heroico y grotesco», dice de él Cansinos, y añade que todos sus amigos se reían sin piedad. Aunque Cansinos no lo cuenta, sabemos también que viajaba vestido de moro, por fantasía suya, con la chilaba y el fez.

Pero Villaespesa trabajaba, fundaba revistas (algunas muy interesantes, como *Renacimiento Latino* o *Revista Latina*, de 1905 una y de 1907 la otra) en las que colaboraron todos sus amigos, repasaba sus propios versos, corregía las pruebas de sus libros, que aparecían sin cesar, se enamoraba, ensoñaba, componía madrigales.

Juan Ramón acudió a la llamada, pero para entonces Rubén había partido y su amistad con Villaespesa duró poco, dos o tres años. Luego los amigos se distanciaron. Ni siquiera le dedicaría Juan Ramón un retrato en sus *Españoles de tres mundos*. Había algo en el poeta de Almería que le desagradaba, tal vez la superficialidad, la inconsciencia, la tonta vanidad. «Villaespesa se desbarata por su vida picardeada», nos dirá en las notas de su curso de Modernismo.

Desde el primer momento, la personalidad de los dos poetas es acusada y diferente, aunque no tanto como para ver en ellos a dos poetas opuestos. (A la derecha, Antonio, y a la izquierda, Manuel Machado.)

La popularidad de Manuel, como poeta modernista, fue unos años superior a la de su hermano.

ANTONIO MACHADO

SOLEDADES

1903.
Imprenta de A. Álvarez.—Barco 20.
MADRID.

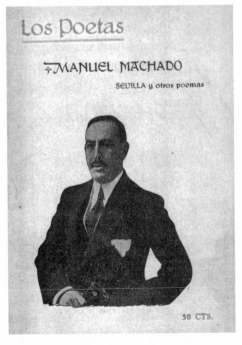

Los poetas

✠ MANUEL MACHADO

SEVILLA y otros poemas

30 CTS.

La acogida de Soledades *por parte de los amigos modernistas fue magnífica, sin titubeos, sin reservas, como si hubieran comprendido la clase de poeta que había llegado.*

Pero lo cierto es que no tuvo una vida fácil; apenas casado vio cómo se moría su primera mujer, que le dejó una hija, y cómo cada vez le costaba más y más vivir de la literatura, lo que quizá le hizo probar fortuna, al igual que habían hecho otros escritores modernistas como Marquina, con el teatro poético, que en él fue de orientación exótica y lujoso.

Con el teatro, en cambio, sí obtuvo éxitos Villaespesa. Ganó dinero, hizo las campañas de América como los toreros, pero al final fue también vivir de la trampa, y al regresar, poco antes de morir o para morir precisamente, volvía de nuevo pobre. Su vida se cerraba de la misma manera que había empezado. Sus libros parecen, en efecto, un libro repetido con inconsciencia, pero Villaespesa se merecería la dedicación de alguien, un poeta sensible que rescatara pacientemente de sus primeros libros, de *El alto de los bohemios* o, mejor aún, de *Las horas que pasan, El viaje sentimental, In memoriam* o *Tristitia rerum*, alguno de esos poemas llenos de sensibilidad que escribió, en la misma órbita que los de Juan Ramón o Antonio Machado, tal vez no con tanta hondura pero sí con cierto temblor legítimo y serio, escritos en los momentos en los que el poeta podía huir de la picaresca, de la gitanería, de la exaltación teatral.

Cansinos dijo que su obra de teatro *El Alcázar de las perlas* había sido un plagio de unas *Leyendas granadinas* de un tal Goyena, con quien se avino a repartir las ganancias del teatro. Es posible. Habría que leerlas y cotejar ambas obras. Con todo y con eso, hubiera merecido otra suerte, al igual que Marquina, cuyos comienzos fueron bien distintos de sus finales.

Es una lástima que las memorias de Marquina, *Días de infancia*, se detengan justamente cuando vino a Madrid.

Los primeros libros de Marquina fueron de poemas, originales, o por lo menos llamaron mucho la atención, *Odas* (1900), *Las vendimias* (1901), *Églogas* (1902) y *Elegías* (1905). Eran poemas de tono mediterráneo, pagano e íntimo, pero no decadente, a diferencia de los de muchos modernistas. Algunos de ellos estaban concebidos como un todo, poema, edición, ilustraciones, como *Las vendimias*, encuadernado a la japonesa e ilustrado por el dramaturgo Adrià Gual. Marquina empezó, pues, con un tono íntimo, delicado, casi japonés, pero la vida y las ganas de ganar dinero le llevaron pronto al verso ruidoso, retórico y tupido, al verso histórico, y fue abandonando la poesía para escribir un teatro de corte nacionalista con el que obtuvo grandísimos éxitos y que, tras la guerra civil, dio origen a todo un género patriótico de patética caricatura.

En la corte de los poetas que se formó en principio alrededor de Villaespesa ocuparon también un lugar eminente los Machado, Manuel y Antonio, en ese orden.

Hoy es bien conocida la vida de Manuel y Antonio Machado, pero resumámosla aquí en unas pocas líneas. Nacieron los dos en Sevilla, el primero en el año 1874 y el segundo un año después. Manuel pudo acabar sus estudios universitarios gracias a que conoció a una muchacha formal que procuró atarle corto y con la que se casó; no así Antonio, que apenas pudo coronar los estudios de bachillerato, lo que no le impidió optar a una plaza como catedrático de instituto. Con los años, cuando ya era un viudo respetable, acudiría mansamente Antonio a las aulas universitarias a recibir enseñanzas y calificaciones de unos catedráticos que le tenían a él por maestro. Juan Ramón resumió con mucha gracia esos primeros años de los Machado: «Padre, administrador duque de Alba. Vivían en el palacio de las Dueñas. Abuela vasca. Padre estuvo solo en Puerto Rico después casado. Contrajo tuberculosis. Murió en España. Madre Antonio Machado era hija confitero de Triana, sede poesía popular. A la muerte del padre van a vivir con abuelo. Institución Libre de Enseñanza. Abuela queda viuda y regala la casa. Madre inútil. Todos viven pequeña renta abuela. Casa desmantelada. Familia empeña muebles. No trabajan, ya hombres. Casa de la picaresca. Venta de libros viejos.

Muere abuela.» También Juan Ramón evocó de Antonio con muchísima gracia su aspecto descuidado de poeta al recordar aquellos años primeros: «Olía, desde muy lejos, a metamorfosis.»

Estudiaron los dos hermanos en la Institución Libre de Enseñanza, hecho éste especialmente significativo en Antonio, que tal vez debiera siempre a don Francisco Giner su amor futuro por la filosofía y el sentido de elevación moral y sacrificio cívico que habría de guiar a todo intelectual.

Después de eso, Manuel consiguió encarrilar su carrera como bibliotecario en destinos de la Administración, se casó y llevó una vida regular, al igual que Antonio, quien, no obstante, como veremos, parece traído y llevado por circunstancias trágicas que le fueron haciendo cada vez más taciturno y grave. En realidad, sus vidas serían siempre algo gris y sin trascendencia, de tertulia, de café, de colaboración, a veces de candilejas.

Miguel Pérez Ferrero escribiría ya en los años cuarenta un hermoso libro con la vida de los dos. No es libro de erudito ni de exhaustivo historiador. Es el tributo de un hombre que conoció a ambos hermanos, por los que sentía devoción. Se ve que el hecho de incluirlos a ambos en un libro común, siendo tan diferentes, era algo deliberado, más en unos años en que, como consecuencia de la guerra civil, empezaba la tendencia de presentársenos a uno como bueno y a otro como malo. Aunque Pérez Ferrero, titulando su libro *Vida de Antonio Machado y Manuel*, estuviera declarando quién era hermano de quién.

En cierto modo fue Manuel el primero de los poetas jóvenes que vio publicados en libro sus versos. Lo hizo en dos entregas que compartió con su amigo Enrique Paradas. Éstos se repartieron el número de páginas muy equitativamente. Una se titulaba *Tristes y alegres* y la otra *Etcétera*, partidas por la mitad como el pan de los bereberes hospitalarios. Del primero de estos libros, los ejemplares que quedan no son muchos, pero del segundo nadie ha visto nunca ni la sombra. Eran poemas que le unían con Bécquer, pero sobre todo con la veta popularista de Augusto Ferrán, y ciertas humoradas a lo Campoamor. Manuel Machado, sin embargo, no estuvo jamás contento con los resultados y siempre repudió esos versos. Él se tuvo como poeta a partir de su libro *Alma*, que iba a marcar las pautas y poner los límites de su mundo poético. *Alma* se publicó en 1902, en realidad sólo unos meses antes que *Soledades*, el primer libro de Antonio.

Desde el primer momento, la personalidad de los dos poetas es acusada y diferente, aunque no tanto como para ver en ellos a dos poetas opuestos. Uno, Manuel, se ha dicho, el poeta de Andalucía; el otro, no menos andaluz, el poeta de la hondura senequista. Uno, sevillano. El otro, cordobés, por lo que tiene de castellano. Manuel, poeta de cante hondo y noches templadas, con influencias muy claras de Verlaine, a quien había traducido, y Antonio, poeta de inviernos rigurosos, influido sobre todo por Bécquer, el romancero y la poesía popular. No es en absoluto exacto el estereotipo que nos pinta a uno superficial y a otro metafísico, pero sí descubrimos en ellos dos maneras de ser diferentes: Manuel, extrovertido; Antonio, taciturno. Uno humorado, el otro melancólico. «La verdadera diferencia que hay entre Manuel y Antonio —nos dirá Onís— es que el uno es esencialmente superficial y el otro esencialmente profundo, y, al decir esto, no queremos dar a la palabra superficial un valor peyorativo.» Y si el propio Antonio llegaría a afirmar en *Los Complementarios*, cuadernos de uso particular: «Después del soneto de Góngora y alguno de Calderón, no hay más sonetos en castellano que los de Manuel Machado», de igual modo supo siempre Manuel que Antonio era uno de los poetas más grandes que había dado España, y en su tiempo tal vez el más alto. De modo que sabían uno del otro su respectivo valer.

Unamuno, hombre no dado precisamente a elogiar frivolidades, escribió una sobresaliente reseña de *Alma*. En el libro, que señala los muy diversos mundos que aprovechará en adelante Manuel, no renuncia nunca a cierta ironía. Su talante es siempre caballeroso y elegante, de porte muy señoril, que se decía en el tiempo. La acogida de *Soledades* por parte de los amigos modernistas fue magnífica, sin titubeos, sin reservas, como si hubieran comprendido la clase de poeta que había llegado y desde dónde, desde la voz de Manrique, del romancero, de Bécquer y, sobre todo, desde su misma y originalísima voz. Son poemas todos de una gran melancolía, de un hombre que va solo por el campo, por las callejas más sombrías de la ciudad, que se sienta a descansar en el banco de una placita romántica, a oír los pájaros y a mirar los juegos de los niños. Le preocupa la Sombra, pero no es funebrista; le hace pensar el tiempo, pero no le acongoja.

Ambos hermanos acabarían refundiendo al cabo de cinco años esos dos libros con proceder igual, conservando, en parte, el título genuino. Uno, que prologó Unamuno, lo llamó *Alma. Museo. Los cantares*; el otro, *Soledades. Galerías. Otros poemas.* Los dos tienen mucho en común por fuera para no pensar que lo tienen también por dentro. ¿De quién son estos versos?:

> *Me siento a veces triste*
> *como una tarde del Otoño viejo,*
> *de saudades sin nombre,*
> *de penas melancólicas tan lleno...*
> *Mi pensamiento entonces*
> *vaga junto a las tumbas de los muertos*
> *y en torno a los cipreses y a los sauces*
> *que abatidos se inclinan... Y me acuerdo*
> *de historias tristes sin poesía... Historias*
> *que tienen casi blancos mis cabellos.*

¿Cuánto hay de Antonio en estos versos? ¿Cuánto de Manuel en los versos de Antonio?

*A Antonio Machado hemos de verle
en el conjunto de su obra, no sólo poética,
sino en la muy importante prosa que estaba
llamado a realizar, una de las más hermosas,
inteligentes y bienhumoradas del siglo.*

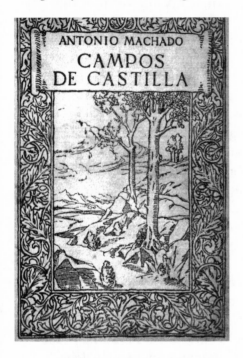

*En ambos hermanos Machado,
de diferente modo, vinieron a cristalizar
las mejores virtudes de la lírica española
y, podemos decir, lo mejor del carácter
mismo de lo español. (Portada de Juan
Gris.)*

*Antonio y Manuel Machado merecerían ese gran libro de biografía y estudio en el que se
los pusiese uno al lado del otro, como vivieron y trabajaron siempre, complementarios,
con la sombra paterna y sus investigaciones folclóricas detrás.*

Los hermanos, que habían dejado ya la aventura de París (donde Manuel trabajó para Garnier y Antonio para Gómez Carrillo, como vicecónsul de Guatemala), terminarían por volver a España. Manuel, con los años, se casó con su prima Eulalia, de la que era novio desde hacía años, y Antonio, después de opositar a una cátedra de francés (para la cual no se exigía sino el bachillerato), terminó recalando en Soria, donde también matrimonió con una muchacha de quince años, Leonor, hija de la patrona de la pensión donde vivía, casi niña aquella a la que vistió de mujer el día de la boda, como consta en una fotografía en la que puede adivinarse la fragilidad de la chica y la futura tragedia.

De Manuel Machado nos queda el ideario de su vida pasado a su poesía. En «Adelfos», célebre poema, está lo mejor de su pensamiento: un dandismo triste, una fatalidad sin nombre, una voluntad sin riendas. «Mi voluntad se ha muerto / una noche de luna / en que era muy hermoso / no pensar ni querer... / De cuando en cuando un beso, / sin ilusión ninguna. / ¡El beso generoso / que no he de devolver!»

La popularidad de Manuel como poeta modernista fue unos años superior a la de su hermano, que jamás dejó de tener, sin embargo, la consideración inequívoca de los propios poetas y escritores. Si el mayor recogía el aplauso de un número grande de lectores, al menor le estaba reservada la admiración sin límites de los más grandes.

Entre 1902 y 1915, Manuel publicaría una decena de libros, los más significativos de su obra, sin duda, aunque en los que viniera a escribir luego encontremos alguno de sus poemas más hondos. Después de *Alma. Museo. Los cantares*, de 1907, publicó *El mal poema* en 1909, que hace años los que iniciaron su recuperación presentaban caprichosamente como su mejor libro, y un año después *Apolo. Teatro pictórico* (libro en el que Antonio encontraba los sonetos más deslumbrantes de la modernidad por su pictorialismo), y *Cante hondo*, de 1912. Ellos constituyen el núcleo de la obra de Manuel.

Antonio, mucho más lento en la concepción y elaboración de su poesía, sólo publicó dos libros en ese mismo período, y uno iba a ser refundición del primero de los suyos. De Antonio existe un retrato de Juan Ramón Jiménez, no superado hasta hoy por nadie. Es un retrato de una agudeza psicológica extraordinaria: «Antonio Machado se dejó desde niño la muerte, lo muerto, podre y quemasdá por todos los rincones de su alma y de su cuerpo. Tuvo siempre tanto de muerto como de vivo, mitades fundidas en él por arte sencillo. Cuando me lo encontraba por la mañana temprano, me creía que acababa de levantarse de la fosa. Olía, desde muy lejos, a metamorfosis. La gusanera no le molestaba, le era buenamente familiar [...] Poeta de la muerte, y pensado, y sentido, preparado hora tras hora para lo muerto. [...] Acaso él fue, más que un nacido, un resucitado. Lo prueba quizá, entre otras cosas, su madura filosofía juvenil.»

También Antonio puso su juvenil filosofía en versos, en todos, uno por uno. En romances bellísimos («Y Tú, Señor, por quien todos / vemos y que ves las almas, / dinos si todos un día / hemos de verte la cara»), en toda suerte de poemas y, sobre todo, en las incontables y maravillosas cartas que escribió tan asiduamente a sus colegas escritores, a Juan Ramón, a Unamuno, a Rubén, a Ortega, sus amigos, los que le ayudaron a salir de esa fosa en la que vino a dar cuando su pequeña Leonor, a los dos años de casados, se le enfermó gravemente mientras más gozaban ambos de la vida, en París, becado el poeta por la Junta de Ampliación de Estudios, becada ella con la vida en común con un hombre que la adoraba.

La muerte de la muchacha al año siguiente, en 1912, partió al poeta en dos, como un rayo, el hombre joven, de los sueños, y el hombre ya irremediable y prematuramente viejo. Las cartas de ese tiempo son tristísimas, llenas de una congoja desgarradora. El poeta se fue volviendo más y más como lo había visto Rubén: «Misterioso y silencioso.»

Cuando le tocó hacer su biografía para las *Páginas escogidas* que le publicó Calleja, quien iba a declararse en lo sucesivo como «modernista del años tres», confesó: «Mis aficiones son pasear y leer.»

En unos pocos años, la poesía de Antonio conoció una evolución que le iría llevando a composiciones de tipo regeneracionista. Así entienden muchos un libro como *Campos de Castilla* (1912), que le pidió para la editorial Renacimiento Gregorio Martínez Sierra.

Fue también *Campos de Castilla* el libro que le ayudó a soportar el doloroso lance de la muerte de Leonor, al darse cuenta Antonio de que su desgracia quedaba lenificada por la amistad de sus amigos, que sin duda habrían hecho suyas las palabras de Rubén: «Antonio Machado es quizá el más intenso de todos. La música de su verso va en su pensamiento. Ha escrito poco y meditado mucho. Su vida es la de un filósofo estoico. Sabe decir sus ensueños en frases hondas. Se interna en la existencia de las cosas, en la naturaleza. Algunos críticos han visto en él a un continuador de la tradición castiza, de la tradición lírica nacional. A mí me parece, al contrario, uno de los más cosmopolitas, uno de los más generales, por lo mismo que lo considero uno de los más humanos.» Y así terminaba una carta a JRJ de 1912: «A veces me apasiona el problema de nuestra patria y quisiera... Pero no se puede hacer nada de inmediato y directo [...] Hay que defender a la España que surge, del mar muerto, de la España inerte y abrumadora que amenaza anegarlo todo.»

Antonio Machado, que había nacido a la poesía en un intimismo sin concesiones, terminaba encajando diez años después bajo las pautas de Azorín (a quien Machado, Juan Ramón y los poetas admiraban sin reservas por esas fechas), en el estereotipo que aquél veía para los hombres de su generación: preocupación por España y por la postración moral a que la veían condenada, sentimiento profundo del paisaje, antirretoricismo y un castellano sin elementos perecederos del estilo... Y no ya una patria hecha sino «que se *tiene* que hacer». «La vida española me parece criminal, un estado de iniquidad sin nobleza, sin grandeza, sin dignidad», le confesará a Ortega y Gasset en 1912, a un Ortega a quien le dice que «pertenece a esta misma generación [nuestra]; pero más joven, más maduro, más fuerte».

«Cuando los intelectuales —sigue diciéndole Machado a Ortega—, los sabios, los doctores se dignen ser algo folkloristas y desciendan a estudiar la vida campesina, el llamado problema de nuestra generación comenzará a plantearse en términos precisos. Mientras la ciudad no invada el campo. Mientras la ciudad no invada el campo (no con productos de desasimilación, sino de nutrición, de cultura), el campo invadirá la ciudad, gobernará si es que puede gobernar, lo inconsciente dominará, impulsará la vida española. Esto es lo que pasa hoy. La mentalidad dominante española es de villorrio, campesina, cuando no montaraz.»

Las opiniones de Machado respecto de la literatura no eran menos radicales y habrían entrado tal vez en colisión con las de quienes como Azorín encontraban en nuestra historia abultadas vetas de materia noble. «Yo creo —asegura don Antonio— que la lírica española (con excepción de las coplas de don Jorge Manrique) vale muy poco, poquísimo; vive no más que por el calor que le prestan literatos, eruditos y profesores de retórica (calor bien menguado). No es ésta una impresión sino una opinión madura. He dedicado muchos años de mi vida a leer literatura nuestra. Hay poesía en el poema del Cid, en Berceo, en Juan Ruiz y, sobre todo, en romances, proverbios, cuentos, coplas y refranes. Entre Garcilaso, Góngora, fray Luis y san Juan de la Cruz pueden reunir hasta cincuenta versos que merezcan el trabajo de leerse. La mística española no vale nada por su lírica [...] La lírica española no tiene una vena propia ni nunca se abrevó en el agua corriente. El árbol de nuestra lírica sólo tiene una fruta madura: las coplas de don Jorge. Es en vano que [...] se nos diga que Garcilaso es un gran poeta a pesar de no tener nada propio. La crítica está llena de supersticiones que se perpetúan por falta de esa curiosidad por lo espiritual, yo diría por falta de amor a las cosas del espíritu. Porque es el amor y, sobre todo, la pasión lo que crea la curiosidad. Dejamos que Menéndez Pelayo, don Juan Valera o don Perilo López nos evalúen nuestra literatura y descansamos en la autoridad de ellos por falta de amor a esas cosas; no acudimos a formar ideas propias porque no nos interesan ni apasionan. En cambio, los aficionados a toros no se contentan con la opinión que les dan los revisteros, acuden a la plaza y luego discuten por milímetros la estocada del diestro H o X.»

Hoy está extendida la opinión, un poco caprichosa, de que el Antonio Machado «bueno» sería el poeta simbolista, el de *Soledades. Galerías. Otros poemas*, frente a otros más circunstanciales, como el de *Campos de Castilla* o *Nuevas canciones*, sin comprender acaso que el poeta no perdió jamás aquella voz silenciosa de sus primeros años ni cerraría el venero de la poesía más clara hasta su misma muerte. Aquel célebre verso último que escribió, días antes de morir, para un poema sólo empezado, nos lo confirma: «Estos días azules y este sol de la infancia.»

Sin embargo a Antonio Machado hemos de verle en el conjunto de su obra, no sólo poética, sino en la muy importante prosa que estaba llamado a realizar, una de las más hermosas y bienhumoradas del siglo, al igual que en todo Manuel Machado encontraremos muestras patentes de su genio. Del mismo modo que, quiérase o no, sería injusto no ver en uno la sombra del otro, y al revés.

La publicación de *Campos de Castilla* supuso para Antonio el inicio de una consideración intelectual y política de su poesía, al margen de su valor lírico, al tiempo que fue el punto de inflexión para que la estrella de Manuel, que había conocido fulgores muy vivos, empezara a eclipsarse, justo cuando de un libro como *Cante hondo*, publicado el mismo año que *Campos de Castilla*, se vendían mil ejemplares el día en que fue puesto a la venta. Hay críticos que piensan, sin embargo, que los Machado iniciaron su común decadencia poética al tiempo en que iniciaban su andadura como autores de teatro, en una colaboración que se prolongó durante años; pero no hay tal. De Antonio Machado, incluso de Manuel, no es en absoluto infrecuente encontrar ejemplos de lo mejor de su poesía en los años de su postrera madurez.

Dos biografías en cierto modo distintas. Y, sin embargo, es preciso tenerlos presentes a ambos en todo momento cuando nos acerquemos a la poesía de uno y de otro. En ambos, de diferente modo, vinieron a cristalizar las mejores virtudes de la lírica española y, podemos decir, lo mejor del carácter mismo de lo español. Uno y otro, en diferente medida, terminarían incorporando no pocos de sus poemas al acervo popular. Muchos de sus versos corren hoy en boca del pueblo como si fuesen anónimos, como aquellos que el padre, el buen Demófilo, iba buscando en el hondón de Andalucía. Los círculos se cierran y dos poetas como Antonio y Manuel Machado merecerían ese gran libro de biografía y estudio en el que se los pusiese uno al lado del otro, como vivieron y trabajaron siempre, complementarios, con la sombra paterna y sus investigaciones folclóricas detrás.

De Manuel nos ha quedado, como de Unamuno, un puñado de poemas inolvidables; de Antonio lo mismo, y un pensar genuino y la formulación novedosa de que la poesía es «palabra en el tiempo», o sea, un compromiso con el presente, si quiere permanecer, durar.

Capítulo noveno

DONDE SE SIGUE HABLANDO DE LOS POETAS MODERNIS-
TAS, MENORES Y MAYORES, O INCLUSO INEXISTENTES,
COMO GREGORIO MARTÍNEZ SIERRA

Si hemos hablado de un poeta menor como Villaespesa, crucial en los primeros años del modernismo por cuanto fue
el hombre clave para congregar las primeras voluntades de
renovación estética, tendremos por fuerza que hablar de
otro escritor, no menos determinante en la consolidación
y triunfo del modernismo. Juan Ramón Jiménez podría muy
bien ser el vínculo entre ellos. Si bien empezó siendo amigo
de uno, terminaría siéndolo del otro.

La vida de Gregorio Martínez Sierra es sorprendente.
Todo lo que tuvo la de Villaespesa de pobretería y locura,
tuvo la de Martínez Sierra de locura y boato. Dijimos que
JRJ no se ocupó del primero en sus *Españoles de tres mundos*.
Tampoco lo hizo del segundo, ni de la mujer de éste, María
de la O Lejárraga, con haber mantenido con ambos en esos
años una intimidad literaria, epistolar y personal como con
nadie. Es extraño, porque estas tres personas fueron cruciales en la vida poética y personal de Juan Ramón Jiménez
hasta que éste se casó; con Villaespesa la mantuvo hasta el
año dos o tres, y con el matrimonio Martínez Sierra hasta
1915.

Hasta que María Lejárraga no escribió sus memorias, ya
en el exilio argentino, nadie podía adivinar en qué pilares
se asentaba aquella relación de pareja que terminó rompiendo la irrupción de la actriz Catalina Bárcena. Muchos,
incluso, ante las pruebas irrefutables de aquel autobiográfico *Gregorio y yo*, aún siguieron negando un secreto en el
que parece que estaban desde hacía muchos años un grupo

de íntimos, Juan Ramón Jiménez, Pedro González Blanco, Pérez de Ayala... La verdad, no obstante, era incontestable: María de la O Lejárraga, esposa legítima de Gregorio Martínez Sierra, fue la autora, salvo tal vez de uno de 1900, de todos y cada uno de los libros que aparecieron con la firma de su marido, Gregorio Martínez Sierra, un centenar de obras que agrupaban la prosa y el verso, el teatro, el ensayo, los libretos para zarzuelas, oratorios y ballets, los artículos... ¡incluso las cartas personales!

María, seis años mayor que Gregorio, era maestra nacional y conoció al que sería su marido en fecha muy temprana, hermanada a él por la afición al teatro. En 1900, y después de un noviazgo de dos o tres años, se casaron. Al principio vivieron ambos del sueldo de ella, mientras él, en los cafés con el resto de la tropa modernista, daba la batalla de lo nuevo.

Se ve que Gregorio era el hombre de acción, de partida, el guerrillero, el empresario, el hombre de la estrategia. Ella en cambio era la parte sensible de esa sociedad limitada. Él, un hombre de negocios. Ella, musa de sí misma. Ella acabaría pobre, y de él sabemos que después de haber sido tesorero hacia 1921 del Partido Comunista de España, terminaría abriendo una cuenta en un banco suizo, como acabamos de saber, una de esas cuentas que la Banca suiza acaba de hacer públicas con el fin de restituir sus bienes a los judíos perseguidos por los nazis, hechos ambos, el de su condición de tesorero y el de cuentacorrentista, sin relación algunas.

La primera revista que fundó se llamó *Vida Moderna,* en 1898; la publicación conoció sólo cuatro números, pero en ella colaboró la plana mayor del modernismo, de Darío a Valle, pasando por Juan Ramón, aunque también buena parte de la «vida vieja», desde Menéndez Pelayo hasta Galdós, Campoamor o Eusebio Blasco.

Estos datos, yo creo que es importante que se den para dejar claro que los mundos no se hacen de la nada, y que todos, unos más y otros menos, parten siempre de lo anterior, no sólo por conveniencia sino por fe sincera en algunos maestros.

La totalidad de las revistas nuevas publicaban al principio lo nuevo y lo viejo, sin distinguir todavía mucho lo que valía de lo que no. Cuando no se ha tenido en cuenta una cosa tan sencilla como ésta salen unas bonitas mixtificaciones. Luego, a partir de *Helios*, las cosas variaron sustancialmente y los más exigentes de los poetas, Juan Ramón principalmente, y ante el ejemplo de revistas francesas como el *Mercure de France*, y sobre todo *Vers et Prose*, encarrilaron un poco la tendencia dentro de márgenes algo menos eclécticos.

Después de *Vida Moderna* vinieron otras, en las que volvían a colaborar los mismos siempre, en combinaciones previsibles.

En ese tiempo, María de la O ya escribía las obras que firmaba su marido.

La primera gran empresa cultural del consorcio Martínez Sierra, en la que también colaboraron otros tres escritores, Juan Ramón, Pérez de Ayala y Pedro González Blanco, fue la revista *Helios*.

Helios es la primera gran revista poética española de este siglo por muchos conceptos. Todo parece indicar que la gestión proviniese de Gregorio Martínez Sierra, pero la idea, el alma de la publicación lleva la marca exigente de Juan Ramón Jiménez, que colaboró en ella con entusiasmo; publicó poemas, traducciones, prosas poéticas, ensayos y pequeñas críticas y notas, corregía pruebas, hacía envíos...

Se ha escrito mucho de aquel joven hiperestésico, con los nervios fragilísimos, que dejó en 1900 su pueblo natal de Moguer a la llamada de Rubén Darío, que lo convocaba en Madrid para luchar por el modernismo.

Juan Ramón había nacido en 1881 y era, por tanto, el benjamín del grupo. Había publicado ya una gran cantidad de poemas en los periódicos de Huelva y de Sevilla, desde muy joven, mientras realizaba los estudios de Bellas Artes, cuando quería ser pintor.

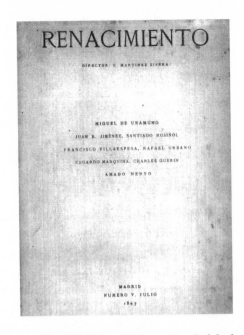

La magnífica revista del modernismo español Helios estaba dando la entrada o preparándole el camino a otra, de nombre Renacimiento, que apareció en 1907, de características formales muy parecidas a aquélla.

Hasta que María Lejárraga no escribió sus memorias, ya en el exilio argentino, nadie podía adivinar en qué pilares se asentaba aquella relación de pareja. Ella, esposa legítima de Gregorio Martínez Sierra, era la autora de todos y cada uno de los libros que aparecieron con la firma de su marido. (Cubierta de Santiago Rusiñol.)

Renacimiento fue una empresa editora, de la revista y de libros, a la que estuvo desde el primer momento vinculado el nombre de Martínez Sierra. Podemos decir que fue la primera gran editorial de libros de bolsillo en España, cuando a esos libros aún no se los llamaba de esa manera.

En Madrid a Juan Ramón le esperaban Villaespesa, Martínez Sierra, los Machado, pero no Rubén, a quien paradójicamente no vio en esa primera estadía suya en la capital. Pasaron tres años y la lucha continuaba.

Entre medio, Juan Ramón, a quien la muerte repentina de su padre postró de modo lamentable y convirtió de por vida en un hipocondríaco incurable, hubo de viajar al sur de Francia en busca del reposo y de la salud. Buscó uno y otra en clínicas donde fue acogido siempre por los médicos y enfermeras como una orquídea cuyo tallo podría quebrarse en cualquier momento. De Francia trajo JRJ la salud un tanto recobrada y, sobre todo, libros y revistas simbolistas que habrían de ser determinantes para la evolución del movimiento en España: por Darío les había llegado Moréas y Verlaine. Ahora iban a quedar definitivamente incorporados por JRJ los simbolistas de voz más en sordina, Laforgue, Verlaine, Rimbaud, Jammes, Rodenbach, Verhaeren, Mallarmé, nombres a los que iría añadiendo otros, Yeats o Synge, cuando su relación con Zenobia le acercó a la poesía escrita en inglés.

Juan Ramón se había hecho imprimir sus dos primeros libros en tinta verde y en tinta violeta. A uno lo llamó *Ninfeas*, título que le dio Valle-Inclán, así como el pórtico que lleva. Al otro, *Almas de violeta*; este título se lo dio Darío, al igual que el prólogo. Son dos libros que años después atormentarían al poeta, que persiguió sus huellas para hacerlos desaparecer de la faz de la tierra, sin pararse en barras, allí donde los encontraba.

Desde el primer momento adquirió JRJ un hábito grande de trabajo y se dedicó por entero a la poesía y siguió escribiendo a un ritmo febril, desde una precoz madurez y con la salud repuesta, consecuencia sin duda de los aires de la sierra del Guadarrama, adonde se trasladó circunstancialmente a reponerse. Fruto de esos meses fueron sus dos libros *Rimas, Arias tristes...* Estamos hablando de 1902, de 1903. Eran libros en los que Juan Ramón intentaba aunar sensaciones, intuiciones, intimidad. Los sonidos se sobreponían a los olores, éstos a los sueños, y el recuerdo de san Juan de la Cruz lograba reposar de un modo natural en los acordes de una melodía de Debussy, paganizando a los místicos o cristianizando faunos, como Jammes. «*Arias tristes* tiene una importancia colosal y de él nacen todos a la nueva poesía», diagnosticará tempranamente un amigo de entonces, uno de los pocos, con Antonio Machado, con el que JRJ se tuteaba: Gómez de la Serna. Y era verdad. Si *Rimas* había sido escrito en Francia, *Arias tristes* lo había sido en la clínica del doctor Simarro, figura determinante en la vida del poeta, a quien el médico presentó a don Francisco Giner y a otros hombres de la Institución Libre de Enseñanza y en cuyo sanatorio encontramos a un Juan Ramón hipocondríaco aplacándose con curas de bromuro y escribiendo unas cartas dolientes a todo el mundo.

En un momento en que el modernismo desplegaba sus mejores atavíos, Juan Ramón, con intuición prodigiosa de modernidad, volvió a las formas más sencillas y tradicionales de nuestra poesía: romancillos en rima asonante, letrillas, todo muy delgado y transparente, de hondísimo lirismo.

El aspecto quebradizo de Juan Ramón, de pálido becquerianismo (el retrato que de él hizo Ricardo Baroja hace que se parezca mucho al poeta sevillano), parece no corresponderse con el joven que de manera implacable lleva a cabo una obra cada día más voluminosa y exigente, que le llevó incluso, ilusionado, a acometer empresas literarias de una mayor actividad social, él, que era el retraído por definición: «La indiferencia más absoluta por la vida», llegará a decir cuatro años después, en una frase que recoge malintencionadamente Cernuda.

La fundación de la revista *Helios* es tal vez el punto en que la amistad de Villaespesa y Juan Ramón, que habían sido inseparables durante dos años, conoce su enfriamiento, primero, y después el alejamiento sin retorno.

Lo que JRJ quería hacer de su primera revista lo tenía

claro, como le escribió a Darío: «Querido maestro: cinco amigos míos y yo vamos a hacer una revista literaria seria y fina: como el *Mercure de France*: un tomo mensual de ciento cincuenta páginas muy bien editado. Nosotros mismos costeamos la revista; así puedo decir a usted que vivirá mucho tiempo; es cosa madura y bien calculada. Nada de lucro...» O sea, le piden colaboración. Rubén contestaría, pero exigía ser retribuido. Le daba lo mismo cien que cinco o dos pesetas. Era una cosa de principio. Así lo entendió JRJ. Y la revista echó a andar en ese primer número sin la sombra del maestro.

La revista, para la que buscaron un socio capitalista, el hispanoamericano Carlos Navarro Lamarca, es espléndida, como la quería JRJ: tipografía selecta y admirablemente administrada en sus diferentes familias y cuerpos, márgenes generosos, colaboraciones bien pensadas, viñetas de corte modernista con aires de *Revue Blanche* (otro de los modelos), muy *Mercure* también, desde luego, y con mínimos pero llamativos ornatos a lo Rysselberghe, el pintor belga amigo de Regoyos y Verhaeren. La batalla que venían a dar era la de la Belleza.

Cuando los historiadores realizan el balance de estas revistas, lo hacen de una manera escorada. Por ejemplo, de *Helios* dicen: colaboraron en ella los Machado, Valle-Inclán, Rubén, JRJ, Pérez de Ayala..., pero, insistimos, lo cierto es que también colaboraron Valera, la Pardo Bazán, Rueda, y gente de las viejas guardias. Luego vienen los catedráticos a informarnos que la revista era radical y todas las demás cosas. Pero lo cierto es que no, o lo era de una manera moderada. Estamos lejos todavía de la vanguardia y sus radicalizaciones. La revista la hicieron aquellos jóvenes que aún no tenían veinticinco años, porque las revistas hay que hacerlas cuando se tienen veinticinco años, y eso es lo portentoso, que siendo tan jóvenes tuvieran las ideas tan meditadas y calculadas. Incluso que pidiendo colaboraciones a éste y al otro, no sólo a viejos, sino a jóvenes sin talento y

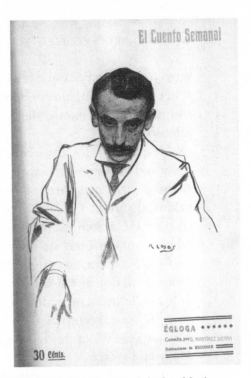

Se ve que Gregorio (Martínez Sierra) era el hombre de acción, de partida, el guerrillero, el empresario, el hombre de la estrategia. Su esposa, en cambio, era la parte sensible de esa sociedad limitada.

Durante todos esos años de lucha, María Lejárraga siguió al lado de su marido escribiéndole no sólo el teatro y el resto de los libros, sino eso más íntimo que son los poemas.

Cuando sus asuntos literarios empezaban a marchar mejor para ambos, apareció en la vida de los dos, aunque más en la de Gregorio, la actriz Catalina Bárcena, de la que Gregorio se enamoró perdidamente.

cuyo nombre ha desaparecido de la literatura, lograran mantener un tono tan alto en la publicación. Pero la hacían con lo que tenían a mano, viejos y jóvenes, nuevos y viejos, con talento o sin él.

Después de los catorce números de *Helios*, es decir, de un año de trabajo constante, la revista dejó de editarse. Juan Ramón diría más tarde que las buenas revistas nunca llegaban al número diez. Gómez de la Serna haría una variación de ese axioma al asegurar que las revistas que lograban salir puntuales eran siempre las menos interesantes.

Como quiera que fuese, la magnífica revista del modernismo español *Helios* estaba dando la entrada o preparándole el camino a otra, de nombre *Renacimiento*, que apareció en 1907, de características formales muy parecidas a aquélla, muy parecida ésta desde luego a *Vers et Prose*, de la que era copia casi exacta.

Entre *Helios* y *Renacimiento* transcurrieron cuatro años, que Juan Ramón pasó, junto a su madre, en Moguer. Fueron años de retiro absoluto y melancolías ilimitadas. En su casa de Moguer se conserva aún todo un cuarto, en rimeros que llegan al techo, con los cientos de periódicos y revistas que lo mantuvieron unido al mundo (manía esa de guardar periódicos viejos que encresparían años después, en Cuba, las relaciones entre el poeta y la que sería su mujer). Los libros de poesía salían puntualmente cada año de sus manos, cuidados, corregidos, largamente meditados, cada vez más puros y esenciales, en una conquista progresiva. Juan Ramón se estaba haciendo, como decía Unamuno, un alma: *Jardines lejanos, Elegías puras, Elegías intermedias, Olvidanzas, Elegías lamentables, Baladas de primavera, La soledad sonora, Poemas mágicos y dolientes, Pastorales* (con larguísima dedicatoria de 1911 como para cortar el aliento: «a Gregorio Martínez Sierra, todo flor, este libro mojado, sentimental y melodioso»), *Melancolía, Laberinto...* A todos esos libros, JRJ se referiría, años después, como a sus libros amarillos, en referencia a su parecido físico con los que en París publicaban por los mismos años los viejos poetas simbolistas aún vivos en las ediciones del *Mercure de France*, modestos, en papeles malos, con cubiertas de un color amarillo pálido... Como dijo con mucha gracia Onís, «el mundo, el demonio y la carne han entrado en el alma del poeta y han roto el equilibrio de su melancólica soledad lírica juvenil».

Se fundó *Renacimiento*, como se ha dicho, en 1907. En *Helios* habían dado la batalla por un modernismo incipiente. En el año siete estaba en pleno auge el «modernismo triunfante», como se le ha llamado.

De *Renacimiento* aparecieron también diez números, apenas un año de vida. En esa publicación colaboraban en realidad los mismos que en la otra. Pero esta revista serviría a su vez para preparar el camino a una de las grandes empresas culturales que se han llevado a cabo en España, la editorial Renacimiento.

Renacimiento fue una empresa editora, de la revista y de libros, a la que estuvo desde el primer momento vinculado el nombre de Martínez Sierra. Se trataba de editar por primera vez las obras de los autores más importantes del momento en ediciones sencillas y dignas, asequibles y bien presentadas. Importantes o comerciales, o ambas cosas a la vez, porque sencillamente no se podía saber todavía si iban a ser importantes porque vendían mucho o si vendían mucho porque ya lo eran. Podemos decir que fue la primera gran editorial de libros de bolsillo en España, cuando a esos libros aún no se los llamaba de esa manera.

Los criterios editoriales de Renacimiento no fueron ya exactamente como aquellos otros, minoritarios, que habían regido hasta entonces. Los tiempos habían dejado de ser heroicos. Gregorio comprendió que las cosas en España habían cambiado y que lo que al principio no había sido sino el proyecto de unos pocos alucinados y ensoñadores podía llegar a muchos más lectores: fue la confirmación de que la batalla se había ganado. Y así Martínez Sierra, el editor, Ruiz Castillo y Victoriano Suárez, socios capitalistas, fundaron en

1909 una de las más brillantes empresas culturales de nuestra historia reciente.

Renacimiento fue la primera gran editorial moderna española, la primera en la que empezaron, de un modo sencillo y popular, a cuidar las ediciones hasta en sus menores detalles en las cubiertas, en el papel, en los márgenes, en los tipos de letras y, sobre todo, en los autores. En pocos años la nómina de escritores, novelistas, autores dramáticos y poetas hermanados en una colección común resultó no sólo convincente sino de gran solvencia: Unamuno, Baroja, Benavente, Pérez de Ayala, Antonio Machado, Juan Ramón... Había también otros nombres que el tiempo ha pulverizado por completo: Trigo, Concha Espina, Sawa, López Pinillos, López de Haro, Ricardo León, Zamacois. Entre todos configuraron la literatura de esos años diez y mirar sus catálogos, los primeros que se cuidaron en España, resulta una verdadera lección no sólo de literatura sino de los *sic transit gloria mundi*.

Después, Martínez Sierra aún refundaría con Francisco Acebal otra revista, *La Lectura,* que había empezado en 1904 y que incluía un plantel considerable de escritores y críticos, y más tarde la Biblioteca Estrella, en la que colaboraría un pintor como Barradas, al que protegió el escritor-empresario.

Durante todos esos años de lucha, María Lejárraga siguió al lado de su marido escribiéndole no sólo el teatro y el resto de los libros sino eso más íntimo que son los poemas. Al principio, alrededor de 1905, María, que tenía una honda preocupación por la pedagogía moderna, consiguió que se la becase para estudiar esa disciplina en Europa, adonde fue, acompañada primero por su marido, que seguía, huyendo del bacilo de Koch, cada día más levantisco.

El primer éxito les llegó a los Martínez Sierra en forma de obrita de teatro, *Canción de cuna,* en el año 11. La obra la calificaron los periódicos de verdadero «teatro del arte». A ésa siguieron otras muchas, normalmente obras en uno

El aspecto quebradizo de Juan Ramón parece no corresponderse con el joven que de manera implacable lleva a cabo una obra cada día más voluminosa y exigente. (Copia de un óleo de Joaquín Sorolla.)

En un momento en que el modernismo desplegaba todos sus mejores atavíos, Juan Ramón, con intuición prodigiosa de modernidad, volvió a las formas más sencillas y tradicionales de nuestra poesía.

Primera edición de Ninfeas con un retrato del autor por Ricardo Baroja.

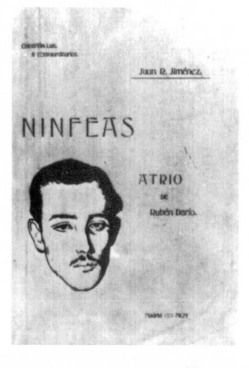

El diario de un poeta recién casado es desde muchos puntos de vista el libro nuevo por antonomasia de la poesía española: verso, humor, prosas poéticas, aforismos, un verdadero diario sentimental de un hombre que nace a la vida a través del amor.

o dos actos, piezas breves, comedias ligeras y poéticas. Muchas. Cuatro por año, para abastecer la demanda. El éxito fue tal que María Lejárraga dejó incluso su actividad de pedagoga y se ocupó en exclusiva de la factoría Martínez Sierra que precisaba con cierta regularidad manufacturar tantos productos. Gregorio se declaró un empresario y gestor consumado, pero no hizo nada por deshacer el equívoco con la autoría de sus obras, toda vez que su mujer aceptaba gustosa, como dijo siempre, aquel estado de cosas.

Fue entonces justamente, cuando sus asuntos literarios empezaban a marchar mejor para ambos, cuando apareció en la vida de los dos, aunque más en la de Gregorio, la actriz Catalina Bárcena, de la que Gregorio se enamoró perdidamente.

A partir de entonces, empresario y actriz formaron pareja no sólo teatral, pero la sociedad «Martínez Sierra» no se rompió por ello. Resultó todo extraño e inestable. Desde luego fue el suyo uno de los casos más anormales de nuestra historia literaria. ¿Cómo consintió María Lejárraga escribirle todas las obras a su marido, incluso cuando éste se lió con la primera actriz? ¿Cómo consintió la primera actriz que su amante siguiera viviendo, al menos durante otros diez años, con su antigua mujer y que nunca rompiese relaciones comerciales ni afectivas con ella? Y, sobre todo, ¿cómo Gregorio Martínez Sierra consentía en poner su nombre a obras que no eran suyas? Que María Lejárraga resultó ser algo fuera de lo común lo vemos, entre otros muchos indicios, en el epistolario con JRJ, de una intensidad, delicadeza y camaradería extraordinarias, hasta el extremo de que no sería descabellado suponer esa clase de amor callado y doliente, «amores blancos» los llamó el poeta, entre dos seres que jamás dejaron de respetarse, como se decía en los dramas que ella escribía. Lo vemos en su generosidad, queriéndose ocultar tras el nombre de su marido incluso cuando ningún vínculo ni amoroso ni marital le unía a él; lo vemos en su dedicación desinteresada en campañas de educación de la mujer en España y sus preocupaciones pedagógicas en un país con un porcentaje de analfabetismo escalofriante. Y lo vemos en la intachable memoria de su vida, sin un ápice de rencor, sin atisbos de reproches, con la delicadeza de las almas más grandes, con la aristocracia de los seres más puros. La respuesta a los interrogantes, aunque no parece sencilla, podría resumirse más o menos así. María Lejárraga, una mujer mayor que Gregorio, no precisamente guapa, consentía en darle a su marido su talento para poder tenerlo cerca, aunque sólo fuese de aquella manera. Era o tenerlo así o perderlo. Catalina Bárcena consentía en que su rival escribiese más obras de teatro para su marido y ahora empresario y amante porque precisamente con aquellas obras ella había triunfado como primera actriz. Y Gregorio Martínez Sierra, desde luego el papel más desairado de la comedia, consentía con todo eso porque su amor al dinero parecía superior a cualquier otra cosa, amor que en los años veinte le llevó a ser tesorero del PCE y en los cuarenta a un banco suizo, donde abrió una de esas cuentas que la Banca, presionada por las víctimas de Holocausto, ha decidido airear, junto a otras miles abiertas en esas fechas de guerra mundial.

La situación se fue estabilizando con más o menos dolor. La pareja Martínez Sierra aún conocería momentos de gloria, como cuando escribieron los libretos para Turina o *El amor brujo* y *El sombrero de tres picos* para Falla. Luego vendrían las separaciones, aunque incluso entonces María siguió escribiéndoselo todo a su marido, el teatro, las conferencias, los artículos para la prensa... (patéticas son esas cartas de Gregorio en gira por América, inmovilizado hasta no recibir de España la conferencia escrita, la entrevista, el artículo). Vino luego la República, en la que María colaboró desinteresada y abnegadamente en proyectos de liberación de la mujer. Y la guerra, donde se la vería con no menor dedicación ocupándose de los más débiles y organizando expediciones de niños. Y un exilio triste, en la pobreza, con la vida rota en cien pedazos. Cuando terminó la guerra de España empezó la de Europa, y María se marchó a América. Había pasado ya su momento como autora de teatro, había pasado ese teatro modernista y poético, había pasado su vida, que sería, sin embargo muy, muy larga, casi apacible, dedicada a sus libros de recuerdos y a las pocas colaboraciones que le permitieron vivir con tibieza y decoro. Y el modernismo, el viejo modernismo, ¿qué fue de él?

En buena medida, descansó sobre Juan Ramón. El poeta, en las lecciones sobre la materia que impartió en la Universidad de Puerto Rico, lo repitió hasta la saciedad: el modernismo, en esencia, no había pasado todavía en 1953, no había habido un posmodernismo, como no había habido nunca un posrenacimiento.

La evolución de Juan Ramón Jiménez culminaría, en prosa y en verso, en dos libros singulares, únicos ambos en su género. El primero era el resultado de la decantación de su prolongada estancia en Moguer: *Platero y yo*, cuya primera edición, que ampliaría en 1917, es de 1914. El segundo, *Diario de un poeta recién casado*, fruto de su boda con Zenobia Camprubí, la muchacha de origen norteamericano que convirtió en su mujer, supuso el quiebro definitivo de la poesía contemporánea española, y llegaba a él tras los *Sonetos espirituales*, que contienen alguno de los más bellos sonetos que hayamos leído nunca, sonetos que se hacen perdonar la perfección con la que fueron concebidos ya que puede decirse de ellos, como elogio, el que apenas suenan a sonetos, ni siquiera a endecasílabos.

El *Diario* es, desde muchos puntos de vista, el libro nuevo por antonomasia de la poesía española: verso, humor, prosas poéticas, aforismos, un verdadero diario sentimental de un hombre que nace a la vida a través del amor, por tierras de España y Norteamérica, atento y sensitivo a toda realidad por nimia que fuese, estrenando una vida que le gusta y le extraña al mismo tiempo, como los primeros días de un gato al que se cambia de casa.

La influencia de Juan Ramón Jiménez en los poetas que vendrían detrás, ultraístas, vanguardistas y gongoristas, fue enorme, hasta el punto de no poder muchos de sus discípulos soportar el peso de tal deuda.

Nada parecido se había escrito en España hasta ese momento. El libro es un verdadero *tour de force* en el que se le ve a JRJ con facultades sobradas en todos los géneros, lleno de sensibilidad, de finura, de ternura y no escondida ironía a veces, del hombre que ha perdido su tenaz soltería y se encuentra por primera vez en un lecho constante, con una mujer que no siempre le comprende y a la que tampoco comprende él siempre porque es, por vez primera, de carne y hueso, y no de literatura. Amar no es comprender, parece decir a veces.

Juan Ramón, que había vivido en poeta puro todos esos años, un poeta al que sólo la poesía interesaba, la poesía como nacimiento de lo mejor de la vida, de la vida más alta, se entregó con alegría y resignación a su nueva misión de poeta forjador de una lengua. Darío había traído al castellano un aire nuevo y suave, de pausados giros. Juan Ramón, como buen discípulo de Darío, despojó a la poesía de todo lo que no fuera alma: «Vino, primero, pura, vestida de inocencia; y la amé como un niño», nos dirá... «Y se quitó la túnica, y apareció desnuda toda... ¡Oh, pasión de mi vida, poesía desnuda, mía para siempre!», se ha repetido desde entonces cada vez que se ha hablado de poesía pura.

Su influencia en los poetas que vendrían detrás, ultraístas, vanguardistas y gongoristas, fue enorme, hasta el punto de no poder muchos de sus discípulos soportar el peso de tal deuda, que saldaron con frecuencia con traiciones, desplantes y vejámenes a veces repulsivos. Pero eso no le impidió dejarnos un aforismo que sólo alguien convencido de su importancia y su grandeza podría haber escrito: «Cada vez que se levante en España una minoría, volverán la cabeza a mí como el sol.»

Con el tiempo, JRJ fue respondiendo más y más a aquel ideal del que nos hablaba Nietzsche: «El gran poeta se nutre *únicamente* de su realidad, hasta tal punto que luego no soporta ya su obra.» Como es sabido, Juan Ramón Jiménez terminó incluso no soportando su nombre, hasta firmarse así, sólo con iniciales, «JRJ, o el cansado de sí mismo», en unos años en los que toda su vida participaba de un proyecto que pasaba por la edición de sus propias obras (Juan Ramón, que conocía a Whistler, el exquisito pintor simbolista angloamericano, y la tradición tipográfica inglesa, llegaría a ser él mismo uno de los tipógrafos más cuidadosos y elegantes que haya conocido la poesía española), por su propia vida, regulada desde su matrimonio por una higiene y severidad muy institucionista, y, sobre todo, por su poesía, que a su vez llevó a la prosa y a una crítica literaria que de manera callada pero constante ejerció siempre y que le levantan al lugar más eminente del ensayismo literario español. Hay, pues, el JRJ poeta, el prosista original, el tipógrafo y, desde luego, el crítico en pequeños ensayos o aforismos llenos de intuiciones, revelaciones, destellos, agudísimos e irrebatibles juicios y una muy fidedigna cartografía del gusto.

Cuando España entraba en una nueva edad y se pasaba de la modernista a la moderna de las vanguardias, JRJ fue, poco a poco, blindándose en su silencio público, sin dejar un solo día su trabajo constante en sus versos, sus ensayos, sus prosas. A todo ello empezó a llamarle *la Obra*, con una mayúscula que quería significar la importancia que para él tenía tal proyecto.

La importancia de esa Obra fue capital para algunos poetas que vinieron un poco después. De la misma manera que se ha tendido a focalizar la atención en las figuras descollantes cuando hablábamos de la prosa, al hacerlo de poesía ha ocurrido lo mismo, y obras magníficas han quedado oscurecidas por el brillo sostenido de otras, lo que no hacía justicia ni a unos ni a otros.

Pensemos en Enrique Díez-Canedo. Pensemos en Enrique de Mesa. Pensemos en Andrés González Blanco.

Enrique Díez-Canedo, que nació en 1879 en Badajoz, era mayor que Juan Ramón, pero participó como él de toda la nueva inquietud modernista en las mismas revistas y periódicos, en los mismos frentes de traducción, de crítica y de creación. Se ahorró sin embargo, desde su primer libro, más tardío que los de JRJ o los de Villaespesa, todo el oropel modernista. Se titulaba *Versos de las horas.* ¿Conocía Canedo el libro que con un título semejante acababa de publicar Rilke? Era una poesía la suya como apagada, donde aparecía, tal que en la de Antonio Machado, la figura del maestro, un inolvidable «Paseo provinciano», poesía comparable a no pocos de los poemas de Antonio de esos años o a la de Pérez de Ayala; poesía también de pinturas italianas o de motivos medievales, como la de Manuel; o de jardines dolientes como la de Juan Ramón. Contemporánea a la de todos ellos, esta poesía era en el tiempo ni más ni menos que la de ellos.

Siguieron otros dos libros propios, *La visita del Sol,* de 1907, y *La sombra del ensueño,* de 1910, junto a otro que era de versiones de otros poetas, *Del cercado ajeno,* de 1907. Aún seguirían otros después, *Algunos versos* y los *Epigramas americanos,* carrera que cerró *El desterrado,* escrito en el exilio.

La poesía de Canedo nació trenzada desde el principio de otros poetas, casi siempre simbolistas o postsimbolistas, franceses, ingleses e italianos, en cuyo conocimiento sólo podían igualarle Juan Ramón y los Machado, y que él tradujo de manera irreprochable.

Después de la poesía de los Machado o de Juan Ramón, después de la poesía extemporánea de Unamuno, la poesía de Díez-Canedo, con la de Fortún y Morales, es la más fina y sensible de ese momento. Tal vez no alcance los momentos de hondura de la de Antonio Machado o la sensualidad de la de Juan Ramón. O la tajante hondura de Unamuno o la levedad de Manuel Machado. Quizá tampoco lo pretendía. Buscaba zonas grises, de acuerdo a sus modelos franceses, Jammes o Laforgue, Samain o Rodenbach.

El caudal poético de Díez-Canedo no fue tampoco poderoso, y de hecho terminó estrechándose con los años, tras un primer momento que se pensaba iba a ser torrencial. La vida y su talento le llevaron pronto a los terrenos de la crítica. Juan Ramón le consideró siempre el mejor crítico de

VERSOS DE LAS HORAS

MADRID, 1906

La poesía francesa moderna *fue la antología fundamental, instrumento de trabajo para muchos poetas españoles que sólo de oídas tenían noticia de los simbolistas franceses.*

Después de la poesía de los Machado o de Juan Ramón, después de la poesía extemporánea de Unamuno, la poesía de Díez-Canedo es la más fina y sensible de ese momento.

Andrés González Blanco, estudiante en el Seminario de Oviedo.

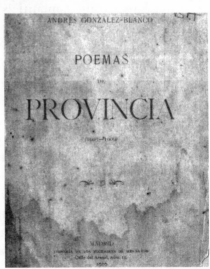

Poemas de provincia es, desde luego, un libro desigual porque es además un libro inusualmente largo incluso para la época. Pero contiene poemas bellísimos sobre la vida provinciana.

poesía de ese primer tercio de siglo. Fue el más inteligente y atento y, desde luego, el que con mayor atención siguió la poesía de los jóvenes. Uno de ellos, Fernando Fortún, del que nos ocuparemos, fue pronto un colaborador valiosísimo en uno de los proyectos poéticos más importantes para España en esos años: la antología de *La poesía francesa moderna*, que ordenaron y anotaron ellos dos. Fue la antología fundamental instrumento de trabajo para muchos poetas españoles y sobre todo de América, como Vallejo, que sólo de oídas tenían noticia de los simbolistas franceses. Fortún y Canedo espigaron lo mejor de ellos y recopilaron un número importante de poemas traducidos por los mejores poetas del momento, de Manuel Machado a Pérez de Ayala o a un muy joven todavía Pedro Salinas, pasando por Juan Ramón, Enrique González Martínez y, desde luego, los propios antólogos.

La evolución de la poesía hacia el ultraísmo primero y luego hacia la vanguardia y la propia trayectoria de Canedo oscurecieron unos libros como los suyos, llenos siempre de emoción y de muy puros sentimientos de verdad y belleza. No es infrecuente ni en sus versos ni en los de Fortún ser testigos de un romanticismo tardío y en sordina. *La hora romántica* titularía precisamente en 1908 el primero y único de los que vio en vida Fortún. El otro libro suyo, *Reliquias*, de 1914, de cuya edición cuidó personalmente Juan Ramón, no fue sino el homenaje de los amigos a quien había muerto en 1914, a la edad de veinticuatro años. Pero hablaremos luego de él otra vez.

Está por reconstruir toda esa época con una visión de conjunto. Los historiadores, que se han creído a pies juntillas la teoría de las generaciones, han pasado de la que llamaron del 98 a la del 27 sin detenerse en quienes se quedaron en una tierra de nadie, pero que a menudo desarrollaron una poesía enteramente personal e importante, y desde muchos puntos de vista más sensible y viva que otras. Ellos fueron a la poesía lo que esos compositores que nos han dejado lo mejor de sí mismos no en las sinfonías sino en la música de cámara o para piano.

El nombre de Andrés González Blanco no es desconocido para quienes se hayan ocupado de las letras de ese principio de siglo, como no es desconocido el apellido González Blanco que llevaron además de él dos hermanos suyos, Pedro y Edmundo, que se dedicaron también a la literatura en tareas de crítica y traducción.

Había nacido en Cuenca en 1886 y murió en 1924. Pero su ciudad, hasta que vino a Madrid, fue Oviedo. Tuvo la desgracia de ser muy trabajador, lo que ahorró a los mejores críticos elogios de su talento, que dejó en numerosas obras de crítica y de novela corta. Trabajó de negro para la Colombine en su Leopardi, y ayudó a Fortún y Canedo en su antología.

Las páginas de crítica, que reunió en varios volúmenes, no sirven absolutamente para nada, porque al contrario que Canedo, que fue siempre claro, conciso y con una espina dorsal, González Blanco resultó un crítico amorfo y prolijo, de los que no se sabe muy bien qué es lo que quiere decir y de quién, porque en esos tomos metió indiscriminadamente a muchos, sin atinar demasiado. Sus novelas cortas, que le valieron incluso algún premio, tampoco tienen un gran carácter ni personalidad y se parecen un poco a todas las de la época, semejantes a las que aparecían en *La Novela Semanal* y otras publicaciones periódicas. Es en la poesía, sin embargo, donde González Blanco nos dejaría su gran libro.

Poemas de provincia, que se publicó en 1910, recoge los poemas de su juventud, cuando dejó el seminario donde estudiaba, y los que escribió en su ciudad de adopción, Oviedo, entre 1903 y 1909.

Es, desde luego, un libro desigual porque es además un libro inusualmente largo incluso para la época. Pero contiene poemas bellísimos sobre la vida provinciana. Los cuadros son conocidos, silencio de las plazas, el lamentoso canto de las esquilas conventuales, la visión de una bella que

sale o entra en una iglesia. Es también una poesía becque-
riana con una fina ironía, y descreimiento: «Las mujeres
ideales que yo ansío e idolatro / son aquellas que pasaron
y que nunca más veré... / Las marquesas perfumadas que
yo he visto en un teatro, / cuando yo era adolescente y buscaba un no sé qué...»

Son versos también menos brillantes que los del modernismo y con un vago humor campoamoriano, pero son sobre
todo poemas a la tenue desesperación del joven que está
naciendo al sensualismo: «¿Ilusión de mi espíritu cansado!...
/ Las mujeres que yo más he querido / son aquellas que
nunca me han besado / o aquellas que jamás me han conocido», nos confesará en otro de sus poemas. Son muchas
las mujeres que aparecen en estos versos. No son, como ocurría en el primer modernismo, traducciones de las Friné
francesas o de las Ofelias. Las mujeres de este libro tienen
todas un nombre en su anonimato y viven en cualquier parte
de la vetusta ciudad. En ese libro, como en los de Galdós,
González Blanco nos dejaba el retrato moral de un lugarón
levítico español, no sólo sus paisajes sombríos, sino sus costumbres sórdidas, la soledad de las almas sensibles con-
denadas a vivir con gentes anodinas y detestables, los momentos de gloria matizada, de alegría contenida, de paz pre-
cariamente conservada...

Tampoco ha sido realizado el trabajo que relacione estos
poemas con los extraordinarios que unos pocos años después escribiría López Velarde, el poeta de la fundación de
la modernidad poética en México que tanto parece deber
al poeta ovetense.

La muerte prematura de González Blanco dejó toda su
obra a merced del olvido, para decirlo con una frase un
tanto cursi y apenas manida pero no menos expresiva.

De muerte temprana fue también Enrique de Mesa.

Pérez de Ayala, cuya poesía propia tanto tiene que ver
con Mesa, escribió en 1917 un ensayo que sirvió para pro-
logar las *Obras completas* de éste; es un ensayo extenso y ra-

Fue Fortún, con Díez-Canedo,
«el otro modernismo», aún más secreto
y precioso, reliquia de su naufragio.

Mesa es un poeta que sólo pudo surgir
dentro de su tiempo, de una generación
y de un sentir general del paisaje.

Corpus fue al periodismo lo que Canedo a
la crítica, el mismo talante, el mismo gusto,
la misma discreción y honradez. ¿Durante
cuánto tiempo seguiremos hablando de
«lo menor» en nuestra literatura? ¿Quién ha
decidido que un libro como las memorias
de Corpus es un libro menor?

rísimo donde, para estudiar a Mesa, lo sitúa solo en el espacio, sin nada alrededor, como poeta de Castilla cuyos precedentes más claros hay que buscarlos en el cancionero y la Edad Media, como mínimo.

Y Mesa, que había nacido en Madrid en 1878, es un poeta que sólo pudo surgir dentro de su tiempo, de una generación y un sentir general del paisaje. El hecho de que haya sido Antonio Machado quien estuviese llamado a ostentar el título de poeta de Castilla, no quita para que de Mesa podamos escoger un puñado de poemas sensibles, pese a que la dicción es mucho más decimonónica que la que encontramos en los modernistas. El título de sus obras declara el espíritu que las animó a todas ellas, *Tierra y alma*, *Cancionero castellano*, *La posada y el camino*, *El silencio de la Cartuja*... Una poesía tradicional, de naturaleza clásica y bucólica, que le llevó a colaborar en todos los proyectos y revistas modernistas del tiempo, al igual que Canedo o González Blanco, bien con sus poemas, bien con sus críticas, en las que demostró ser siempre un hombre inteligente y atento a la renovación poética que se estaba llevando a cabo en España.

Díez-Canedo, González Blanco, Enrique de Mesa son parte de esa España secreta, de una literatura que ha quedado injustamente oscurecida o traspapelada. Siempre que se pronuncia el nombre de Díez-Canedo viene a mi recuerdo el de otro escritor cuya trayectoria fue parecida. También él hizo posible esa España mejor y, así como Díez-Canedo dignificó la labor del crítico en los periódicos, Corpus Barga lo hizo en el mundo del periodismo. No era poeta, como los anteriores, aunque su primer libro lo fuese de versos, *Cantares*, de 1904, del que el propio Corpus destruyó poco después toda la edición. Corpus Barga, que no se llamaba así, sino Andrés García de la Barga y Gómez de la Serna (era tío de Ramón), había nacido en Madrid en el año 87, el día del Corpus, lo que explica su seudónimo. Era hijo de una familia linajuda y empezó a escribir muy pronto. Conoció desde muy joven a los Baroja. Se hizo amigo de ellos y los veneró siempre, hasta el punto que puede decirse que Corpus es uno de los pocos escritores que más o menos salen bien librados en las memorias de don Pío, quien por cierto dijo que el primer libro de relatos de Corpus, uno que se llama *Clara Isabel* y que nunca he visto, tenía «mucho espíritu». Todos los testimonios nos presentan a Corpus como un hombre inteligente, fino y buena persona, cualidades que no suelen verse reunidas en nadie que se iba a dedicar al periodismo, aunque lo cierto es que se dedicó al periodismo porque todos los proyectos de acabar la carrera de ingeniero se truncaron por razones familiares, ya que se quedó huérfano.

La primera novela es muy barojiana, hasta en el título, *La vida rota*. La escribió en 1907, y salió en 1910, pero, apenas publicada, Corpus la criticó ferozmente y sólo cincuenta años después la reelaboró para meterla enteramente reescrita, con el título de *Los galgos verdugos*, como tomo cuarto de sus magníficas memorias, que tituló *Los pasos contados*.

Corpus iba a tener una importancia grande en el periodismo de la generación siguiente, tanto por sus corresponsalías en París, sobre todo, como por la clase de crónicas que hizo y las entrevistas que realizó a lo más eminente de la política, la ciencia y la literatura del momento. Fue al periodismo lo que Canedo a la crítica, el mismo talante, el mismo gusto, la misma discreción y honradez. Era un hombre tímido con una relación difícil con la literatura, como vemos en una carta de Azorín de 1917, que le hacía reparos de que Corpus recortara su estilo. «No tanto. Deje usted fluir la pluma. La condensación vendrá con el tiempo, por una especie de desbroce subconsciente, sin que usted se dé cuenta. Si procura de intento hacerse un estilo, malo. Usted tiene frescura escribiendo y rasgos originales. ¡Como que es una lástima que no escriba otra cosa además de periodismo!»

Pero así fue. Durante muchos años, Corpus sólo hizo periodismo, un periodismo refinado, que le llevó a hablar por primera vez en España de Proust, pero periodismo al fin y al cabo. Hubo que esperar a la aparición de sus memorias, en los años sesenta, para que nos diéramos cuenta de la importancia de este escritor, recuerdos en tres tomos, que recogen el testimonio de un hombre de sensibilidad grande para los recuerdos.

¿Durante cuánto tiempo, entonces, seguiremos hablando de «lo menor» en nuestra literatura? ¿Quién ha decidido que un libro como las memorias de Corpus es un libro menor? Luego, Corpus formó parte, y muy activa, en el pensamiento español de 1915 a 1939 en periódicos y revistas. Pero ésa es otra historia, la que para él terminó cuando llevaba en sus brazos a la madre de los Machado «por los andurriales del exilio».

Capítulo décimo

Lo español formaba parte también de la idea de Cataluña, al menos en una gran mayoría de los nuevos escritores catalanes que buscaban el desarrollo intelectual de su país sin dar la espalda a lo que España había sido para cada uno de ellos como realidad política y como literatura. Podría decirse otro tanto de Galicia, si bien su renacimiento regeneracionista no vendría sino hasta un poco después, con Castelao, Vicente Risco y Otero Pedrayo.

Cataluña es un capítulo aparte, incluso un libro aparte, en la historia del novecientos. Es más, su vida cultural podríamos considerarla más activa y moderna que la que se hacía en Madrid o en el resto de España. Pero nunca dos mundos estuvieron más separados estando tan próximos.

Así como se planteó siempre una polémica entre modernismo y noventayochismo, podríamos hablar también del *noucentisme*, superación del modernismo, frente a noventayochismo y modernismo juntos, entendidos en sentido convencional.

Al igual que en Madrid los jóvenes al llegar respetaron a unas pocas figuras venerables (nos hemos referido a Clarín, a Valera o a Galdós, desde luego), los catalanes fueron respetuosos con sus escritores nacionales, a la cabeza de los cuales se encontraba el cura Jacinto Verdaguer, un poeta de exaltación mística y nacionalista dentro siempre de una ortodoxia candorosa.

Resulta difícil conocer el grado de importancia de Verdaguer en la literatura catalana de hoy, pero parece que su papel en las letras de ahora podría verse equiparado al que pudo tener Campoamor en la poesía de Luis Cernuda: ninguno, al margen de cierta simpatía que el segundo tuvo por el primero. Pero lo cierto es que Verdaguer, cuya vida conoció episodios tristísimos mientras desempeñaba el cargo de *almoiner* del marqués de Comillas a consecuencia de ciertas prácticas espiritistas que le fueron prohibidas por su obispo sin que aquél obedeciese, Verdaguer, decimos, fue el fundador o refundador de la literatura catalana y como a tal se le consideró siempre por todos cuantos vinieron en pos de él. Verdaguer, que terminó siendo repuesto en su ministerio, fue autor de una obra vastísima, en verso y en prosa, que le aseguró los innúmeros monumentos que a su muerte le fueron erigidos en decenas de pueblos de Cataluña. ¿Es un gran poeta nuestro sentimental Verdaguer? Es difícil saberlo a estas alturas. «*Quan les floretes / riuen amb les abelles, / no sabeu lo que diuen elles amb elles? / De tota flor que cria / mont i ribera / n'és la Verge Maria / sa Jardinera.*» Es verdad que tuvo a menudo su canto cometidos cívicos de más pujanza, como cuando cantaba a Barcelona: «*Quan a la falda et miro de Montjuïc seguda, / m'apar veure't als braços d'Alcides gegantí*», versos que si bien pueden recordar en el arranque el tono de Leopardi, y que su lengua es una lengua rural y provinciana, terminan recordando una estampa de promoción turística, aunque conservan, y quizá eso justifica el amor que aún se le tiene en su tierra, todo el sabor de un país que empezaba a ser materia literaria él mismo, por primera vez en su historia, en una maravillosa prosa como la suya, precisamente la que le otorga el lugar fundacional que ostenta en la literatura catalana.

Cuatro son los nexos o cabezas de puente, dos a cada extremo, entre la intelectualidad catalana y la castellana. En uno de ellos, el castellano: Zuloaga y Unamuno; en el otro, Maragall y Rusiñol. En uno y otro sentido pasarían ese puente, de aquí para allá y en diferentes momentos, Valle-Inclán, Azorín o Baroja, que encontraron alguno de sus pri-

meros editores entre los catalanes; y de allá para aquí, Nonell, Picasso o, un poco después, Eugenio d'Ors, Carner o
Eduardo Marquina, quien, una vez cruzado, jamás retor-
naría.

La admiración que Unamuno sintió siempre por la literatura catalana fue grande. Empezando precisamente por
Verdaguer, que era para él «el poeta más grande que ha
tenido España en todo el siglo pasado y uno de los más grandes». Este elogio, en quien mejor y más conocía de esa literatura, era significativo, y lo continuó con otro, «el más
íntimo, más noble, más lleno, que canta en España», «el
más grande poeta contemporáneo», referido a Juan Maragall.

Como se ve, Unamuno tuvo sus poetas predilectos. Pudo
hablar y escribir de Rubén, de Manuel Machado, de Antonio
incluso, pero a Unamuno quienes verdaderamente le gustaron fueron tres o cuatro poetas que, aunque vivían en el
siglo XX, eran todos del siglo XIX, poetas de juegos florales.
Mientras los jóvenes del novecientos nacían a la literatura
con cierto espíritu nietzscheano que les impedía entusiasmarse con nada y aceptar ningún magisterio del pasado que
no se remontase como mínimo a Cervantes, estos poetas aún
decimonónicos acudían con ilusión a dirimir su talento literario a unos juegos florales a menudo en manos de lo más
rancio de la patria. En primer término, Maragall o Gabriel
y Galán o Eugenio de Castro o Guerra Junqueiro. Fueron
los poetas que comprendía mejor, porque respondían un
poco a la idea que Unamuno tenía de la poesía. ¿Cuál era
ésa? Parecida a la que tenían esos poetas. De ahí la perfecta
sintonía entre unos y otros. Poner en verso, es decir, en un
encofrado de sentimientos dos o tres ideas importantes.
Nada de evanescentes lirismos.

La amistad de Maragall y Unamuno fue temprana, y el
descubrimiento que hizo éste de la poesía de aquél, muy
importante en un momento en el que el propio Unamuno
no había publicado todavía su primer libro de poemas, del

año siete. Llegaron incluso a planear juntos una revista que se titularía *Iberia* (redactada en las tres principales lenguas de la Península: catalán, portugués y castellano, dejando excluidos el vascuence y el gallego, al uno porque no existía y al otro porque aún no le había llegado su momento).

Maragall era aún un hombre romántico y como tal entendía la poesía: «Somos poetas de verdad cuando, forzados por el ritmo de una delicia misteriosa que nos produce súbita e inesperadamente una realidad, la cantamos sin saber lo que nos decimos.» D'Ors polemizó mucho con él en su «*Glossari*» a cuenta de tales ideas románticas y de su visión de la naturaleza, porque no comprendía que nadie se arrebatara mirando unos acantos de la huerta, pudiendo hacerlo con un capitel corintio. Aunque se ve también que la polémica era en parte porque Maragall había llegado antes que d'Ors.

Maragall confesó que empezó escribiendo por vanidad en los periódicos, y en ellos trabajó, «el pícaro oficio», para sacar adelante su numerosa prole, aunque había en esta confesión algo de la coquetería común a otros contemporáneos que velaban sus saneadas economías, pues sabemos que Maragall era un hombre de posición holgada, aunque sólo fuese como consorte, pues su mujer provenía de una familia aristocrática. Cuando murió Maragall dejó al final tanta o más obra en castellano que en catalán, sin que eso inquietase lo más mínimo ni a los nacionalistas de aquí ni a los de allá.

Es fácil encontrar en sus ensayos y artículos un gran número de ideas acerca del regeneracionismo comunes a sus amigos castellanos. Azorín fue sensible a ese espíritu y así lo declararía.

Maragall, que había nacido en Barcelona en el 1860, terminó abandonando el ejercicio de la abogacía por el del periodismo. A lo largo de su vida, su intervención en la vida pública y cultural de su país fue intensa y continuada, tanto como secretario de redacción del *Diario de Barcelona* como

Verdaguer fue el fundador o refundador de la literatura catalana y como a tal se le consideró siempre por todos cuantos vinieron en pos de él.

Así como el influjo de Verdaguer fue diluyéndose con el tiempo, el de Maragall fue creciendo, y terminó situándose en lo más visible de su literatura.

Rusiñol (el segundo por la derecha) fue toda su vida un hombre ocioso, que no gandul, lo que encontramos siempre en la base de los artistas emprendedores y en los hombres ocupados y tenaces.

Oracions es el gran libro del período. Todo en él trasmina modernismo. Es, como dijo Unamuno, un libro en que se trata «de todo y de nada».

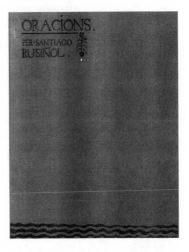

mantenedor de diferentes juegos florales, actividad esta última que podría llamar a engaño, porque Maragall fue seguramente uno de los poetas más cultivados y competentes de ese momento, lector de Goethe, de Samain antes de que Samain fuese Samain (como nos recuerda Carlos Pujol en su edición de este poeta secreto), de Heine, de Pascoli. Admiraba a Nietzsche, que había leído en su lengua, y a muchos otros intelectuales europeos del momento. Del filósofo alemán había sacado la fuerza y la ilusión en el hombre nuevo, y de Novalis su ensoñación. Pero, a diferencia de Nietzsche, tuvo la fortuna de creer en Dios, y a diferencia de Novalis, la paz de espíritu que le proporcionaba esa fe. Siempre creyó que el pensamiento español sería infecundo hasta que no se orease un poco y se contagiase con las ideas del norte. Y así como el influjo de Verdaguer fue diluyéndose con el tiempo, el de Maragall fue creciendo, y terminó situándose en lo más visible de su literatura, quizá por su condición de ser el primer poeta urbano, el primero que nos habló de la ciudad (su poema sobre Barcelona se aprendía de memoria en las escuelas), cuando aún el ruralismo dominaba no sólo la poesía de su tiempo sino algo más importante aún, la lengua. En ese sentido, el instrumento con el que Maragall se vio obligado a forjar su poesía era aún un instrumento poco elaborado y tosco, que él modeló de una manera prodigiosa, con verdadero talento. Es algo que hacen notar todos los que conocen bien esa lengua, quienes aseguran a su vez que aún hoy día la gente ha terminado identificándose en esa lengua-Maragall, más que en ninguna otra en las que escribieron los diferentes escritores catalanes.

Como poeta, que es lo que nos interesa, fue un poeta de naturaleza clásica teñido de romanticismo, un poeta íntimo injertado en cívico, sensible a las bellezas naturales de su país tanto como al progreso, a las tribulaciones de la conciencia tanto como a la exaltación de los dogmas, sentimental, como en el célebre poema que dedicó a una vaca ciega, y candoroso y simple, como en sus frecuentes celebraciones marianas. Pero es sobre todo cuando Maragall encuentra la veta de su lirismo íntimo cuando llega a conmovernos, dando la razón a Unamuno, que lo tenía por el poeta más grande de España. Y como prosista (no hay que olvidar que llegó a ser un gran ensayista sobre variados temas) fue siempre un hombre de ideas claras y una prosa elegante, sin ninguno de los excesos de la elocuencia de la Restauración.

Pero no se sabe por qué a Maragall se le une al pasado, él, que consiguió hacer una poesía que está en el origen de toda la que se escribió después, al menos en la mejor, de Carner a Manent o Pons.

Si hubiera que pensar en la modernidad, y la modernidad es laica, tendremos que llegarnos a Rusiñol, desde luego. Ni Alcover ni Costa i Llobera nos servirían tampoco.

El caso de Rusiñol es extraordinariamente simpático. Tal vez no sea un escritor notable ni un grandísimo pintor ni un coleccionista como Lázaro Galdiano, pero fue una de esas personas en las que la reunión de pequeñas o discretas virtudes, incubadas en una vocación inflexible, hacen de él un ejemplo extraordinario de personalidad. Sus libros, llenos de deliciosos pasajes, sencillos y coloquiales; sus pinturas, honestas y con un intimismo verdadero, poético y silencioso; su sentido de la vida y la amistad, a la que rindió tributo perpetuo, no queriendo otra cosa mejor que serles agradable a los amigos... hacen que podamos decir que Rusiñol no sólo llenó toda una época sino que fue lo mejor de ella.

Nos lo encontramos en casi medio siglo de vida cultural catalana, incluso española, dondequiera que se mire, porque Rusiñol, como dijo Pla, fue una de esas personas que por suerte o por desgracia contaron con una bonita leyenda desde los albores de su juventud.

Con Casas, y con Picasso, colaboró en la revista *Arte Joven*, de Madrid, y en cuanta revista nueva se imprimía en Barcelona por esos años.

Lo hemos dicho ya algunas veces. La historia de la literatura hay que hacerla leyendo sus revistas, mirando los periódicos de la época, en las correspondencias tanto o más que en los libros y obras mayores.

Arte Joven fue una revista, que empezó en Madrid en 1903, crucial para entender la voluntad de entendimiento entre Barcelona y Madrid. Estuvo dirigida en la parte gráfica por Picasso, Evelio Torrent y Ricardo Baroja, y en la literaria por Francisco de A. Soler, y duró cuatro números. Colaboraron en ella Unamuno, Bargiela, los dos Baroja, uno como escritor y otro como pintor, Ramón Raventós, Rueda, Verdaguer, y como pintores Rusiñol o Nonell. En 1909 volvió a salir un número, en Barcelona, en el que colaboraron Torres García, Gros, el propio Picasso y Gargallo.

Rusiñol fue toda su vida un hombre ocioso, que no gandul, lo que encontramos siempre en la base de los artistas emprendedores y en los hombres ocupados y tenaces. Y era ocioso porque empezaba a la vida desde una posición holgada, que no le impidió conocer la bohemia de Barcelona, de París y de Madrid. Una bohemia de señorito, que nada tiene que ver con la otra, la bohemia del artista pobre; mientras uno come lentejas un día por fantasía, ha de trabajar el otro sin descanso para poder comerlas a diario si no quiere morirse de hambre. Era también un hombre bienhumorado. Y lo fue todo: coleccionista de arte y de cachivaches (sus colecciones de hierros y vidrios fueron las mejores de su tiempo), novelista, medio empresario, cronista y reportero, crítico, autor de teatro y pintor. Es como pintor por lo que hoy se le recuerda, y sus jardines, que fue buscándolos por todas partes, en Granada y en Aranjuez, sobre todo, supieron conectar muy bien con la sensibilidad de los poetas modernistas, hasta el extremo de que Rusiñol inauguró una nueva manera de verlos. De hecho, pasando los años, alguien como Falla, reconocido a esa nueva visión, terminaría escribiendo en la casa del pintor, el mítico Cau Ferrat de Sitges, *Noche en los jardines de España.*

Podríamos asegurar que también entre los pintores se dio un como regeneracionismo y un modernismo. Ya vimos cómo se ha tendido a pensar que los noventayochistas fueron sobre todo los prosistas, en tanto los modernistas serían los poetas, división absurda. En pintura se ha tendido también a ver que había unos pintores más para los prosistas y unos pintores más para los poetas. Pintores de prosistas fueron en primer lugar Regoyos, pese a haber colaborado con Verhaeren en *La España negra*. Su equivalente catalán bien pudiera ser Meifrén, que se encerraba en los cementerios para descubrir en ellos esa luz crepuscular que los poetas belgas habían descubierto por esos mismos años en los canales muertos de Brujas la muerta. Fueron también pintores regeneracionistas, o como se los quiera llamar, pintores nuevos, Ricardo Baroja, Casas y Picasso, y lo sería pocos años después Gutiérrez Solana. Los pintores de los poetas fueron todos más líricos. Rusiñol, en primer lugar, y Mir, Julio Romero de Torres o Anglada fueron pintores «para poetas». Pintores como Zuloaga supieron situarse en una tierra de nadie, por lo que cosecharon los elogios de todo el mundo, aunque con preferencia de los prosistas, Unamuno, Ortega, Azorín o Pérez de Ayala.

El primer núcleo de renovación de la cultura catalana lo encontramos no obstante en una especie de hostal u «hostería a la antigua», denominada Los Cuatro Gatos, Els Quatre Gats, abierta en 1897 y pensada a la manera de las braserías que en o Montmartre agrupaban a los artistas simbolistas. Darío escribió una crónica estupenda de la visita que hizo a esa fonda y que le permitió hacerse amigo de todos ellos.

Un libro curioso, *Cuarenta años de Barcelona*, de Luis Cabañas Guevara, da cuenta sobrada, aunque de manera en exceso anecdótica, de la fundación del establecimiento y de cuantos fueron pasando por allí: músicos como Granados, Vives o Albéniz, arquitectos como Puig i Cadafalch, y los pintores que, como Casas, Utrillo, Picasso o el propio Rusiñol, importaban sin ambages el esteticismo de Ruskin o el sentido decorativo de William Morris o de Aubrey Beardsley.

En muy poco tiempo salieron media docena de revistas importantes, al estilo de las que se hacían en Madrid, sólo que con un sentido mayor de la estética, pues salieron mucho más cuidadas. Duraron en general lo mismo que las que se tiraban en Madrid. Una fue *Pel i Ploma*, otra *Forma* y otra *Joventut*. Eran revistas enteramente modernistas, tal y como entendemos hoy el término. Pero fueron sobre todo *Quatre Gats* (que codirigió el pintor Regoyos con Roviralta) y *Arte Joven*, hecha en Madrid, las más importantes, sin lugar a dudas.

En *Luz*, una revista de formato estrecho y tipografías modernistas que integraban elementos aún decimonónicos, publicó Regoyos con Verhaeren el libro que éste tituló *España negra*, ilustrado y traducido por Regoyos, y que dio origen, años después, al de Gutiérrez Solana, del mismo título. Los textos de Verhaeren son de un funebrismo inapelable y las ilustraciones de Regoyos lo mismo. Cuando Rodrigo Soriano, el escritor y político regeneracionista, hizo la biografía del pintor nos relató un gran número de anécdotas del viaje de ambos artistas, como las visitas a los cementerios, a las que ambos eran aficionados, para visitar osarios y leer epitafios, como aquel memorable que decía «El polvo yace aquí de mi querida, que lo tuvo magnífico en su vida», y otros no menos místicos. La diferencia de las primeras revistas modernistas castellanas con las catalanas estriba en el estilo, ya que en las primeras la inercia de la vieja estética terminaba imponiéndose, sin que lograran diferenciarse de los periódicos más que en los comercios de salazones, donde se usaban para hacer los cartuchos de las aceitunas, en tanto las segundas, las catalanas, son un verdadero primor tipográfico, a menudo genuinos núcleos que expandieron la influencia de la tipografía y el gusto modernista a las más diversas esferas de la vida.

Fueron estas tres revistas modernistas el lugar donde los artistas castellanos y los catalanes encontraron un territorio

En la revista Luz publicó
Regoyos con Verhaeren
el libro que éste tituló
España negra. *Los
textos de Verhaeren
son de un funebrismo
inapelable, y las
ilustraciones de
Regoyos lo mismo.*

Fueron estas tres revistas modernistas (Quatre
Gats, Arte Joven *y* Luz) *el lugar donde los
artistas castellanos y los catalanes encontraron
un territorio común: el de la nueva realidad
española.*

común, el de la nueva realidad española: tipos populares, Castilla profunda o Cataluña profunda (fue célebre el viaje que hicieron Rusiñol y Casas en carromato por las provincias catalanas), despertar de la conciencia social... Es imposible no mencionar los cuadros de Casas, donde por primera vez temas como un ajusticiado en el garrote o una huelga son el fundamento de esa nueva visión de la realidad, y en un pintor como Nonell, sin lugar a dudas el artista catalán más sobresaliente, sensible y original de ese final de siglo, hemos de reconocer a quien influiría de modo determinante en quienes, como Picasso, empezaban su carrera o en quienes, como Solana, vendrían un poco después.

Unamuno, el escritor castellano más atento a la literatura catalana, se ocupó del libro de Rusiñol *Oracions*, de 1898. Es éste un libro muy bien editado, de lo mejor que se hizo en el momento. Es casi seguro que al propio Rusiñol cuidó la tipografía y la impresión; recordaba los libros de afuera, los libros alemanes, quizá, de George, las mismas pastas, los papeles, el aristocratismo en todo, en los tipos, en las viñetas tan Klimt, en las viñetas moradas. Es el gran libro del período. Todo en él trasmina modernismo. Es, como dijo Unamuno, un libro en que se trata «de todo y de nada». Era importante en él el tono, importado, desde luego, de los decadentistas franceses. Viene a decir: Quiero ser feliz, pero no sé lo que me pasa que no lo consigo. La sinceridad, el sentido común, el *seny* está presente en cada capítulo. Está ilustrado por Miguel Utrillo, su amigo, que dijo que era un libro de rezos a los símbolos.

Rusiñol, Utrillo y Zuloaga fueron durante la última década del XIX un trío inseparable de viajeros y amigos. Cuando el profesor de Salamanca volvía a ocuparse de un libro de Rusiñol, en este caso de *Fulls de la vida*, lo llamaría «nuestro sugestivo romántico catalán», para no tener que llamarle modernista. «El término *modernismo* —dice Unamuno— me resulta en realidad vago, indeterminado e indeciso.»

Se le reprochó a Rusiñol, no Unamuno desde luego, su estilo descuidado y su ligereza. Es posible. Pero en dos libros como *Desde el molino* e *Impresiones de arte* nos encontramos con una personalidad fuerte y con un punto de vista fundacional.

Son obras amenas y de muy entretenida lectura, entre el costumbrismo y las nuevas ideas. En ellas Rusiñol habla de sí mismo, porque todos los románticos es lo que hacen. El segundo de estos libros, publicado en *La Vanguardia* como crónica, se acompañó de los dibujos que el propio Rusiñol, Utrillo y Zuloaga iban efectuando de sus viajes, y eso, el conjunto, daba ese tono.

Rusiñol escribió en español y en catalán libros curiosos, vagos, que participaban lo mismo del simbolismo que del confusionismo. Son libros de andarín. *Anant pel món* se titula uno. La obra de teatro *L'auca del senyor Esteve* le dio enorme popularidad porque la gente se identificaba con el personaje y el lenguaje popular. Y luego el libro que dedicó a Mallorca, *L'Illa de la calma*, que es un libro lleno de páginas distinguidas, afinadas y moduladas para que se vuelvan a recordar cada cierto tiempo, cada vez que alguien vaya a esa isla a estar solo, cosa cada día más inalcanzable y descatalogada.

Hoy por hoy sigue siendo la de Pla sobre Rusiñol su biografía más viva, completa, entretenida y sugerente, entre otras razones porque la de Rusiñol parece haber sido una peripecia cortada a la medida del escritor ampurdanés, llena de anécdotas y mucha gente que entra y que sale diciendo cosas, recordando cosas en ese «tono Pla» característico, cosas un poco mezcladas, que van desde las que recuerdan al poeta simbolista importante hasta las que hablan del Orfeó Català, que fue a la normalización musical catalana lo que la benemérita Guardia Civil al bandolerismo andaluz metiéndolo en cintura.

La sensibilidad de Rusiñol, el primero que «resucitó» al Greco, otro romántico, impresionó toda una mirada, de manera que sus jardines lograron filtrarse en la sensibilidad de la época. Así los vemos, por ejemplo, en la cubierta del *Teatro de ensueño* que escribieron los Martínez Sierra, con ilustraciones líricas de Juan R. Jiménez y un prólogo de Rubén.

Rusiñol, trabajó toda la vida con ahínco, y en sus jardines y pinturas consiguió meter toda la tristeza de que fue capaz, una tristeza con entusiasmo, con exaltación asombrosa y perpetua. De los últimos años pasó grandes temporadas en Aranjuez, pintando aquellos reales sitios. No perdía nunca el buen humor pese a la vejez y las dolencias. Compuso un gran himno para ese pueblo, que entusiasmaba a Gómez de la Serna y a Vighi:

> *No hay en España*
> *puente colgante*
> *más elegante*
> *que el de Aranjuez.*
> *Fue construido,*
> *fue construido,*
> *el treinta y cuatro,*
> *el treinta y cuatro,*
> *o el treinta y tres...*

Murió Rusiñol en Aranjuez. De ese tránsito Pla escribió unas páginas magníficas, que le retratan bien a él y al finado, a quien fue a ver de cuerpo presente, allí, en verano, con las persianas echadas para que no entrara el sol, con las moscas en la cara del muerto y unos calendarios de lámina pegados en la pared.

Después de Rusiñol, por orden de importancia, hay que citar a d'Ors como la persona que tomó el relevo del testigo nacionalista que los jóvenes de Los Cuatro Gatos habían puesto en circulación.

La aparición de d'Ors, sólo un año menor que Juan Ramón Jiménez, significó para la literatura y el pensamiento de la literatura catalana lo que Ortega para su generación. Fue como éste un hombre de la generación siguiente, pero, como la vida no está hecha por generaciones ni cortes de estratigrafía limpia, sería absurdo no hablar de sus comienzos en este libro, porque su temprana intervención en la vida cultural de su país fue determinante para la marcha de las nuevas ideas. El propio d'Ors, en un texto tardío de 1950 («Fin de siglo y Novecientos»), fue taxativo: «Lo malo, en la cuenta de las generaciones, es que se la haya querido convertir en problema [...] Si doy en creer que la guerra europea de 1914 "cambió la faz del mundo", según se decía apenas se la hubo dejado atrás, habré perdido el derecho a aislar a la "generación del 98", entre la generación de Menéndez Pelayo y Pedrell, por un lado, y la de Juan Ramón Jiménez y mía, por el otro; o a subrayar la oposición a los gustos formalistas entre quienes somos capaces de luchar por unas j. j. o por una d minúscula, y los de un desembarazado y antonomásico "Ramón" [...] Una de las ventajas de no aceptar sino a título simplemente de convención el vertical artificio de una clasificación vertical en generaciones, consiste en la licencia que ése otorga para empezar la cuenta por donde nos dé el naipe.»

Para d'Ors, la generación del 98 «es una generación *fin-de-siglo*, más». No obstante, a d'Ors, en la medida en que se creía fundador del novecientos y del novecentismo, le convenían las generaciones más que a nadie, y cuadricula las cosas a veces con tino discutible: «Villaespesa, sucesor de Rubén Darío, prólogo a Manuel Machado; Marquina, sucesor de Maragall, prólogo a Ramón de Basterra; Gabriel Miró, sucesor de Azorín, sin prole; Martínez Sierra, sucesor de Santiago Rusiñol, prólogo a Juan Ramón Jiménez.» No habría tenido sentido traer aquí toda esta jerarquización de la estirpe, pero es interesante cómo d'Ors va mechando la literatura castellana con la catalana, con una perspicacia que a menudo los historiadores se ahorran de aplicar al hecho literario. D'Ors nos habla, pues, de novecentistas de primera generación, los Unamuno, Valle, Baroja y toda aquella gente; los de segunda, ellos, o sea, Ortega, Juan Ramón,

Marquina, Miró, Pérez de Ayala; y los de tercera todos a los que Gómez de la Serna capitaneó de una u otra forma.

Es claro que d'Ors no pertenece propiamente a un movimiento semejante a aquel que en Madrid encarnó la voluntad regeneracionista, aunque sí participó en el expreso deseo de cambiar un estado de cosas artístico que le desagradaba, y desde luego lo encontramos colaborando en cuantos periódicos, revistas y editoriales madrileñas servían de órganos del modernismo y regeneracionismo. Incluso su primer libro, de factura tipográfica enteramente modernista, que tituló *La muerte de Isidro Nonell*, recoge el sentir de tal renovación perentoria.

Pero era como si la lucha sostenida por él en Cataluña no fuese de la misma naturaleza que la que llevaba a cabo en Madrid. Incluso podemos hablar de que fue él precisamente, con la clásica confrontación romanticismo-clasicismo, con temperamental inclinación a favor de este último, el que extiende el certificado de defunción del modernismo catalán para dar paso al *noucentisme*, movimiento que nació en 1905 y con el que designaba un conjunto heteróclito de cosas, actitudes estéticas y valoraciones morales de la realidad intelectual de Cataluña. La formulación tuvo incluso su nuevo modo de expresión: la glosa.

La glosa, que d'Ors pone en circulación en nuestra literatura, es una de las grandes aportaciones de su autor, inaugurando un género al que fue fiel a lo largo de su vida como lo fue Gómez de la Serna a la greguería o como lo fue el propio Ortega a la peculiar visión de lo que él llamó visiones de *El espectador*.

De la misma manera que una golondrina no hace verano, se podría decir que una sola glosa no habría hecho el «Glossari», sección que d'Ors fue publicando con estricta regularidad en el periódico *La Veu de Catalunya*.

Desde luego estaban escritas aquellas breves anotaciones en catalán. Ése es un hecho básico, que habría dicho Pla. De no haber sido así, su importancia seguramente no se ha-

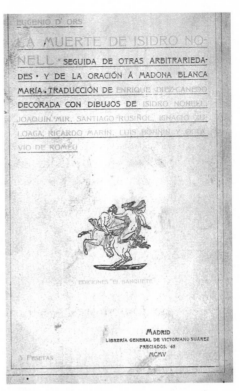

Es claro que d'Ors no pertenece
propiamente a un movimiento semejante
de aquel que en Madrid encarnó la voluntad
regeneracionista, aunque sí participó
en el expreso deseo de cambiar un estado
de cosas artístico que le desagradaba.

Según se mire, d'Ors fue siempre un hombre
más artista y versátil que Ortega,
aunque seguramente no tan penetrante.

Carner era un poeta de facultades asombrosas, tal vez
como no las haya vuelto a tener nadie en la literatura
catalana, de entonces o de ahora.

bría dejado sentir de una manera incontestable. La lengua catalana, que había dado tantos tumbos, precisaba una norma de claridad, de clasicidad, y d'Ors se la proporcionó.

En el «*Glossari*», d'Ors fue dando un repaso minucioso a los más variados asuntos, políticos, religiosos, literarios, artísticos, morales... La glosa era mitad moralismo francés del XVIII, mitad conceptismo castellano. Del XVIII, d'Ors conocía hasta las médulas, sin excluir medias y pelucas, rapé y polvos de arroz. De la máxima francesa tenía el ángulo de visión y de los conceptistas la lengua, que se le fue trabando con los años en una labor de taracea sorprendente, en giros que perseguían, muy tontamente a veces, el hermetismo en una provocación esnob.

Lo novedoso de la fórmula-glosa y lo sorprendente del resultado dispararon su éxito entre las gentes de la burguesía, que abrazó la glosa con el mismo entusiasmo con el que se hubiese entregado a un sabor exótico. Sí. Las glosas constituyeron unas verdaderas *pilules orientales*, de efecto inmediato en aumentar el volumen de los conocimientos. Frente al ensayo, al artículo o al libro, la digestión de la glosa no ofrecía mayor dificultad: todo el pensamiento en cómodas grageas. La fórmula la ensayaría d'Ors muchas otras veces en libros que le dieron enorme popularidad; nada es más agradable que le hagan a uno culto en media hora. *Tres horas en el Museo del Prado* o aquella *Historia de la civilización* en quinientas palabras responden a esa voluntad de darle al hombre moderno, el del cine y el *sport*, una cultura sólida para tener qué hablar mientras se toman los aperitivos. Y sin embargo conviene decirlo, d'Ors, con esa fórmula, alcanzaría muy a menudo más de lo que le concedió Ortega, páginas bellísimas, llenas de gracia y talento, tal vez dieciochescas, pero no por ello desdeñables. Ni mucho menos. Ni siquiera cuando es superficial o un poco ligero. La apuesta de d'Ors entre Pascal o Descartes estaba clara. El éxito de ese oráculo manual dorsiano fue colosal en la sociedad catalana de ese momento y son abundantísimos los testimonios de los escritores que recibieron la propuesta dorsiana como una verdadera tromba (más que bocanada) de aire puro que baldeó la vieja cubierta del idioma catalán; era empezar el siglo no por el lado lógico del siglo XIX, sino un poco más atrás, por el siglo XVIII, lo que le permitía ser mucho más libre.

Según se mire, d'Ors fue siempre un hombre más artista y versátil que Ortega, aunque seguramente no tan penetrante, pero sí lleno de gracia y donaire, y con una formación no menor que la suya y grandes dotes de psicologista que le permitieron abordar una serie de ficciones, desde aquella que le permitió crear un seudónimo, *Xènius*, o un heterónimo, su célebre Octavi de Romeu, o perfilar un personaje como la no menos célebre *Bien Plantada;* desde una mera ensoñación más o menos mediterránea que terminaría metiéndole en una muy célebre disputa con Unamuno y en una formalización radical de su pensamiento, si es que su pensamiento admitió nunca radicalidad alguna, desde eso hasta sus ensayos de cuadricular el gusto contemporáneo en libros como *La oceanografía del tedio.*

Se ha dicho que hay dos d'Ors, uno el que escribió en catalán y otro el que vino después. Pla, que escribía un gran catalán, siempre dijo del primero que «escribía como los ángeles». En alguien como el escritor ampurdanés, nada sospechoso de cortesanía dieciochesca, ese elogio es la más valiosa prenda.

Y hablando de Pla, no hay más remedio que referirnos aquí al retrato que éste hizo para este primer d'Ors catalán, que valoraba muy positivamente por unas cuantas razones de peso: «haber escrito el *Glossari,* haber contribuido a crear el Institut d'Estudis Catalans y haber intervenido decisivamente en la liquidación del modernismo».

La trayectoria de d'Ors, su conflicto con la Mancomunidad Catalana, con la Universidad, que le cerró las puertas, y con Prat de la Riba, terminarían precipitando su marcha de Cataluña.

D'Ors bien podía decir lo que le sobrevino: sería de por vida un desertor para los barceloneses, pero jamás fue otra cosa para los madrileños que un intruso.

El «proyecto d'Ors» fue al principio extenso y contundente: «Contra el romanticismo —dijo *Xènius* glosado en ese caso por el propio Pla—, el clasicismo. Contra el ruralismo, la ciudad. Contra la calle, la universidad. Contra el capricho, la norma. Contra el exabrupto, la gramática. Contra el verismo, la arbitrariedad. Contra el trabuco, la sonrisa. Contra Victor Hugo, La Fontaine...»

Cacho Viu describió muy acertadamente esos primeros años de d'Ors: «Un ingenioso prototipo carrozado a la manera de Barrès, bien que con motor de patente maurrasiana.»

Este programa en Cataluña podría tener una aplicación, pero no era el que aquí sostenían gentes con las que d'Ors colaboró y admiró. Ese *contra la calle* no valdría desde luego para Baroja ni la universidad valdría para Azorín; su postura contra el campo no tendría nada que hacer ni con Juan Ramón Jiménez, que le admiraba entonces y llegó a cuidar alguno de sus libros para la Residencia de Estudiantes, ni para Machado, que también le manifestó su admiración. Era decididamente un hombre de la generación siguiente, la de Pérez de Ayala y Ortega, pero al igual que éstos eran demasiadas las ideas que tenía en común con los hermanos mayores.

Quizá porque nadie comprende mejor la naturaleza de las cosas que aquellos que las tienen al lado, d'Ors, después de una tibia acogida en Madrid, fue colgado de la picota por Ortega y, sobre todo, por el círculo orteguiano. Todo aquel equívoco fervor con el que se le recibió fue enfriándose con los años, al tiempo que el propio d'Ors hacía de sí mismo un personaje contradictorio, con ribetes de frivolidad y una liturgia retórica y netamente reaccionaria no siempre digerible. Es cierto que muchos de los defectos que se le apreciaron entonces eran los mismos que se podrían haber aplicado al mismísimo Ortega. ¿Acaso tenía éste un sistema, como se le reprochó a d'Ors de no tenerlo? ¿Era mundano el catalán por contraste con el madrileño? ¿Y los salones de Ortega?

Al final, uno tiene la sensación de que esos dos autores de obras tan importantes y significativas en el tiempo, tan ricas cada una de ellas por razones muy diferentes (hoy vemos lo poco comparables que son Ortega y d'Ors), se malentendieron por la sola disputa de una marquesa de más o de menos para sus respectivos entredoses. Es obvio también que los dos quisieron ocupar el mismo lugar en la sociedad intelectual. Uno a través del artículo; el otro, que descreyó del artículo como modo de expresión, a través de la glosa. Uno desde la cátedra, los periódicos familiares y, más tarde, su propia revista; el otro, en franca desventaja, como pudo. Uno con corte y con cohorte; el otro apenas con nadie. Del primero, Juan Ramón dijo: «Buscaba con violencia o rudeza, tal vez, a quién llevarse a lo suyo. No viene para, viene por.» Era un retrato de 1919. El que hizo de d'Ors fue en cambio inapelable y sumario: «El amanuense, el Clasificador Xènius, la pluma Orsman, estilográfica [...] Fósil número tres, vitrina número 1 de profesor de nada.»

Desde un punto de vista radical, Juan Ramón Jiménez seguramente tenía razón, y algo de eso hay en el entomólogo d'Ors, que se tomó el universo como una inmensa bandada de mariposas a las que iba cazando con su redecita, una a una, para someterlas a observación y catalogación. Visto así, sin lugar a duda. Pero si nos olvidamos de eso, que es olvidarse de casi todo, y accedemos a mirar con atención la mariposa, admirar sus colores, su forma, el dibujo de sus alas, la cosa cambia algo, aunque hablemos de dos alas muertas. Por otro lado era un hombre con humor, y eso hace ya mucho. Escribía como los ángeles, nos dice Pla, y eso ayuda. Se le ha olvidado por completo, y eso nos lo hace simpático, pero dejaría de sérnoslo si nos lo recordasen a todas horas. Esos caprichos tiene el gusto.

Junto a d'Ors hubo otra figura fundamental en la renovación de la poesía catalana. Fue a la poesía lo que d'Ors a la prosa.

Estamos hablando de Carner, José o Josep, que de las dos maneras firmó su nombre. Carner, que fue un gran poeta, se equivocó en casi todo, pero por razones parecidas a las de d'Ors es alguien que nos lo encontramos muy cerca de nosotros. Se equivocó en la lengua de su poesía, fabricando una lengua que no hablaba nadie con la ilusión de que la hablaran todos, y aunque no se equivocó en su vida, le pagaron unos y otros como si lo hubiera hecho.

Con la vida y la obra de Carner se podría escribir una novela un poco aburrida, pero con muchos escenarios. Fue un hombre cosmopolita. En Cataluña ha habido algunos, pero España no ha sido una tierra en la que los viajeros y cosmopolitas abundaran. Cuando el español sale de su patria lo hace por dos motivos: o para exiliarse o para cambiar de aires y llevar la misma vida que llevaba en su pueblo. Baroja, Azorín, en París, siguen siendo Baroja o Azorín en Madrid; Unamuno en Londres o en Hendaya es Unamuno en Salamanca. Carner, no. Carner se tomó en serio lo de vivir Europa.

Era dos años menor que d'Ors, aunque igualmente precoz en la literatura, y así vemos su firma, como José Carner, en muchas de las publicaciones modernistas catalanas, pero también madrileñas, junto a la de poetas algo mayores que él.

Fue Carner de una precocidad sorprendente y anormal. A los doce años publicó sus primeros versos en *La Renaixença*, que fue un periódico clave para la reconstrucción de la lengua y la cultura catalanas.

Su primer libro, el *Llibre dels poetes*, lo publicó con diecisiete años, y a partir de ahí, de una manera periódica, fue dando a la prensa abundantes muestras tanto de su poesía como de su prosa, que le llevaron en volandas a la consagración como «Mestre en gai saber», grado que consiguió en los juegos florales del año diez. Es curioso observar cómo en Cataluña la renovación del panorama se hace mediante instituciones de corte y funcionamiento estricto y decimonónico.

Con los años, Carner, de una cultura enciclopédica y una generosidad intelectual sin límites (pensemos que su labor como traductor de obras bien escogidas de la literatura universal trataría de darle al catalán una tradición de la que carecía), desarrolló un papel predominante en su país, llegando a convertirse en el verdadero faro literario de dos o tres generaciones de escritores catalanes, hasta su muerte. Pero ¿cómo era Carner como escritor, como poeta?

Como la de todos los poetas predominantemente líricos, nos dice de él Marià Manent, la obra de Josep Carner tuvo siempre una conexión esencial con su vida.

Si Maragall buscó en personajes históricos de peso parte de su mundo, Carner, en tipos grises y sin contrastes buscó una poética adecuada. Era un poeta de facultades asombrosas, tal vez como no las haya vuelto a tener nadie en la literatura catalana de entonces o de ahora. Unía a eso un espíritu realista, lo que le ponía en igualdad de condiciones con los poetas de la época, allí o aquí. Y un humor finísimo.

Cuando publicó sus libros modernistas los llenó de luminosidad mediterránea, muy cerca de los simbolistas franceses menores, Laforgue, Samain o Jammes, aunque el escenario de sus poemas siguiera siendo, como el que utilizaron otros catalanes, el de una Grecia clásica, si bien la naturaleza en él no fuese tan idílica como en aquéllos. Pero la suya es una Grecia bastante doméstica, de gente que va al huerto a recoger melocotones o a comerse unos higos. *Los frutos sabrosos*, tituló esos poemas.

Cuando escribió un prefacio para *La inútil ofrena*, se retrató como un poeta desdeñoso de sí, no a la manera de JRJ, sino más bien con cierto dandismo de pobre, a lo Baroja: «Todo esto es ridículo. Y absolutamente inútil. Y efímero. Escribes como aquellos solitarios vergonzantes que, para que la portera los considere un poco, o para engañarse deliciosamente con una apariencia de cordialidad humana, se dirigen cartas a sí mismos.»

Este desdén constitutivo tuvo su contrapartida, que tal vez lo limitara.

«*Carner* —nos dirá de él Pla en uno de sus más penetrantes *homenots*— *és un gran poeta; és una afirmació tòpica, fonamentada i autèntica. Però potser hauria pogut ésser encara més gran si el seu esperit no hagués estat saturat de tanta ironia. La poesia vol candor més que ironia. Carner ha estat un català literalment devorat per la ironia.*»

Los frutos de la renovación de la literatura catalana los recogerían los escritores de las generaciones siguientes, incluso estos mismos de los que se ha hablado aquí, la mayor parte de los cuales pudieron desarrollar su obra de un modo cabal e intencionado.

Sería el caso de *Gaziel* o el de Pla. El de *Gaziel*, un periodista de una hechura literaria muy parecida a la de Corpus, por talante y por trayectoria, es singular. Escribió una serie de tomos y crónicas sobre la guerra mundial, pero son sobre todo sus memorias, al igual que las de Corpus, las que abrieron un lugar propio en la literatura no sólo catalana sino española, pues en *Tots els camins duen a Roma. Història d'un destí (1893-1914)*, que se publicó en 1958, encuentra uno una crónica espléndida de esos años, en forma y fondo. O el caso de Pla, un hombre algo más joven que todos ellos, un hombre de la generación siguiente, incluso de la siguiente a ésta, nieto de aquellos viejos escritores, no es sino un epígono de todos ellos, catalanes y castellanos.

Si Unamuno fue el puente hacia la literatura catalana de entonces, Pla sería el puente de regreso hacia la literatura castellana. Al igual que Maragall, escribió en castellano y en catalán, porque vivió del periodismo, y no encontraríamos hijo más legítimo de la elegancia azoriniana ni de la ironía barojiana que él. No ha habido nadie en la literatura castellana del que pudiéramos decir con más razón que fue el heredero legítimo de ambos escritores novecentistas. Pero con esto nos iríamos a cerros más bien lejanos. Detengámonos de momento en este recodo del camino.

Capítulo undécimo

QUE ES UNO DE LOS CAPÍTULOS MÁS CURIOSOS DEL LI-
BRO, PORQUE SE HABLA EN ÉL DE ESCRITORES QUE TO-
DOS, O SEA, LOS CINCO QUE ESTÁN EN ESTO, SUELEN DE-
CIR QUE FUERON ESCRITORES MUY IMPORTANTES, PERO
QUE NADIE SE HA TOMADO LA MOLESTIA DE LEER PARA
CORROBORAR ESTA GENEROSA OPINIÓN O PARA REFU-
TARLA

Así como hemos dicho que Pla fue un descendiente natural
de la actitud de los hombres del novecientos, a muchos de
los cuales trató, entrevistó y admiró, escritores de los que
figuraban en su biblioteca más libros que de ningún otro
escritor del tiempo, podemos descubrir en la literatura española del momento obras que no se entenderían sin el magisterio de un Baroja, por ejemplo.

Ya vimos cómo Azorín da lugar o traza el camino para
que escritores como Miró puedan recorrer el suyo, o Valle-
Inclán, para el caso de Pérez de Ayala o de Azaña, por ejemplo.

La que se llamó novela social habría sido impensable sin
los escritores del novecientos y la visión que tenían de España, incluso en quien no era sino un estricto contemporáneo suyo, como ocurre con Felipe Trigo.

A Trigo se le ha tratado de resucitar cada cierto tiempo,
pero ésa es una lucha un poco estéril, porque si bien el
mundo que reflejó en sus novelas entraría enteramente en
el campo del regeneracionismo y de la literatura socio-racial,
el vehículo con el que lo intentó, una lengua imposible,
hace esas recuperaciones periódicas bastante problemáticas.

Trigo era de la misma edad que Unamuno y, desde muchos puntos de vista, literariamente fue un caso parecido al
de Blasco Ibáñez. Bien porque fuese un bruto, bien porque
de las ganancias de sus libros pudiese vivir como un nabab,
bien por ambas cosas a la vez, la comunicación de Trigo con

sus compañeros de generación no resultaron fluida o, francamente, jamás existieron.

Y al igual que Blasco Ibáñez, cuenta en él la biografía, que parece extraordinaria, movida, fabulosa. Cuando tuvo dinero para hacerse ex libris que pegarse a los volúmenes de su biblioteca o como portalón de sus obras, fue explícito: una capulina bella, joven y fresca, con una leyenda: «Yo hablo en nombre de la vida.» Habría sido lo mismo que hubiese afirmado: «En la Tierra mando yo.» O sea, como el papa de la novela naturalista.

Esa fe en la vida tendría que haberle hermanado con Baroja, pero no. También igualaba las biografías de ambos el hecho de haber sido médico como Baroja, pero tales coincidencias no le sirvieron de mucho, aunque como médico llegase a vivir episodios verdaderamente increíbles, mucho más novelescos que los que pudiera vivir Baroja ejerciendo la medicina; Trigo los contó luego en una de sus novelas más biográficas, *El médico rural*, de 1912, de un gran interés al menos como documento social de la época.

En realidad, todo lo que los del novecientos mixtificaron de sus vidas, Trigo lo había hecho realidad. Eso le dio siempre una cierta ventaja moral y credibilidad sobre sus colegas, y quizá le rebrincó el carácter, que tiró siempre al orgullo de los despechados, esos que precisamente adoptan posturas de humildad exagerada para luchar con el orgullo: Trigo se hizo unas tarjetas de visita en las que debajo del nombre podía leerse: «Hombre que escribe», porque se conoce que mostraba ese amor por las frases célebres y los eslóganes que suelen adoptar los hombres con grandes complejos intelectuales y buenos proyectos para la promoción.

Había nacido en 1864 en Villanueva de la Serena, un pueblo de Badajoz. Se hizo médico y anduvo de médico rural, como ya se ha dicho, por varios pueblos de la Extremadura. Cansado de esa vida, opositó al Cuerpo de Sanidad Militar, donde obtuvo plaza. Lo enviaron primero a Sevilla. Allí fundó un periódico cómico, *Sevilla en Broma*, y luego lo enviaron a la fábrica de armas de Trubia, pero fue su marcha como voluntario a las Filipinas, donde se trataba de sofocar la rebelión de Mindanao, el gran episodio de su vida. Las guerras coloniales les sirvieron a muchos como bautismo literario: a Trigo, desde luego, a Ciges, del que se hablará a continuación, a Barea, a Noel, a Giménez Caballero, Sender...

Tanto E. Peseux-Richard y Manuel Abril como González Blanco, que escribieron los primeros estudios serios sobre Trigo, hicieron hincapié en la biografía del novelista, que encontraban imprescindible para leer sus libros. Del viaje a Filipinas salió su novela *Del frío al fuego* (que subtituló *Ellas a bordo*, y que trata de lo brutos que se ponen los hombres y lo perras que se ponen las mujeres en cuanto se suben a un buque y empiezan a navegar, enloquecido todo el mundo por la mixtura de olores, el del yodo marino por un lado y el del flujo vaginal, por otro), del viaje, decimos, salió ese libro, y de la estancia en la isla *Las Evas del Paraíso* y algún pasaje de *Las ingenuas.*

En Filipinas, en un fortín donde tenían presos a doscientos cincuenta tagalos, estuvo Trigo a punto de perecer. Los presos se amotinaron y machetearon sin piedad a la oficialía y tropa españolas, que quedaron diezmadas en la escabechina. Volvió Trigo a España horriblemente mutilado (perdió allí el uso de una mano, lo que le permitió a él y a sus aduladores unas bonitas frases sobre Lepanto; desde entonces se la enguantó de negro, como si llevara luto por todas las Filipinas juntas) y fue recibido como un verdadero héroe, el héroe del Fuerte Victoria, al que reconoció todo Madrid.

En Madrid, Trigo se recuperó de sus heridas, mientras se lo rifaban los salones aristocráticos y reales, para que relatase en ellos aquellos espantosos episodios a unas señoras muy impresionables. A ese tiempo se le podría llamar, ciertamente, «vida de exhibición y *parade*» por Madrid.

Después publicó un folleto de dura crítica sobre la gue-

318 — ANDRÉS TRAPIELLO

rra y la pésima organización de la colonia. Si el folleto hubiese aparecido antes de haberle proclamado los periódicos héroe, a Trigo lo hubiesen aniquilado, pero no tuvieron más remedio que apencar con la salida de tono del futuro novelista.

Después de eso, Trigo se retiró a Mérida con el propósito de volver a la medicina y empezar una carrera de novelista, que inició con *Las ingenuas* en 1901. El éxito de la novela fue grandísimo cuando la sacó en Madrid (la primera edición es de Mérida). Se dijo que había ganado con ella veinte mil duros, cifra astronómica para la época, dudosa y, sobre todo, difícil de contrastar. En cinco años, Trigo, con esta novela, se iba a convertir en el escritor más leído en España, como lo iba a ser Blasco fuera de ella.

En *Las ingenuas* le nació a Trigo el estilo suyo peculiar: «Los vientos de libertad —nos dice el novelista en un prólogo— han encontrado en la Península grandes resistencias de educación; y precisamente por esto, de la extraña lucha de los instintos que despiertan, con las formidables tradiciones que los aplastan, creo yo que le resaltan al alma nacional un matiz originalísimo, digno de la tranquila atención de los observadores, y del cual una fase interesante he procurado fijar en esta novela, que es profunda y típicamente española por consecuencia.»

Es muy difícil que el lector de *Los nietos del Cid* se haga una idea de la obra de Trigo con esa frase, pero puede creerme si le digo que la novela estaba construida sobre las mujeres españolas y vino a marcar una guía para su autor, quien tuvo siempre en ese de la mujer el centro de su obra. La posición de Trigo viene más o menos dada en estas palabras de uno de los personajes de la novela: «Las mujeres, que no tenían la sensibilidad desarrollada en los hombres por la cultura, sino la del sentimiento idealizado por la religión, al irse perdiendo ésta se van transformando en hembras sencillamente. Les falta... el cerebro, que no tuvieron nunca, y, además, el corazón, ahora; y los desdichados hom-

A Trigo se le ha tratado de resucitar cada cierto tiempo, pero ésa es una lucha un poco estéril.

Jarrapellejos *fue, con ese título que parece un esputo, el aldabonazo contra el caciquismo de su tierra extremeña.*

González Blanco, un escritor que miró con enorme simpatía a Trigo, nos confesó a propósito de la novela La bruta *que el novelista titubeaba mucho para buscar sus títulos.*

Clarín vio desde el primer momento a Trigo como «corruptor de costumbres y del idioma», cita que suele verse trocada también por la de «corruptor del idioma y corruptor de menores».

bres, que siguen teniendo éste porque conservan la cabeza, se vuelven locos, sin encontrar mujeres y sin saber por dónde vendrá el remedio.» Después de esto, Trigo trataría siempre en sus novelas de alcanzar el Amor Supremo, el Equilibrio entre los sexos, la Armonía sexual, que en muchos casos no fueron sino muy hábiles y convenientes etiquetados para lo que no eran más que calenturas y literatura profiláctica, muy cercana a la pornografía envuelta en específicos científicos.

A partir de esa primera obra se sucedieron otras muchas, *La sed de amar, Alma en los labios, La altísima, La bruta, Sor Demonio, Las posadas del amor...* El tema siempre era el mismo.

González Blanco, un escritor que miró con enorme simpatía a Trigo, nos confesó a propósito de la novela *La bruta* que el novelista titubeaba mucho para buscar sus títulos.

Es cierto que Trigo buscó, bajo la capa de la sicalipsis, dignificar su literatura con un ideario liberador y manifiestamente feminista.

Poco a poco tuvo Trigo, en contacto con los novelistas del tiempo, ganas de hacerse un nombre serio. *En la carrera* quizá sea su novela mejor construida, porque no necesitaba construirla. Es una novela de iniciación, como lo era *El árbol de la ciencia,* con un protagonista que era también estudiante de medicina en Madrid... Es una novela de burdeles, de putillas tísicas, de una novia pura y de «bonísima familia de Badajoz», a la que unos y otros van seduciendo, ultrajando y engañando, hasta echarla al arroyo, donde termina, ella, que había sido finísima y casi mujer de un futuro médico, metida a puta de estudiantes. La novela es, como se decía entonces, cruda, una de las más crudas del naturalista Trigo, que tenía a Zola por maestro absoluto.

Después de ese ciclo intentó Trigo volver los ojos a la realidad social española. Toda la obra de este novelista tiene algo de «misión evangélica», dentro de su paganía. *Jarrapellejos* fue, con ese título que parece un esputo, el aldabonazo contra el caciquismo de su tierra extremeña. No fue la novela más exitosa de su autor en el tiempo, pero sí ha sido la que ha concitado más interés por el tema ante el auge de los estudios sociales de la literatura. Sin embargo es una novela en la que es imposible leer dos líneas sin procurarse una seria tortícolis en el intento de restaurar a su orden natural el hipérbaton y los solecismos.

Nunca un escritor ha suscitado más contrarias opiniones, tanto que pueden llegar a hacerle desconfiar a uno de su propio criterio. Es verdad que Clarín lo vio desde el primer momento como «corruptor de costumbres y del idioma», cita que suele verse trocada también por la de «corruptor del idioma y corruptor de menores». Hoy no creo que pudiera decirse tal. Las costumbres han cambiado tanto que incluso pueden parecernos esas novelas folletines píos. En cuanto al idioma, al contrario: lo encuentra uno tan amojamado y recio, que parece incorrupto, como las momias.

¿Qué han visto en él, pues, escritores como Bergamín? «Por plasticidad visual de su lenguaje, como el auditivo de Valle-Inclán y a su lado, el genio novelador de Trigo supera con mucho el de todos los demás novelistas españoles de su época (exceptuando a Galdós)», nos dirá Bergamín, aunque cuesta creer que eso lo dijera en serio y no porque tenía que ponerlo al frente de un libro que editaba un amigo suyo. Quizá Bergamín, hijo de don Francisco de Quevedo, lo dijese convencido.

Al final, Trigo, que estaba seriamente enfermo y como médico no se podía engañar, se pegó un tiro. Empezó la carrera como Cervantes, manco, y terminó como Larra, el pobre, consecuente con todas las teorías naturalistas que tanto defendió en sus libros. Escribió una carta a su familia que parecía estar redactada por alguna de las heroínas de sus novelas, con su sentimiento verdadero y su falsilla impostada: «Perdonadme todos. Yo estoy seguro de que nada os serviría más que para prolongar algunos meses de vuestra angustia viéndome morir. Pensad que en esta catástrofe fue el motivo el ansia loca de crearos alguna posición más firme.

Perdonadme, perdonadme. ¡Consuelo, mártir mía; hijos de mi alma! Si mi vida fue una equivocación, fue generosa. Con la única preocupación vuestra por encima de todos mis errores. Que sirva esta de mi voluntad de testador para declararos herederos míos de todos mis derechos. Perdón.» Es como si quisiera legarle a la humanidad una docena de frases como las que le gustaba a él usar como lemas.

Dejó tres obras póstumas, una novela, *En camisa rosa, En los andamios* y *En mi castillo de luz,* un diario de una corresponsala que se lo envía al escritor y al médico, quien aprovecha, a cuenta de la anónima, para echarse unas cuantas flores. Se lee mejor que otros libros suyos, quizá porque seguramente lo escribiera una de sus hijas, como se dijo, pero es de una cursilería ordinaria y regular.

El tiempo fue oscureciendo la figura de Trigo ante las más sugerentes y acabadas de Valle, Baroja o Azorín. Incluso los novelistas sociales que vendrían después que él recondujeron el estilo hacia más sosegados predios sin perder por ello mordiente los escenarios sombríos que trataban de reflejar.

En el caso de Manuel Ciges Aparicio no fue que le tomara el relevo, puesto que sus novelas fueron estrictamente contemporáneas a las de Trigo.

Había nacido en 1873, el año en que nació Azorín, con una de cuyas hermanas terminaría casándose.

De la misma manera que podemos decir que los grandes escritores del novecientos habían llevado la literatura al periodismo, los menores, pensemos en Bueno o en Ciges, se caracterizaron por llevar el periodismo a la literatura.

Sus cuatro primeros libros fueron de corte autobiográfico, como lo serían también los de Barea. Los tituló Ciges *El libro de la vida trágica, El libro de la vida doliente, El libro de la crueldad* y *El libro de la decadencia.* Antes había llevado otros títulos más de la época, como *Del cautiverio.*

En el primero hablaba de la guerra de Cuba, adonde fue de soldado raso. Desde allí escribió unos artículos criticando al general Weyler y contando las guerras coloniales, y a consecuencia de eso lo metieron dos años en el penal de La Cabaña, condenado a muerte. Fueron los recuerdos de aquella prisión lo que contó en el semanario *Vida Nueva* con enorme éxito. Es un relato en el que la literatura queda a un lado ante lo espectacular del reportaje. La serie continuó por los otros tres libros, en los que se relataba un gran número de incidentes políticos o sociales de la época. La cercanía del motivo en todas esas páginas hace que veamos siempre en Ciges un hombre honesto más que un artista, aunque Valle-Inclán ponía *Del cautiverio* al lado de *El escuadrón del brigante*, de Baroja, *La pata de la raposa*, de Pérez de Ayala, *Abel Sánchez*, de Unamuno, *Las cerezas del cementerio*, de Miró, y *Las capeas*, de Noel, como lo mejor de la época. La lista, discutible como todas, está hecha de todos modos por alguien con criterio artístico y es indicativa de los gustos de la época (y los del propio Valle, pues en ellos figuran sobre todo los estilistas), y podría recomendarse a quien sin conocer nada de aquella literatura quisiera hacerse una idea general de la misma, incluyendo en ella, seguro, *Flor de santidad*, del propio Valle, y, quizá, *Los pueblos*, de Azorín, y en vez de esa novela de Baroja, *La sensualidad pervertida*, y de Unamuno *Niebla* o, mejor, *San Manuel Bueno, mártir*.

Luego vinieron las novelas de Ciges. Al modo de las novelas naturalistas, más templadas sin embargo que las de Blasco Ibáñez y que las de Trigo, y en las que quedaba enunciado su contenido en el mismo título. Primero *Los vencidos*, sobre los mineros de Riotinto y Almadén, luego *Los vencedores*, sobre los huelguistas de Mieres, *El vicario*, sobre un cura a lo Nazarín, uno de esos curas que veían próxima la llegada de una era más justa y evangélica para todos, con remisión incluida de la burguesía y la aristocracia decadente. Naturalmente, esa novela se recibió como un alegato anticlerical y las demás como peligrosos panfletos que los curas desaconsejaban en los confesonarios y púlpitos.

Antes de escribir la siguiente, en 1909, Ciges, que se dedicaba al periodismo, tuvo que exiliarse cinco años a causa de unos artículos sobre la revisión del caso Ferrer Guardia, que durante la Semana Trágica había servido de cabeza de turco.

La romería, que transcurría en un pueblo trasunto de Quesada, donde Ciges pasaba los veranos, tenía como marco una procesión o traslado de la Virgen de un pueblo en que tienen lugar una serie de acciones violentas entre clericales, liberales, señoritos, un pueblo odioso y embrutecido por el vino y la ignorancia... Ya hemos dicho que el hecho de tener tan encima el motivo o modelo de que se sirve (en *La romería* es la sociedad quesadiana) hace que sean un poco inútiles las tramas y los argumentos. Todas las novelas de Ciges fluyen de una manera natural, y en ella la acción habría podido suceder de otras muchas maneras sólo con conservar el tono negro de la pintura. Le habría pasado lo mismo a Regoyos o a Solana de haber sacado más o menos disciplinantes en sus pinturas: el resultado hubiera sido el mismo. A la novela de *La romería,* una de las mejores del autor, siguieron otras, *Villavieja, El juez que perdió la conciencia, Circe y el poeta* y *Los caimanes,* la última, historia de la fortuna y ruina de un ambicioso fabricante de paños que gasta su vida haciendo cuentas de lo que gana y pierde, en la más estricta técnica de lo que podría llamarse el realismo socialista, novela en la que tampoco puede decirse que haya una gran trama: un hombre que se pasa trescientas páginas comprando y vendiendo lana.

Luego, Ciges suspendió su producción novelística, como Pérez de Ayala, y se dedicó a la política. Él, que llevaba muchos años de militante del Partido Socialista, terminó recalando en el partido de Azaña, ese partido pensado para repescar a tantos intelectuales, y Azaña, cuando pudo, le recompensó con cargos de gobernación y diplomacia, al igual que se hizo con otros intelectuales afectos como el propio Pérez de Ayala, Rodrigo Soriano, el biógrafo de Regoyos, Ricardo Baeza, Antonio Espina o Luis de Zulueta.

Al final, Trigo se pegó un tiro. Empezó la carrera como Cervantes, manco, y terminó como Larra, el pobre, consecuente con todas las teorías naturalistas que tanto defendió en sus libros.

Del juicio de Bergamín, lo más acertado es equiparar a Trigo con Valle; en tanto que uno escribió para adormecernos con su magnífica prosa estupefaciente y oriental, lo hizo el otro para despertarnos.

Valle-Inclán ponía Del cautiverio, *también de Ciges Aparicio,* al lado de El escuadrón del brigante, *de Baroja,* La pata de la raposa, *de Pérez de Ayala,* Abel Sánchez, *de Unamuno,* Las cerezas del cementerio, *de Miró, y* Las capeas, *de Noel, como lo mejor de la época.*

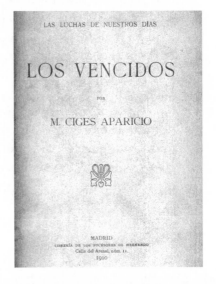

A diferencia de Trigo, a Ciges se le puede leer muy gustosamente. Todo aquello de que nos habla parece haber sido enterrado en la historia de España. Yo creo que como literatura no tiene el menor interés; ahora, como pintura de la época, sí tiene alguno.

A diferencia de Trigo, a Ciges se le puede leer muy gustosamente. Todo aquello de que nos habla parece haber sido enterrado en la historia de España. Yo creo que como literatura tiene un interés limitado; ahora, como pintura de la época, sí, tiene alguno. A diferencia de la obra de otros, como Baroja o Unamuno, donde aún sigue la palpitación de la vida y del conflicto humano, vemos las obras de Ciges con idéntica curiosidad y suspendimiento que, al pasar las páginas de un periódico viejo, miramos los anuncios comerciales de productos hace tiempo olvidados. Así, la realidad novelística de Ciges, al desaparecer en buena medida la realidad social de la que hablaba, ha terminado por desvanecerse. Años después mejoraría el modelo, sin lugar a dudas, un hombre hecho de su mismo corte, Chaves Nogales, quien dignificó mucho la literatura que quiso hacer con la verdad, el reportaje, la honestidad y un castellano sencillo que no resultaba expresivo pero sí eficaz; y eso era lo más raro, no ser expresivo tocando temas tan expresionistas; hay un como desajuste en Ciges, como pintar osarios con la técnica del pastel, al contrario de lo que hizo, por ejemplo, Solana, que escribía con enorme expresividad de casi todo, una hogaza de pan, el cogote de un clérigo, una puta de Medina del Campo...

El caso de Noel fue más raro aún si cabe. A Noel no sabe uno dónde ponerlo. Como personaje fue extraordinario, más que ninguno de los otros dos. Tuvo una muerte triste, más triste aún que la de Trigo, incluso más que la de Ciges, a quien mataron los falangistas cuando estaba de gobernador en Ávila al empezar la guerra. A Noel le mató la vida. Enfermo y derrotado tras un viaje por América, adonde había ido a ganarse la vida conferenciando, le dejó un barco en Barcelona, en uno de cuyos hospitales de beneficencia murió no durante la guerra, como se ha dicho, sino un 23 de abril, día muy conveniente para morirse si se es escritor; a Noel, decimos, lo mató la vida aperreada que llevó y la quimera de querer salir del oficio de carrilano sin conseguirlo.

Abelardo Linares trazó un magnífico retrato del personaje y un juicio de sus actuales coordenadas: «Es uno de los "casos" más sorprendentes de la literatura española del presente siglo. Alabado desde su juventud por algunos de los mejores (Azorín, Unamuno), combatido por otros, solitario y aun aislado creador de una obra ingente desarrollada en las más precarias condiciones, pero con una admirable y orgullosa seguridad de la importancia de su labor; desvalorizado, como no desconocido por la crítica y los manuales de literatura, pero seguido y admirado siempre, incluso en la actualidad, por un fervoroso grupo de lectores de sus libros, agotados y casi inencontrables.»

Mucho escribió Noel, y puede decirse que le sirvió de poco. Aunque su figura siempre suscitó simpatía, se miraron sus libros como un pintoresco resultado de la tenacidad, el casticismo y un mal gusto que casi produce ternura, por verlo tan elemental en su ansia de hacerse un escritor racial y rancio, como el sustancioso tocino.

Ramón Gómez de la Serna, que lo admiró siempre y lo retrató, llegó a decir que Noel era el ejemplo de escritor genial, que tenía todo para ser genial, pero al que el medio hostilizó y terminó destrozando. También Torrente Ballester le abrió un hueco en su *Panorama de la literatura* para terminar diciendo que «hoy es una figura de tercera fila», y piensa, al contrario que Ramón, que Noel jamás tuvo un solo tema, que en un momento en que en España la literatura brillaba, alguien como nuestro bohemio no pudo vencer su estilo «atropellado, desigual y violento».

¿No hay un término medio? Noel contó su vida en lo que llamó *Diario íntimo*, que tiene que ver más con un libro de género confesional que con un diario propiamente. Fue la suya una vida tristísima también, aunque siempre fue consciente de la suerte de poder acudir a una fuente documental como aquélla, de la que podía extraer para sus propios libros incontables argumentos. «La novela de la vida de un hombre», fue uno de sus lemas, y el subtítulo del *Diario*.

Noel, que se llamaba Eugenio Muñoz, era hijo de un oficial de barbero, que era un vago, y de una lavandera, y nació en 1885.

La duquesa de Sevillano, para la que trabajaba su madre, le tomó bajo su protección y le envió al seminario con el fin de hacerlo cura, pero a Noel no le probó la vida diocesana y terminó volviendo al siglo, muchacho todavía. Ramón, que lo conoció poco después, siendo chicos ambos, aseguraba que la de Sevillano aún le protegía y que le había dejado para vivir los bajos de uno de sus palacios de la calle Leganitos.

A Ramón alguien como Noel tenía que gustarle por fuerza. Representaban los dos un poco lo mismo, uno en señorito, otro en pobre. Uno con todos los medios de fortuna, el otro con ninguno. Ramón cuenta que él le socorría incluso «con levitas viejas, algún libro, lo que podía». Contarle al mundo las caridades de uno no deja de ser una pequeña canallada, seguramente hecha por Ramón sin malicia para pintar la bohemia de Noel. Los escritores son lo que son y no valen ni las componendas ni las coartadas de las suposiciones, pero es posible que, de haberse podido Noel asegurar el sustento, las obras le habrían salido de otra manera, incluso es posible que hubiera variado el repertorio.

Uno tiene la sensación de que Noel, como hermano menor de los escritores del novecientos, se tomó mucho más en serio que éstos las cosas que ellos mismos habían predicado, y en un momento en el que incluso parecían haberse desentendido de ellas. «El mil ochocientos noventa y ocho —habrá de decirnos Noel— no ha tenido aún su historiador; un extranjero no sirve para el caso y un español se muere de vergüenza si tiene corazón para decir la verdad.»

Naturalmente, Noel estaba pensando en sí mismo. Él iba a decir esa verdad. Él se inmolaría en ese altar. Decidió arrostrar la vergüenza pública, y fue como si no le importara partirse el pecho por defender esa sola verdad compacta y sin fisuras.

También hizo en otro lugar la radiografía del grupo: «Los del 98 son todos hombres que cierran una época. Hombre broche. ¿Qué horizontes nuevos abren? Contribuyen a la anquilosis de la raza. Intelectuales sin dinamismo. Sentimentales. Seremos los novecentistas los que extirparemos el cáncer que está royendo la vitalidad de la raza [...] Son hombres sin proyecciones. Sólo hay uno que puede hacerlo: Joaquín Costa.»

Y Noel estaba llamado, como Costa, a ser un reformador más que para escribir una obra, que terminó escribiendo.

Noel escribió entre novelas cortas, novelas largas y libros misceláneos un ciento de obras. Gruesos, de cierta entidad, unos veinte o treinta. En suma, unas seis o siete mil páginas. El de Noel es un caso prodigioso de una vocación literaria de fortísima contumacia. Ni el desaliento ni la penuria, que jamás le abandonó, ni los ataques que menudearon ni las palizas de los fanáticos del flamenquismo, de las que conoció algunas, le llevaron jamás a abandonar una carrera literaria que ejercía como un verdadero apostolado.

Como Ciges, empezó Noel pasando por la cárcel a consecuencia en su caso del libro que escribió y publicó en 1909, *Notas de un voluntario*, sobre la campaña de Melilla.

Al salir de la cárcel debió de ocurrir algo en la vida de Noel, como si se le hubiese aparecido alguien para ordenarle que empezase una campaña antitaurina por toda la Península y América, al modo de las que había desarrollado Costa contra el caciquismo. Lo que los caciques fueron para Costa y para Lanza, fueron los toros, el flamenquismo y la juerga para Noel. En las corridas, en el cante y en las cañas de manzanilla vio Noel con una clarividencia de profeta los males de la patria, que no lograría prosperar hasta que se exterminasen las ganaderías y se persiguiese a los cantaores y los toreros.

La campaña la inició incluso con dos revistas, *El Chispero* y *El Flamenco*, ambos *semanarios antiflamenquistas*. Fueron revistas de corta vida, por lo que hoy son más que difíciles de encontrar, y quizá por ello, porque nadie las haya visto, no se hayan valorado todavía.

Desde luego son el más claro antecedente de la «estética Ramón». Sin ellas no podría entenderse tampoco el universo pombiano, formado tras el pillaje de materiales diversos, la almonedización de la literatura y su mezcolanza con un criterio desconcertante. Lo mismo podrían ser revistas vanguardistas que el periódico de Getafe.

Desde cualquier punto de vista han de considerarse estas publicaciones noelianas, del año 14, como productos excepcionales de su genio. Son revistas en las que colaboraron Unamuno o Azorín, sus valedores, pero, sobre todo, en las que Noel organizaba la cultura de la que para él sería una república ideal, recurriendo a los pedagógicos contrastes: por un lado escenas sangrientas de pencos desmondongados; por el otro, estatuas de venus romanas; a un lado, los próceres cuya vida ejemplar debería imitarse, Concepción Arenal, Tolstói o Beethoven, a cuya melena recurre Noel para defenderse de todos cuantos, llamándole melenudo, trataban de desprestigiarlo; al otro, el canallita con la guitarra y la golfa con el chancro.

Las campañas antitaurinas le llevaron a los más apartados lugares de España y le hicieron en muy poco tiempo «un personaje popularmente impopular», cuyo nombre saltaba a los periódicos envuelto en escándalos y trifulcas. Azorín, que escribió con simpatía de Noel, decía que aquellos incidentes «siempre lamentables, nos hacen suponer que el propagandista ha estado demasiado agresivo en sus palabras; no podemos creer que, a exponer sus ideas correctamente (y con todo el ardimiento que se quiera), pudiera haber quien atajara violentamente sus lícitas propagandas».

A partir de entonces la vida de Noel se fue ligando de manera indisoluble a su campaña y su campaña a la sustancia de sus libros. Sus mismos títulos nos indican la fibra de lo tratado. Puede decirse que son incluso libros sin otro argumento que ese común de la regeneración de España y el

El caso de Noel fue más raro aún si cabe. A Noel no sabe uno dónde ponerlo. Como personaje fue extraordinario.

Mucho escribió Noel y puede decirse que le sirvió de poco. Aunque su figura siempre suscitó simpatía, se miraron sus libros como un pintoresco resultado de la tenacidad, el casticismo y un mal gusto que casi produce ternura.

estudio de la raza, en capítulos sucesivos, amontonados, medio costumbristas, medio eruditos. *Castillos en España, Piel de España, España nervio a nervio* o *Nervios de la raza* (tal vez una de sus más felices misceláneas, en las que unía antiflamenquismo, literatura de costumbres y de viajes y cierta ensoñación romántica de su misión).

Hay en Noel, como en las almonedas, como en el propio Rastro, recovecos, encierres, apartados que debemos frecuentar. Su casticismo, de ley, lo salva a menudo por encima de sus, más que defectos, malformaciones. Noel no fue un escritor defectuoso sino malformado de nacimiento, por el nacimiento, en un raquitismo fruto del hambre y de una contrahechura debida a los fórceps que le sacaron a la vida de manera harto violenta.

Era un escritor dramático, exagerado, barroco, que no se paraba en barras. Cuando publicó sus *Escenas y andanzas de la campaña antiflamenca*, uno de sus primeros libros, puso una dedicatoria que le corta a uno el aliento, tanto por un exceso y un defecto que dejan incólume su indudable verdad: «Al recuerdo de mi pobre madre Nicasia, sola, siempre sola, criada de servir, de cuya miseria, que la vida pudo hacer miserable, ella supo desentrañar una inconcebible energía.» Uno lee una cosa así y parece que se le quitan las ganas de más literatura, y cierra el libro.

Su *Diario íntimo* hemos dicho que es uno de los documentos más conmovedores y extraordinarios en su género, pese a ser un proyecto inacabado y fragmentario. Es cierto también que quiso ser expresivo para hacerse entender, de la misma manera que su lengua es gesticulante porque a menudo llegó a pensar que hablaba para los sordos. Todos sus defectos evidentes, «su continua exhibición de conocimiento, sus interminables citas de obras y autores de desigual valía, tan típicas del autodidacta [...], su casticismo, su empleo incansable de palabras de argot o del acervo popular», pueden disculparse. Incluso aquel principio memorable de una de sus novelas cortas: «De salto en guiño, de vaivén en tumbo, se zambulló el carro en el barro hasta el pezón de las cañoneras.» En todo Noel hay como un lenguaje imposible, que enfrena la lectura. Pero todo eso tenía en él un nacimiento natural: su autodidactismo fue fruto de su pobreza, su casticismo de su bohemia y su popularismo de su amor verdadero a lo más puro del hombre. Sin contar con algo evidente: en sus libros, el sustrato de donde nació esa literatura es notorio y de valor incalculable, la barbarie atroz de una España dominada por analfabetos, el oscurantismo de los ayuntamientos y las autoridades en la España profunda, el sanguinario régimen social que se organizaba en las barberías, la explotación escalofriante a que se sometía a todas las mujeres, a unas por serlo de la vida y a las otras por lo contrario; todo eso, Noel lo conservó con milagrosa pureza.

En los últimos años de su vida, Noel, que ya la tenía difícil para sí, arrastró de pensión en pensión a su mujer y su hijo, sumando en la comitiva en ocasiones a su suegra, cuando no las dejaba en Madrid a la espera de unas pesetas que no acababa nunca de girarles desde las más remotas provincias. Conoció como pocos la ruta de la casa de empeños y, cansado de todo, terminó emigrando a América para misionar allí en la nueva religión de cambiar el toreo por el boxeo, más ecuánime como lucha, el toro de lidia por el toro de carne, y la guitarra flamenca, sicalíptica y disolutora de las ternillas del alma, por la guitarra viril de Tárrega o Pujol.

Giménez Caballero vio a Noel como un sólido cóctel de Baroja, Unamuno, Valle-Inclán, Julio Antonio, Bagaría, Zuloaga, Azorín y Maeztu. Pensaba que si se proyectara de todo eso una sombra, la sombra sería Noel. La descripción es exacta. Los libros de Noel son todos un poco el mismo libro, incluida su novela *Las siete cucas*, una historia pavorosa y sombría de la depravación moral, que deja a Valle-Inclán, en cuanto al estilo, en *La guerra de las galias*. Es difícil distinguir en ellos hasta dónde llega la literatura de viaje, el manifiesto

(Noel es el primer vanguardista español en estricto sentido, lanzando al mundo cada semana proclamas y manifiestos y pidiéndole a la humanidad un motín urgente), la memoria, el diario, la crónica, el reportaje... incluso la poesía, en él, tan estropajoso.

Volvió Noel de América quebrantado de salud y se murió en unas semanas en Barcelona, el año 36. Corrió la noticia y todos, con la mala conciencia que dejamos para los entierros, creyeron que habían contribuido por omisión a esa muerte injustificada que ponía un triste colofón a una vida inmolada en un ideal. Mandaron traer sus despojos. Por esos azares que ocurren en España, en la suya y en la de Solana, el vagón donde venía Noel se les traspapeló durante una operación de trasbordo en Zaragoza y se quedó allí, extraviado, en una vía muerta. Cuando el convoy ferroviario llegó a la estación de Madrid, donde le esperaba la comitiva, el chasco fue grande. Hubo que enviar emisarios a revisar la vía, para saber en qué punto lo habían perdido. Encontrado al fin, le dieron cristiana sepultura en el cementerio civil, o sea, todo mezclado otra vez en la perpetua almoneda fúnebre de España.

No podríamos concluir este capítulo dedicado a los casticistas sin hablar de dos pintores: uno, Ricardo Baroja, y otro, José Gutiérrez Solana.

Lo ha dicho uno en alguna otra parte: aunque no hubiera pintado un solo cuadro, Solana habría tenido un lugar en la literatura española con su media docena de libros.

Solana había nacido en Madrid, en 1886, de una familia oriunda de Santander que había hecho dinero en América. Todo lo que hubo en la vida de Noel de precariedad, sobresalto y penuria, fue en la de Solana acomodo y rutina.

La mejor biografía suya la escribió Sánchez Camargo, que fue amigo suyo, pero es en el libro de Ramón sobre él donde encontramos muchas de las más deslumbrantes interpretaciones del personaje y su leyenda. De estos dos libros proceden casi siempre la mayor parte de las peripecias que se conocen de él. Solana, de una personalidad muy fuerte, tuvo un anecdotario muy extenso, intrascendente, pero pintoresco y circunscrito a la historia local.

El origen de Solana como pintor y como escritor es difícil de determinar, porque no pueden encontrársele antecedentes claros. Podríamos hablar de Regoyos, de Ensor, de Alenza y, sobre todo, de Goya, pero hay algo en Solana que era enteramente nuevo. ¿Qué? Una sensibilidad.

Sus libros y sus pinturas se parecen mucho. Son expresivos, sin retórica, de trazos muy negros y firmes. El suyo es un humor serio, o si se prefiere una seriedad humorada, lo que hace imposible que jamás solemnice ni moralice con los temas que le ocupan.

Buena parte de lo que Solana es como pintor y como escritor viene determinada por los temas o, mejor, por la mirada hacia esos temas, novedosa también. A Solana le cabe el raro privilegio de haberse inventado un mundo, y de haberlo legado a la cultura española: lo solanesco es hoy un universal, como lo kafkiano, compendio de matices, visiones y una realidad moral. ¿Qué es lo solanesco? Una idea negativa nos llevaría a pensar en la escala social más humillada y envilecida (las famosas putas de Solana), oficios humildes, carniceros, traperos, coristas despiojándose, barberías de pueblo... Cuando a veces quiso retratar una clase social más alta, y lo hizo también a menudo, vemos cómo sus obispos, rentistas, indianos y navieros le salen siempre con cara de matarifes o esquiladores. Ésa es una visión negativa de lo solanesco, pero hay otra, y es la importante. La ternura de Solana para mirar tales rebarbas del arroyo. Su no juzgar jamás, su limpieza de corazón para acercarse a las mujeres de la vida, su delicadeza para mirar la reunión burguesa en torno al soconusco con picatostes. Surge entonces un Solana de un lirismo conmovedor, y por encima de ese engañoso lecho cenagoso corre una agua limpísima e inagotable. Al final, Solana ha venido a nacer, en la pintura, de los ojos con los que nos contempla el Niño de Vallecas, de Velázquez.

Solana y su hermano Manuel, que no hizo otra cosa en la vida que ser el inseparable de José y cantar con él magníficos dúos, llevaron una vida apacible, de rentistas. Caro Baroja los describió con evidente mala fe, y dijo que el uno tenía un «aire de clérigo vicioso y abotagado, el otro con aspecto de lego famélico». Es como si estuviese rabioso con ellos por algo.

Quisieron ser tenores, pero abandonaron el proyecto. Ya pintor, Solana tomaba aún clases de canto, y en las veladas de Pombo, años después, amigos de Ramón, amenizaban aquellas reuniones con arias apropiadas. Su vida se limitó, pues, a viajar algo, a vivir de las rentas (ni siquiera le preocupó jamás vender un cuadro, ni cuando los vendía), a escribir esos libros, a pasear por Madrid, y poco más. Vivía en una buena casa burguesa, con muebles de buen viso, y un gran número de colecciones de cosas exóticas, como terracotas románticas y raras o aquel feto metido en alcohol del que tanto se habló. En la casa de Solana vivía él, su hermano, una criada (que tuvo luego su papel en las vidas sentimentales de los hermanos y en sus testamentarías) y su madre. Ésta terminó enloqueciendo, la tenían recluida en una habitación de la casa de la que de vez en cuando salían gritos espeluznantes, góticos y en pena. Nadie supo si la tenían amarrada con una cadena o cómo, para someterla, pero en esa situación duró largos y penosos años. La sombra de la locura planeó siempre sobre la familia y las miradas alucinadas de Solana tienen también algo de demente, como en uno de esos cuadros de Jerónimo Bosco donde a la gente le salen tijeras por el tímpano y le crecen embudos en la coronilla. En alguna ocasión he citado un texto de Solana, ejemplo de su literatura y de su pintura, de una inverosimilitud tan realista que termina pareciéndonos de una irrealidad absolutamente verosímil. Desde luego debajo de su descripción hay una intención moral y anticlerical de Solana, de eso no hay ninguna duda. Se incluye el fragmento en *La España negra* y es uno de los que mutiló la censura

Las campañas antitaurinas le llevaron a los más apartados lugares de España y le hicieron en muy poco tiempo «un personaje popularmente impopular», cuyo nombre saltaba a los periódicos envuelto en escándalos y trifulcas.

Justamente contra el casticismo de esta literatura opuso Noel su casticismo anticasticista.

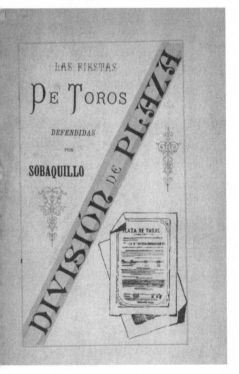

«Al recuerdo de mi pobre madre Nicasia, sola, siempre sola, criada de servir, de cuya miseria, que la vida pudo hacer miserable, ella supo desentrañar una inconcebible energía» (dedicatoria de Noel en su libro Escenas y andanzas de la campaña antiflamenca).

cuando se publicó la reedición de esta obra capital para la literatura moderna, como lo es su pintura para la pintura moderna. Si Breton hubiese tenido en su capilla a alguien como Solana, le veríamos hoy a éste en todos los altares del mundo. El cuadro no tiene desperdicio: «Esta Audiencia queda en el centro de una plazuela de la que arrancan cuatro de las calles más típicas de Medina del Campo, donde hay conventos de frailes descalzos. Éstos son tan holgazanes que se levantan de la cama por la tarde; todo el día se lo pasan durmiendo y comiendo; tras las ventanas abiertas se los ve con el pecho desnudo y en calzoncillos, lavándose en grandes pilones; sus barbas son tan largas que les llegan a la cintura. Enfrente están las casas de las mujeres de mala vida, que los llaman mucho desde la calle; pero ellos no les hacen caso porque para esos menesteres tiene la comunidad mejores mujeres entre las monjas. Anochecido, los cagones del pueblo, que salen de las casas de lenocinio, se ponen en fila y, bajándose las bragas, con las posaderas al aire, hacen de cuerpo bajo las rejas del convento; los frailes, que a esa hora suelen estar borrachos, se asoman por las ventanas y vomitan en las espaldas de los cagones y vuelcan sus pestilentes bacines.»

No hay nadie en la literatura española que haya escrito unas líneas semejantes. Se ve que unas escenas como ésas no ha podido verlas Solana en su vida, porque un pueblo como Medina del Campo en 1910 era un pueblo serio, y los conventos esos que salen parecen más comunidades de goliardos medievales que de las órdenes descalzas. Y sin embargo hay una enorme verosimilitud en el espíritu. Encontramos algo del cuadro que sigue vivo. Seguramente parte es verdad: esos cagones de pueblo, tal vez esas mujeres tristes de mala vida, «recluidas en sus casas como perras judías», en fin, las pinceladas maestras. Lo demás es fruto de la imaginación, una creación de su genio solanesco.

Solana empezó muy joven aún a pintar y a relacionarse con escritores, de los que fue amigo, como Valle-Inclán, a quien regaló un cuadro muy simbolista de un santo ermitaño; también fue amigo de los Baroja y de Unamuno, al que terminó haciéndole un retrato curioso, con el cuello de la camisa que parece una pajarita de papel, y de Ramón, de quien hizo el célebre cuadro de su tertulia de Pombo. Solana fue pintor que le interesó siempre a los intelectuales, a los escritores, pero mucho menos a los del oficio, que desconfiaron de quien manejaba los conocimientos y reglas de la pintura de manera tan poco ortodoxa. Y siempre dentro de un ámbito español, pues cuando en el extranjero se lo han tropezado han salido huyendo despavoridos, por creerlo de la misma naturaleza salvaje que las corridas de toros, los bandoleros de sierra Morena y la Santa Inquisición.

Los primeros cuadros de Solana nos pusieron delante de una España mucho más negra que la que salía en las descripciones de Azorín, siempre líricas, o en las novelas de Baroja, razonablemente escuetas. Sus disciplinantes y terribles procesionarios parecen más bien una cuerda de presos o convictos camino del garrote. A su lado, un pintor como Regoyos resulta un Watteau. Poco a poco los temas de Solana fueron también diversificándose: aparecieron sus corridas de toros, llenas de caballos despanzurrados por los pitones, sus mendigos haciendo la cola de la sopa o durmiendo en el albergue, sus calles de Madrid y, finalmente, como si la vida no fuese otra cosa que una pantomima grotesca, sus terribles máscaras y carnavales. No eran los suyos paisajes (a Solana, un paisajista extraordinario, el paisaje en sí mismo no le interesa), ni siquiera pasajes de las vidas más bataneadas, sino una desesperación aceptada con paradójica conformidad. No es una literatura de denuncia ni una pintura realista o social: es sencillamente un testimonio, pero sobre todo eso, un temperamento y una sensibilidad.

Los libros de Solana son en realidad como sus propios cuadros, y no podemos decir que los haya mejores o peores. Son todos lo mismo, todos con pasajes extraordinarios. Seguía en ellos, desde luego, la veta abierta por Verhaeren y

Regoyos. Incluso cuando tituló uno *La España negra* la estaba homenajeando; dedicó otros tres a Madrid, a sus escenas y costumbres y a los tipos curiosos que se iba encontrando por la calle. Su relato de Florencio Cornejo también es como todo lo demás, un trozo de vida absurda contada de una manera también descoyuntada, pero con una gran verdad.

¿Cómo es este Solana que decimos que, de no haber pintado, estaría en la historia de nuestra literatura? Es un escritor de corte realista, aunque conviene usar esta palabra, en el caso de Solana, con mucho tiento, porque su realidad llega a no serlo, a parecernos casi siempre una pesadilla como las de la Quinta del Sordo. Su estilo lo empedró con frecuentes imperfecciones que, lejos de afearlo, lo dotan de personalidad. Decía en broma Ramón, otro de sus biógrafos, que en las imprentas los cajistas cobraban un plus para hacer inteligibles las cuartillas que les llevaba Solana. Lo misterioso en Solana es que, queriéndose parecer a Chicharro padre (al que admiraba), llevase su obra a lugares muy por encima de lo que jamás un académico como Chicharro soñara. De sus libros cabe decir lo mismo. Tienen mucho de primitivos, en el estilo y en la clase de cosas en las que se va a fijar. Puede llamar a engaño ese empecinamiento de Solana por darnos eso, y solamente eso, excluyendo todo lo demás de su campo de visión, como si se hubiese fabricado una marca artificial y viviese de ella. Pero basta atender al origen de su mundo para comprender que en España la realidad española, solanesca desde el siglo XII, estaba esperando a un verdadero Solana para ponerla en claro. Lo solanesco, como esos grandes sistemas universales, es anterior a Solana, como lo romántico es anterior al romanticismo o lo kafkiano a Kafka.

Cuando JRJ lo vio confesó que le pareció en efecto «un artificial verdadero, compuesto con sal gorda, cartón piedra, ojos de vidrio, atún en salazón, raspas a la cabeza».

«Poderosa podredumbre estética», llamó también a ese

punto en el que uno no puede apartar los ojos, como aprisionado en esa gusanera.

No hubo entonces en España, ni los ha vuelto a haber nunca, unos libros como los que él escribió, que parecen todos incunables, medio toscos, escritos como en pellejos comidos por no sabemos qué ratas y carcomas, pero nuevos siempre y vivos. Tienen todos algo de santos de palo o mascarón de barco, y parecen celebrar de continuo una vida anterior mejor que la que él vivía. En eso, en su sentido del romanticismo, fue por donde alguien vanguardista y moderno como Ramón lo repescó y le entendió como nadie de su tiempo, al darse el caso, justamente, de que Solana, con todo ese equívoco barniz cavernícola, era nuestro más grande pintor moderno, junto a Picasso. Por decirlo de una manera mecánica: si Picasso era la bisagra que abría el mundo hacia delante, Solana era la bisagra que nos lo habría hacia detrás, ambos en el mismo quicio de lo moderno.

El único pintor de su época con el que quizá se hubiera entendido Solana, también por extravagante y genuino, habría sido Ricardo Baroja. Fue incompatible con Pío, pero con Ricardo llegó a tener una buena amistad y de ella le quedaron recuerdos afables.

Ricardo Baroja, hermano del novelista, fue quien se ajustó más como pintor y como escritor al canon de los jóvenes del novecientos, entre otras razones porque estuvo con ellos desde el primer momento.

Era un año mayor que Pío y había nacido en 1871 en las minas de Riotinto, donde su padre estaba de ingeniero.

Pero antes de hablar de Ricardo Baroja habrá que hacerlo de un personaje que nació también en un pueblo de minas, en Logrosán, en 1872. De no hablar ahora de Mario Roso de Luna, el mago de Logrosán, no podríamos hacerlo en ningún otro momento.

Roso, o el doctor Roso de Luna, como a veces firmaba, era aún más raro que Noel. No viene en parte alguna, y los diccionarios que se acuerdan de él le dedican doce líneas, aunque ahora ya contamos con algunos estudios hechos por profesores de su país, en Extremadura. Fue un personaje interesantísimo desde el punto de vista de las anomalías y rarezas. Él mismo decía poseer una vista de lince y aseguraba haber descubierto en 1893 a ojo un cometa. Contaba Baroja que un día, bajando Roso por la Carrera de San Jerónimo, por la noche, dijo: «Ese punto no estaba ahí.» Al día siguiente corroboró el descubrimiento un observatorio y pusieron al cometa el nombre del descubridor. Animado por el descubrimiento, llegaría a descubrir otros once más, todos ellos a ojo, fijándose mucho. Uno de sus primeros libros fue precisamente el *Kinethórizon*, el instrumento de astronomía popular para conocer, sin profesor, las constelaciones. A este libro siguieron muchos de estudio del sueño, de las facultades paranormales, de teosofía, que titulaba siempre *Sobre la gnosis* o *En el umbral del misterio*. Precisamente él fue el gran defensor de las ideas de mesmerismo y de la Blavatsky, muy en boga en esos años y de la que tradujo y comentó algunas obras. Estuvo también en América dando conferencias, al mismo tiempo que Noel. Uno las daba sobre el flamenquismo y el otro sobre teosofía, con lo que más vale no imaginar la idea que muchos americanos llegarían a tener de España entonces. Con todo, fue su serie Biblioteca de las Maravillas la más interesante. Son cuatro o cinco tomos. *Por la Asturias tenebrosa. El tesoro de los lagos de Somiedo* es el primero de la serie. Ésta es una narración ocultista, al modo de las de Verne. Habla en ella también de la Blavatsky. En realidad, de esta mujer habla en todos sus libros. Pero es también un relato de los viajes que hizo por el norte de la provincia de León y por Asturias, contado por un hombre en verdad muy sabio, que lo cuenta todo con una gran seriedad precisamente porque está completamente loco. Eso no quita para que sea un libro que se pueda leer de principio a fin, pues está lleno de noticias de aquellas tierras y pueblos, con digresiones curiosas que van de Prisciliano al padre Briones, de problemática memoria. Se diga lo que se

Los libros y pinturas de Solana se parecen
mucho. Son expresivos, sin retórica,
de trazos muy negros y firmes.

A Solana le cabe el raro privilegio de haberse
inventado un mundo, y de haberlo legado
a la cultura española: lo solanesco es hoy
un universal, como lo kafkiano, compendio de
matices, visiones y una realidad moral.

La vida de Ricardo Baroja, al igual que la
de Pío, no es en absoluto extraordinaria
ni rica en acontecimientos de postín, pero sí,
en cambio, abunda en ella un muy
divertido anecdotario que refleja bien su
personalidad diletante.

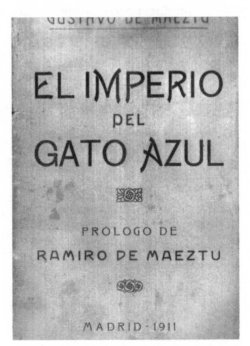

Gustavo de Maeztu tiene mucho más interés que
su hermano Ramiro como escritor y como artista.
Sus novelas son muy curiosas e interesantes,
pero de una gran extravagancia.

diga, es verdad que se trata de un libro con el que no se va a parte alguna, descontado el buen rato que nos haga pasar, pero eso ya es mucho. Se publicaron de la serie otros tomos, igualmente grandes, con los signos esotéricos en las cubiertas, *Wagner, mitólogo y ocultista, De gentes del otro mundo, De Sevilla al Yucatán*... Son libros llenos de citas, tejidos con saberes heterogéneos y seguramente inmiscibles, aunque todos ellos encaminados al restablecimiento de la bondad universal, el reino de los sueños y el karma positivo, pero ninguno tan atractivo como aquel de su periplo por León y Asturias. Al morir, parece que transmigró a un gallo de Madagascar, según dijo un pariente suyo, quien añadió que el hecho había tranquilizado y alegrado mucho a la familia.

Dicho esto, volvamos a Ricardo Baroja. En cierto modo, Roso hubiera podido servirle tanto a Ricardo como a su hermano Pío para algún personaje de novela, porque lo fue.

Ricardo y Pío fueron toda la vida una unidad indisoluble, incluso cuando las relaciones entre los dos hermanos, a raíz de diferencias políticas durante la segunda guerra mundial, quedaron seriamente deterioradas, si no interrumpidas incluso.

Todo lo que tenía Pío de misantrópico y solitario, lo tenía Ricardo de jovial y comunicativo. Así como Pío jamás simpatizó con alguien como Solana, quizá porque le molestase la vecindad de temas y ver que Solana había llegado a ser más noventayocho que él mismo, Ricardo, un hombre despreocupado de los ringorrangos, estableció una corriente de simpatía no sólo con Solana sino con otros muchos escritores, intelectuales y artistas cuya sola presencia, sin embargo, irritaba a Pío lo indecible, como fue el caso de Valle-Inclán, con el que Ricardo mantuvo toda su vida una gran amistad, o, años después, Azaña, cuya visita a Itzea fue origen de una violenta disputa entre los hermanos.

Hemos declarado al principio que a Ricardo le debemos el que sin duda es el gran libro sobre ese momento del novecientos. Lo tituló *Gente del 98*. Pero que nadie se llame a engaño. En realidad es un libro de estampas, y completan, de una manera más amable, las páginas que dedicó Pío a los mismos personajes. No hay en *Gente del 98* el sistema ni el juicio sopesado de un historiador de la literatura. Cuenta cosas que le sucedieron a él o a gentes que conoció. Habla de todos ellos desde un punto de vista que hoy nos es tan o más útil que las proclamas y manifiestos que esos mismos escritores venían publicando en sus revistas minoritarias, *Alma Española, Revista Madrid...*

Gente del 98 es el gran libro de Ricardo Baroja. Lo publicó el año 35 en forma de artículos en el *Diario de Madrid,* y los reunió en libro después de la guerra. Son informaciones de primera mano, sin mixtificaciones, sin el rencor ni los interesados manejos de su hermano. Son, por decirlo de una manera, las memorias de alguien al que ese asunto de la generación del 98 le interesa relativamente, porque él busca siempre otro terreno.

El arranque de Ricardo Baroja como pintor lo encontramos también en la revista *Arte Joven,* la revista que dirigieron en su parte artística Picasso, Torrent y él mismo.

Los dibujos de éste, los de Baroja, los de Casas, tienen todos un aire de familia. Puede decirse, sin embargo, que el que más carácter tenía desde el comienzo fue Baroja, que delimitó muy pronto la clase de mundo que iba a llevar a sus lienzos. En realidad, los temas fueron todos los mismos que le interesaron a Pío, quizá con un mayor lirismo: pintó Ricardo arrabales, merenderos de río, gabarras de carbón, escenas de la España rural, escenas de vida marinera y las derrotas de los viejos buques, retratos de gentes sombrías y bohemios, retratos de sus amigos los escritores...

Ricardo empezó pintando y grabando al mismo tiempo prácticamente. A escribir empezó un poco después. En unos años, las ilustraciones de Baroja se podían ver acompañando los escritos de su hermano, de Azorín o de Maeztu por las revistas literarias. Puede decirse que eran viñetas al gusto parisién de ese momento, con influencia de Toulouse-Lautrec, Degas, Bonnard, Seurat (¡aquellos fiacres al carbón de Seurat en medio de las neblinas del Sena!) y los pintores que ilustraban *La Revue Blanche*.

Ricardo y Pío, con la madre, la hermana Carmen, que haría algún estudio sobre artesanía popular, con Serafín, el padre (un hombre ilustrado, escritor él mismo), se ve que eran un todo: los Baroja. Lo dijimos al hablar de Pío. Lo fueron siempre, incluso cuando ya no hubiera tenido objeto, pero la naturaleza de sus relaciones los llevó a permanecer unidos, aunque hubieran dejado de hablarse, cosa ésta muy española. Incluso sabemos, por una carta de Ninoche a Corpus Barga, que Pío, durante la guerra, «no quiere de ninguna manera volver a España, por lo que cuenta, Ricardo está cada día más fascista, Carmen más católica, y pasaban el día tirándose los trastos a la cabeza».

Julio Caro, sobrino de Ricardo y Pío, siguió esa tradición (la memorialista al menos) y fue, muertos los tíos, quien siguió siendo el que emulsionó la vida familiar. Cuando quiso hacer la historia de la familia, llamó al libro de esa manera, *Los Baroja*, porque se ve que eran conscientes de que, si iban a ser algo, sería como grupo, cosa extraña también, pues no se habrá visto una familia más apiñada hecha de elementos más anarquizantes, individualistas y disolventes. Pero no, se conoce que en el falansterio se sentían ellos a gusto.

La vida de Ricardo, al igual que la de Pío, no es en absoluto extraordinaria ni rica en acontecimientos de postín, pero sí, en cambio, abunda en ella un muy divertido anecdotario que refleja bien su personalidad diletante.

Estudió Letras y sacó las oposiciones de archivero. Incluso llegó a trabajar en ello, pero abandonó la carrera, como Pío la medicina, para hacerse cargo de la panadería, sin duda la más célebre panadería de toda la literatura española.

Silvestre Paradox, protagonista de la novela de Pío, describe así a los dos hermanos: «Estos Labartas, así se llaman los panaderos, dijo Silvestre a Ramírez mientras esperaban, son tipos bastante curiosos: uno es pintor; el otro, médico. Tienen esta tahona, que anda a la buena de Dios, porque ninguno de los dos se ocupa de la casa. El pintor no pinta; se pasa la vida ideando máquinas con un amigo suyo; el médico tiene, en ocasiones, accesos de misantropía, y entonces se marcha a la guardilla y se encierra allí para estar solo.»

En relación con Solana, Baroja era más convencional y decimonónico, menos moderno. Baroja era un buen burgués pintando, uno de esos buenos aficionados. Solana no. Si Casas era más francés, Baroja fue siempre más belga. Lo de Solana es un caso más raro aún y su precedente lo encontraríamos tal vez en Nonell. Baroja, en cambio, no fue nunca un artista exclusivo y buscó siempre la amistad y compañía de pintores bien diferentes de él: Romero de Torres, Anselmo Miguel, incluso Penagos, que admiraba mucho a Ricardo desde el principio.

La obra literaria de Ricardo no es grano de anís y forma un volumen en cuarto de casi mil quinientas páginas de letra menuda, aunque su vocación de escritor fue intermitente. Hizo obras de imaginación, ensayos, piezas de teatro, biografías y libros de recuerdos y semblanzas, y una novela de tema erótico.

Ricardo llegó incluso a recibir en 1935 un premio nacional por una de sus novelas, *La nao Capitana*, que junto a *El Dorado*, fueron sus dos novelas marineras. Son ambas piezas entretenidas, de lectura muy grata, sin pretensiones, pero su interés está también en la profusión de viñetas que Baroja dibujó para cada una de ellas, lo que las convierte en un todo atractivo. Su literatura, sin embargo, es menos importante que su labor de grabador. Así como la de Solana hemos dicho que tiene valor en sí misma, la de Ricardo Baroja ni mucho menos, pero el conjunto de esos libros, con las viñetas y su carácter, es bonito.

Lo mismo podría declararse de los libros de Gustavo de Maeztu, hermano de Ramiro y trece años más joven que éste, pintor y litógrafo también, y escritor de unas pocas novelas. Otra vida, otra leyenda en su casa de Estella al final de su vida, bordeando siempre una especie de civilizada locura, implosivo y explosivo, como los sujetos artísticos, con un humorismo ténebre y sombrío para casi todo. Fundó una revista que se llamaba *El Coitao*, donde escribía sus preocupaciones sobre temas generales muy interesantes, Dios, las religiones, la patria, si era posible un mundo sin ejércitos, en fin, cosas de esa naturaleza novedosa. Se puede pensar que era un anarquista, pero también se puede pensar lo que de otros anarquistas, que era un conservador. Como pintor tuvo su momento, pero ese momento se le ha pasado a la mayoría. Pintó cosas llenas de carácter, más secas que las de Baroja, con una gran profusión de verdes biliosos, no se sabe por qué, aunque fue autor también de una serie de estampas vascongadas y carlistas de buena impronta. Esta obra litográfica, que podría recordar a veces las estampas que hizo Regoyos sobre el País Vasco, es bonita, mejor que nada de lo otro suyo. Con su romanticismo y su leyenda. Sus novelas son muy curiosas e interesantes, pero de una gran extravagancia, como él mismo. Una de ellas, quizá la mejor, *El imperio del Gato Azul,* la prologó su hermano de una manera displicente, pero basta haberla leído para darse cuenta de que Gustavo tiene mucho más interés que él como escritor y como artista. Por lo mismo, en el prólogo Ramiro dice unas cosas muy raras de un hombre, ya lo hemos dicho también, al que la literatura ni le gusta ni la comprende. La novela es un folletín, pero como son folletines muchas de Baroja, muy bien escrito, lleno de pasajes espléndidos y con verdaderos recursos de novelista. En eso es más que Ricardo también. No parece que nadie vaya a volver a leer esas obras, pero los amantes de la literatura merecerían poder tenerlas a mano un día para echarles siquiera un vistazo. Hoy sólo son sombras que vagan como el espíritu de Poe no se sabe por dónde. Ni siquiera por las librerías de viejo, porque los libros de Gustavo de Maeztu son inencontrables, y los que uno tiene de él, *El imperio del Gato Azul* mismo, *El vecino del tercero* o *La camorra dormida,* donde hace parodia del teatro como género y no menos disparatado que el primero, son también fantasmas de la biblioteca en pantomima de folletines.

Capítulo duodécimo y último

PARA HABLAR DE ESOS ESCRITORES QUE NO SIEMPRE SE
MERECEN NI LA LETRA PEQUEÑA NI LOS ÚLTIMOS CAPÍ-
TULOS

Si los Trigo, los Ciges o los Solana y Noel son una radica-
lización del ideario del novecientos (en algún caso, como
en Noel, más propagandistas de ese ideario que los propios
«fundadores», o más ácratas, como en el caso Solana), debemos, aun someramente, referirnos a quienes, por el otro
lado, por el de la «irresponsabilidad» histórica, desarrollaron una literatura «al margen de la historia» o no demasiado
preocupados por ella. Ya se comprende que los entreco-
millados obran aquí de una manera irónica. Bien, para decirlo de una manera esquemática pero expresiva: si unos los
sobrepasaron por la izquierda, otros se les fueron por la derecha; si unos no renunciaron a sus idearios más o menos
socialistas o anarquistas, otros no estaban dispuestos a renunciar a una literatura que demandaba aún la mayor parte
de los lectores, que era, no olvidemos, de la clase burguesa.
Mainer nos ha recordado cómo una buena parte de los lectores de Baroja fueron obreros, y cabría sostener lo mismo
de Blasco Ibáñez, Ciges o Trigo. La mayor parte de los lectores de los escritores galantes los encontramos en la pequeña burguesía y en el gremio de los horteras de dro-
guería. Hablamos, por un lado, de Zamacois y de todos
aquellos epígonos que cultivaron unos géneros literarios
con escasas pretensiones de aprovechamiento estético o
intelectual. Y hablamos, por otro, de cuantos, desde el teatro, se vieron abocados, para mantener su público, a ciertos casticismos que con desigual fortuna practicaron Ar-

niches, los Quintero o Muñoz Seca. El caso de Benavente es aparte.

Si a algunos de los primeros, los ideológicamente fuertes, se los ha recuperado en los últimos años, siquiera sea por la vía del compromiso político, de la conciencia social o del valor testimonial de sus libros, y otros, como Solana o Noel, gozan del prestigio de conscientes minorías, la incuria en la que están los novelistas como Zamacois y todos aquellos a los que él promocionó en *El Cuento Semanal* es aún mayor.

El Cuento Semanal, que empezó a circular en 1907, fue la primera de las empresas editoras que dirigió Eduardo Zamacois, quien la continuó en 1909 con otra, de no menor éxito, a la que llamó *Los Contemporáneos.*

Tras ellas, las pioneras, surgieron en España muchas colecciones de características parecidas, pequeño formato, periodicidad semanal o quincenal o mensual, precio barato, obras inéditas (luego se recurrió a éxitos de la literatura extranjera o española) de una extensión adecuada al formato de la colección (entre 24 y 48 páginas) y autores de cierto renombre. En un primer momento fueron únicamente los escritores de segunda fila o «populares» los que aceptaron esta manera de publicación, pero muy pronto los «grandes» comprendieron que la fórmula era perfecta y, por si fuera poco, muy bien remunerada, habida cuenta la gran aceptación que ponía las tiradas muy por encima de lo que era habitual en ellos. A *El Cuento Semanal* y a *Los Contemporáneos* siguieron en muy poco tiempo decenas de colecciones, *La Novela Corta, La Novela de Bolsillo, La Novela Semanal, El Libro Popular, La Novela Gráfica, El Cuento Galante, La Novela Decenal, La Novela para Todos, La Novela de Hoy, La Novela Mundial, Los Novelistas, La Novela de la Noche, La Novela Sentimental, La Novela de la Modistilla, El Cuento Azul, La Novela Social, La Novela Ideal,* sin contar con todas aquellas de corte sicalíptico o pornográfico, que conocieron un éxito fulgurante, *Biblioteca Fauno, La Novela Adán, La Novela Inocente, Colección Placer* o *La Novela Mimosa.* Algo parecido podríamos decir del teatro, donde colecciones como *La Farsa, El Teatro Moderno* o *La Novela Teatral* publicaron los mejores autores del momento. Entre 1907 y 1936 salieron unas doscientas colecciones de novela corta, algunas de las cuales llegaron a publicar incontables títulos.

La mayor parte de esos escritores rosáceos con tendencia al marrón oscuro han desaparecido de la literatura española. A algunos, como el propio Zamacois o Cansinos, un hombre unido a la vanguardia pero con raíces modernistas, la fortuna de unas memorias atractivas los ha puesto en un lugar no demasiado desairado: por lo menos ha de consultárseles cuando se quiere saber detalles oscuros, pintorescos o chismosos de la época, ya que su visión no suele por otra parte ir mucho más lejos. La literatura, para el segundo al menos, terminó siendo un pequeño ajuste de cuentas al margen de la literatura, como un repaso minucioso al escalafón, en el que lo único que parece mirársele a los escritores son las estrellas de la bocamanga para saber si fueron muchas o pocas y con qué méritos ganadas o rapiñadas.

Sainz de Robles, que historió esa promoción de escritores en su libro *Raros y olvidados,* de la mayor parte de los cuales fue un convencido panegirista, escribió de ellos: «Más de medio centenar ganaron sólido prestigio entre 1907 y 1925 gracias a sus novelas breves publicadas. Prestigio que les valió para que sus novelas extensas alcanzaran tiradas de cinco mil ejemplares. Cifra que no alcanzaron, en 1870 y 1905, los grandes maestros del XIX.»

Sainz de Robles coloca al frente de esta generación a Trigo y la cierra con Cipriano Rivas Cherif. En total treinta y ocho escritores, de los que puede decirse que ni uno solo suscita hoy interés alguno específicamente literario, aunque, como Cansinos, decíamos, se hayan convertido en la llave para acceder a otras vidas y otras obras del momento.

Si hubiera que buscar para todos ellos un calificativo común o lema sería tal vez el mismo que había puesto Trigo al frente de su obra: «Yo hablo en nombre de la vida.»

En nombre de la vida dijeron hablar todos ellos, bien de una manera galante y sobre ambientes mundanos, bien de una manera cruda y sobre ambientes sombríos. Siguiendo la nómina preparada por Sainz de Robles podríamos clasificarlos en grandes grupos. Entre los galantes estarían desde luego Zamacois, Mata, Belda, Insúa; entre los tremendistas, con Trigo a la cabeza, entrarían Parmeno, Tenreiro, cierto Ciges; entre los decadentes, Cansinos, Hoyos; casticistas habría que considerarse al versista Luis de Tapia, a Carrere, a Ramírez Ángel...

En un país como España, donde se ha dicho que no proliferaba el género de las memorias, hemos de hablar de las de Zamacois, que tituló *Un hombre que se va*, como de unas de las más notables, por el tono de naturalidad y la ausencia total de pose literaria, a diferencia de las de Cansinos, quien sabía que esa de las memorias era la última baza que le quedaba para jugar. Un hombre viejo, Zamacois, que trata de recordar, sin acampanar por un momento el tono, las vicisitudes extrañas de una vida tan larga de la que siempre que ha podido ha desterrado la ingratitud y el rencor, lo que le lleva casi siempre a ver el lado amable de cosas y personas sin engañarse nunca.

Había nacido en 1873 en Pinar del Río, en Cuba, y toda su larga vida fue una aventura completa que él mismo pormenorizó de una manera deliciosa: «Si mis padres hubiesen sido periodistas, mi padre hubiera fundado *La Tolerancia* y mi madre *La Intransigencia.*» Pero ni un reproche. Para Zamacois, la vida fue el perpetuo azar que aceptó con conformidad, sin juicio ni resistencia. Vivir y dejar vivir hubiera sido su máxima. Ése es el tono de las memorias, pero también el tono de sus más de cincuenta novelas y miles de artículos. Siempre fue un hombre transigente que quería hacer una literatura amable. Aunque en Barcelona había fundado una revista que se llamó *Germinal*, Zamacois tenía más que ver con France, Huysmans o Bourget, a los que conoció en París, que con Zola. En *Germinal* participó también de ciertas preocupaciones regeneracionistas, aunque parecen sonar sin demasiada convicción, como si esas palabras fuesen las políticamente correctas de entonces: «... En los actuales momentos está [España] decadente... Pero ¿reverdecerán los laureles? ¿Tornará a ser lo que fue?... Sí; a España aún le aguarda un glorioso germinal; España no está muerta... está dormida.»

No sabemos lo que tendrá de cierto el juicio de Sainz de Robles cuando sostenía que Ramón y Zamacois fueron los dos escritores más influyentes para las generaciones nuevas, ni tampoco el efecto que harían hoy sus novelas, que se leen con agrado, las mejores al menos, *Los vivos muertos, Las raíces, La antorcha apagada, Memorias de una cortesana* o *La opinión ajena.* En todas ellas, Zamacois hizo gala de lo que entonces se llamaba un estilo elegante, que consistía en decir las cosas con sutileza, basándolo todo en las insinuaciones, en las elipsis. Quizá las novelas suyas hayan pasado definitivamente, podría ser, pero sería triste que corrieran la misma suerte sus memorias porque, en un país donde no tenemos muchos testimonios personales, las suyas son en verdad notorias.

El caso de Parmeno es también bastante significativo de lo que da en llamarse «olvido literario». Diversas voces han salido aquí y allá para reivindicarlo, con escasa fortuna. A veces por la ambigüedad no se sabe si la defensa es sincera, como cuando Torrente Ballester salió diciendo que el «olvido es injusto», pero a continuación lo resume de esta manera: «El resultado en el caso de Parmeno (como en el de algunos otros) fue tomar como materia prima literaria asuntos de la vida pueblerina y campesina: grandes pasiones elementales, de sexo y venganza. Pero este material literario vale poco de por sí. Tiene, además, la desventaja de que su ordinariez esencial acaba por contagiar al escritor que lo toca. Las grandes pasiones sólo son interesantes cuando las viven hombres interesantes. Requieren, además, un talento especial, un fino tacto y una gran dosis de poesía, o, por lo

El Cuento Semanal

LA CITA
NOVELA POR EDUAR-
DO ZAMACOIS === ILUS-
TRACIONES DE MEDI-
NA VERA ==========

SEGUNDA
EDICIÓN

30 Cénts.

La mayor parte de esos escritores rosáceos con tendencia al marrón oscuro han desaparecido de la literatura española. A algunos, como el propio Zamacois o Cansinos, un hombre unido a la vanguardia pero con raíces modernistas, la fortuna de unas memorias atractivas los ha puesto en un lugar no demasiado desairado.

El Cuento Semanal, *que empezó a circular en 1907, fue la primera de las empresas editoras que dirigió Eduardo Zamacois, quien la continuó en 1909 con otra, de no menor éxito, a la que llamó* Los Contemporáneos.

Carmen de Burgos fue autora de una biografía de Leopardi en la que incluía traducciones notables de autores españoles, como Unamuno.

En un país como España, donde se ha dicho que no proliferaba el género de las memorias, han de considerarse las de Zamacois, que tituló Un hombre que se va, *como unas de las más notables.*

menos, una gran capacidad artística. Parmeno no poseyó ninguna de estas cualidades en medida eminente. Venía, además, lastrado de una ideología que hoy no nos conmueve. Sus grandes cuadros sangrientos hoy nos parecen toscos, resueltos con muy pocos trazos. Carece del arte de hacer atractivos a sus protagonistas...» Es absurdo venir a defender a nadie con tales argumentos, porque lo normal es que el lector piense que si Parmeno es todo eso que dice su panegirista, era mejor que siguiera en el olvido. Por otro lado, Torrente Ballester parece que se está refiriendo únicamente a una obra corta suya, que tituló *Cintas rojas*, de la que se llegó a decir que era la novela que había copiado Cela para escribir *La familia de Pascual Duarte*, con la que ésta tiene una relación lejana en la brutalidad del crimen. Pero lo que es claro es que el tremebundismo de la literatura lo empezaron esta novela de Parmeno, *El otro*, de Zamacois, *Tántalo*, de Díez de Tejada, y *El caso clínico*, de Hoyos y Vinent, novelas en las que el tema excede con mucho a la propia literatura.

Nora, en su historia de la novela, tampoco es más piadoso con Parmeno, al que siempre le encuentra muchas cosas que le afean. Sólo Abelardo Linares, en un pequeño ensayo dedicado a su obra, se esforzó en acomodarle en un lugar más propicio, valoró su teatro, sobre todo sus comedias a lo Quintero, y ponderó sus narraciones cortas. «López Pinillos —nos decía Linares— es de esos escritores cuyo defecto no es que les falte algo, sino que les sobran algunas cosas; defecto, pues, por exceso.»

Podríamos haber puesto a Parmeno junto a Noel, con el que tiene no pocos parecidos de temas y de lenguaje. Hay sin embargo alguna diferencia de orden dramático: así como las novelas de Noel parecen detenidas en un único cuadro, en las de Parmeno se descubre un verdadero drama desde la primera línea, sin entrar en consideraciones de estilo, donde Parmeno, menos casticista que Noel, termina por ello siendo más legible. Con menos personalidad, seguramente, pero más asequible.

De José López Pinillos, *Parmeno,* se saben muy pocas cosas, que nació en Sevilla en 1875 y que murió relativamente joven, en 1922. Sale mucho en las memorias de Cansinos, pero sale de una manera que da absolutamente igual, porque las cosas que cuenta de él, como las que cuenta Cansinos de casi todo el mundo, son de esa naturaleza un poco absurda del «vino un día y me dijo», y lo que le dijo, oído cincuenta años después, da igual que se lo hubiera dicho o no: frases agudas dichas en la redacción a un compañero, a un director, a un petimetre. Fue Parmeno un hombre de izquierdas que trabajó en la prensa para vivir y escribir una quincena de libros que le proporcionaron en su tiempo una relativa celebridad. Luego se murió y pasó al negociado de raros y olvidados, sin que ni *Doña Mesalina,* una novela de la que Pérez de Ayala dijo que era perfecta en su género erótico, o sus *Cintas rojas* o *El chiquito de los quiebros,* obras cortas éstas y en cierto modo modélicas en su modestia, le hayan servido de mucho.

Tan o más «noventayochista» que Parmeno fue, sin lugar a dudas, Luis Bello. Bello había nacido en Alba de Tormes en 1872 y escribió pocos pero muy hermosos libros, y alguna vez firmó sus escritos con el seudónimo inexplicable de *Juan Berebere,* él, que era alto, pálido y quebradizo.

Dos de sus libros, su *El tributo a París,* de 1907, y sus *Ensayos e imaginaciones de Madrid,* de 1919, que dedicaba a Galdós, son esa clase de libros que no creo yo que vayan a tener por el momento ninguna resurrección, como aquellos otros de Adolfo Salazar, *Hazlitt el egoísta* o *Delicioso el hereje.* Tienen la misma hechura miscelánea, con una finísima mirada para los asuntos más diversos. Fue Bello, que había fundado en 1903 una revista importante, *Crítica,* de lo mejor de su tiempo, y sus ensayos sobre Galdós denotan una persona que verdaderamente lo amaba, a diferencia de la mayor parte de sus camaradas, y esos dos libros y sus cuatro tomos que tituló *Viajes por las escuelas de España,* síntesis de una literatura de viaje, del ensayo y de la denuncia, deberían considerarse uno de los ejemplos eminentes del regeneracionismo puesto en práctica. A partir de esa obra que, insistimos, se deja leer como una verdadera novela por lo que tiene de realidad española y documental vivo de la incuria y el analfabetismo españoles, se trató de poner remedio a una y otro, tan elegantemente denunciados por don Luis, pero eso le sirvió de poco. Murió temprano, en 1935, y se le terminó retirando de la circulación, al igual que a José María Salaverría, uno de los escritores de los que nadie duda perteneció al grupo de los grandes, donde a menudo se le ha incluido, si bien como rareza.

En fin. Quizá todo aquel mundo sólo diera para *La novela de un literato* de Cansinos. ¿Cómo, si no, abordar la figura de Carmen de Burgos, o la de Insúa, o la de Carrere, o la de Concha Espina? Todos ellos, en algún momento de su vida, abordaron en sus novelas asuntos que habríamos de considerar «canónicos». Concha Espina, por ejemplo, una novelista que gozó de una gran popularidad y que fue a la novela lo que Gabriel y Galán a la poesía, publicó la mayor parte de su obra en Renacimiento, con unas portadas por cierto extraordinariamente bellas, y una novela como *La esfinge maragata*, de dicción y lengua decimonónicas, podría incluirse en el 98.

¿Basta saber que Carrere fue el autor de la primera antología de poesía modernista, *La corte de los poetas*, para redimirle de su purgatorio? ¿Saberle incluso autor de aquella novela, *La torre de los siete jorobados*, liadísima, de la que luego hizo Neville su película? Había en él algo de simpático, de figura para decorar cualquier cosa. Se jactaba de ser el poeta de la bohemia y tuvo en su día más prestigio que ninguno de los minoritarios Juan Ramón o Machado, y las revistas galantes querían tener versos suyos y no de los otros. Todas sus obras parecen la misma siempre, y quizá lo fuesen; por eso le endosaron con malicia el título del «Rey del refrito», que llevó sin inmutarse.

O Pedro de Répide, con su rostro estucado con albayalde

y perfumado de tal manera que hasta los guardias urbanos perdían un poco el control de la situación. Con sus pantalones ceñidos y la americana ajustándole los riñones y unos botitos de media caña. De él se llegó a decir que era «de la estirpe de Valle-Inclán y no inferior a éste» (lo dijo Sainz de Robles), pero no ha de cegarnos la humorada: ni Valle-Inclán se merece eso. En la literatura española, cuando algo es grotesco y barroco, se dice que se parece a Valle, por lo mismo que cada vez que nos topamos con algo anormal y sin ningún sentido declaramos que es surrealista. Pero ¿quién se va a poner a estas alturas a comprobarlo? Lee uno sus libros sobre Madrid y los encuentra bien hechos, con cierto sabor costumbrista y esa melancolía inocente del que encuentra siempre mejor los churros de hace cincuenta años que los que se fríen en la actualidad, por buenos que sean. Era un enamorado de la ciudad y llegó a saber su historia de memoria, como esos secretarios de ayuntamiento que conocen su pueblo piedra a piedra no se sabe muy bien para qué.

¿Y Carmen de Burgos? Fue autora de una biografía de Leopardi en la que incluía traducciones notables de autores españoles, como Unamuno, pero ¿no es Colombine lo más alejado al espíritu del autor de «El infinito»? En cuanto a la biografía de Larra, planea sobre ella tan baja la sombra de Ramón Gómez de la Serna que nos hace dudar de la autoría. ¿De no haber sido la amante de Blasco Ibáñez o de Gómez de la Serna, volveríamos los ojos a aquellos libros en los que reclamaba, con énfasis, una emancipación de la mujer moderna? Aunque bien pensado, para qué engañarse, sobre la pobre y buena Carmen de Burgos no ha vuelto nadie sus ojos, ni las feministas atentas siempre a buscar precedentes interesantes.

¿Y Mata? Nadie puede hacerse una idea del éxito que tuvo como novelista a menos que uno piense en algunos de los novelistas que hoy mismo conocen ediciones de sus libros de más de cincuenta mil ejemplares, y que han tomado su cetro. Mata, que había nacido en Madrid en 1875, era hijo de un médico famoso con ínfulas de poeta y del que corría una copla divertida que decía: «Vive en esta vecindad / cierto médico poeta / que al pie de cada receta / pone Mata... y es verdad.» Mata empezó escribiendo novelitas cortas y no conoció su éxito hasta más tarde, hasta 1916, en que se premió su segunda novela, *Corazones sin rumbo*, junto a *Volvoreta*, de Fernández Flórez, y *El pecado de San Jesusito*, de Francisco Camba. Cualquier librero de viejo sabe que durante veinte años, hasta la guerra civil, Mata, Insúa, Belda y Fernández Flórez fueron los cuatro novelistas más leídos y seguramente más admirados en España. Fueron ellos quienes dieron con la fórmula de la coctelera: tanto de erotismo, tanto de ambiente selecto y cigarrillos egipcios, tanto de pecado, tanto de redención.

¿E Insúa? Insúa escribió también sus *Memorias* en tres tomos. Se dice de ellas que no están mal porque son tres tomos y porque tampoco hay gran cosa sobre la época, pero desgraciadamente tienen poco interés, se las mire como se las mire: un personaje trata de ponerse a salvo y justificar lo que hizo y demostrar que no pudo ser otra cosa que Insúa. Como a Trigo el tema Trigo, a Insúa el tema Insúa le interesa bastante. Son unas memorias «blancas», prolijas y un poco aburridas, como si a él de viejo le gustara oírselas contar. Adquirió una fama inmensa con sus novelas, pero su éxito se volatilizó muy pronto. Las novelas más reeditadas de 1900 a 1936 fueron dos: *La casa de la Troya*, de Pérez Lugín, y *El negro que tenía el alma blanca*, de Insúa. Pero a Insúa la fama se la dio también otra clase de obras. Novelas de cuya lectura habían de confesarse las jovencitas a los curas en el confesonario. Cuando hoy tiene uno tiempo de leer alguna, se sorprende de que sean más que sucias, puercas, las primeras; las otras no pasan de tontas. Nada más. Luego eso se pasa y las intrigas, siempre muy elementales (suele ser siempre un hombre que conoce a una mujer a la que pretende con un amor puro, mientras el amigo íntimo del hombre ha

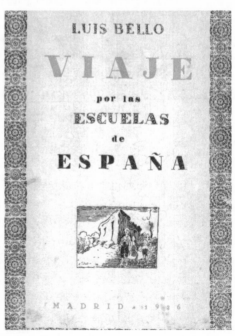

El caso de Parmeno es bastante significativo de lo que da en llamarse «olvido literario».

Doña Mesalina, *una novela de la que Pérez de Ayala dijo que era perfecta en su género erótico.*

Luis Bello escribió pocos pero muy hermosos libros y alguna vez firmó sus escritos con el seudónimo inexplicable de Juan Berebere, él, que era alto, pálido y quebradizo.

Viaje por las escuelas de España *se deja leer como una verdadera novela, por lo que tiene de realidad española y documental vivo de la incuria y el analfabetismo españoles.*

hecho con la honra de la damisela —todavía se habla de honra— y a espaldas de aquél un gran cigarro que se fuma con parsimonia, etc.), terminan por evaporarse también.

Joaquín Belda había nacido en Cartagena en 1883. Era un pobre hombre del periodismo, tímido y pelma, hasta que publicó su primera novela, *La suegra de Tarquino*, que le lanzó a la notoriedad. Era también sicalíptico y aún más cursi que Insúa.

López de Haro, que había nacido en San Clemente de Cuenca en 1876, fue notario y tuvo su clientela también como escritor, quizá porque había aprendido los rudimentos de la novela en Trigo, del que se declaraba discípulo. Dividió su obra en tres ciclos: de la carne, de la vida y de las almas, que es más o menos en lo que suele dividirse todo en esta vida.

Aunque desarrolló buena parte de su carrera, y lo más significativo de ella, entrados los felices años veinte, un escritor como Antonio Hoyos y Vinent no se entendería sino como epígono de estos escritores que apadrinó Zamacois.

En las *Memorias* de Cansinos aparece lo bastante bien descrito, subido a unos coturnos y orlados los ojos en rímel, como para que ensayemos aquí una nueva pintura.

Hoyos fue un escritor menos raro de lo que se piensa. El personaje pudo serlo mucho; ahora, las obras que escribió eran sencillamente deleznables y sólo le han podido gustar en serio a alguien por razones extraliterarias o por ocultas perversiones, naturalmente legítimas. Podría decirse de Hoyos lo que aquel dandy dijo de las corbatas: se puede llevar una corbata fea, pero sabiéndolo. Puede uno leer a Hoyos, desde luego, pero sabiendo de qué se trata.

Así hay que entender el retrato de Ramón o el de Ruano, que jamás se llamaron a engaño con él, en la medida en que encontraban que encajaba bien en lo que podría llamarse una bohemia dorada, que se diferenciaba de la otra en que comían a diario y llevaban ropa más cara, aunque no de mejor gusto.

Ruano le llamó con mucha gracia *monsieur le monstre*, porque se dedicaba a espiar a las parejas que iban a magrearse a unos solares que había frente a su casa, sabiendo además que eso lo decía Ruano, conocedor del lance.

Hoyos se empleaba en la *tenue* con tanto o más denuedo que en su prosa. Monóculo, trajes de un chic un tanto escandaloso, sortijas hasta en las orejas y pendientes en cada dedo. Coturnos también, como ya se ha dicho. Para completar el cuadro hay que decir que era marqués y sordomudo, ambas cosas de nacimiento. Para subrayar lo primero jamás ocultó su condición de homosexual, lo que en la época escandalizaba sin duda, pero que en un marqués se toleraba bastante más que en cualquiera. Para subrayar lo segundo, más que para mitigarlo, Hoyos estudió en un colegio suizo (el mismo que tuvo Alfonso XIII) un sucedáneo de lenguaje con el que se ayudaba para decir sus frases a lo Wilde. En fin, un verdadero cuadro que queda completado con la corpulencia de un oso, envergadura, no obstante y a juzgar por las fotografías, sin fibra, de mantecas más o menos perfumadas.

Empezó a publicar muy pronto, el año tres, *Cuestión de ambiente*, que le prologó la Pardo Bazán y que era una novela de crítica social. Pero es a partir de 1910, cuando publicó *Del huerto del pecado*, que apareció con ilustraciones de Julio Antonio, cuando dio con el filón de una literatura erótica que le llevaría en muy poco tiempo a una gran popularidad, apuntalada con la presencia continua en las colecciones de novelas cortas, tan en boga entonces. Fueron años de cabaret y de vicio, que contó de una manera ligera junto a su sempiterno acompañante el figurinista Pepito Zamora, autor a su vez de una novelita en clave que causó gran escándalo y que se llamaba *Los cabritos*.

El caso es que Hoyos quiso introducir en España la novela decadente a lo Lorrain, Huysmans o Wilde, y trabajó en ello con un tesón impropio de un marqués, pese al antecedente del de Sade, de quien pudo haber copiado su divisa de «la lujuria, el pecado y la muerte», las tres cosas por las que dijo Hoyos haber vivido.

Había una frase de Wilde que decía que «el pecado es el único viento de algún colorido en la vida moderna»; Hoyos la tradujo y la hizo suya en una sentencia que venía implícita al frente de todos sus libros: «Lo que más me atrae o inquieta de la vida son el pecado y la noche. Es como el leitmotiv de todos mis libros. ¡Vagar por las calles extraviadas a las altas horas de la madrugada, curiosear todos los rincones, asomarse a todos los antros! Novelas mías vividas casi todas... Hay tres cosas que en la literatura me han apasionado infinitamente: el misterio, la lujuria y el misticismo... En mis libros el amor es una cosa horrenda y escalofriante.» Debía de ser verdad.

Escribió mucho, muchísimo. Y de prisa, sin corregir. Esas calles extraviadas de las que hablaba se ve que eran otra cosa, que habría querido decir extraviado en esas calles, pero le valía todo con tal de que tuviera cierto husmo de perturbación y anormalidad pecaminosa. Los partidarios suyos encuentran que *La vejez de Heliogábalo* o *El pasado* o *El monstruo* son lo más logrado suyo. O más aún, sus colecciones de cuentos y narraciones cortas. Pudiera ser. En los mejores momentos trató de elevar sus relatos con preocupaciones de orden intelectualista o místico. Pero fue siempre su prosa un amasijo imposible de cursilería y casticismo, empedrado de diminutivos empalagosos y esnobismo francés, que envolvía siempre en una atmósfera especiada de pachulí como para levantar a los muertos. No es infrecuente tampoco verle recurrir a hacer diminutivos de los aumentativos y de los sustantivos con acentuación aguda, como «ladróncete» o «cachorróncito», aunque es posible que la costumbre proviniese de ternuras suyas que le llamara al novio.

Al final de su vida, las cosas se le complicaron de una manera absurda y triste, porque terminó haciendo la revolución en partidos de izquierda radical, que tampoco le reconocieron el detalle. Ni entonces ni después. Podrían haber hecho de él un mártir, pero se conoce que el caso tenía escasa compostura, soldaduras imposibles. Fue de los que perdió todo, guerra, literatura y porvenir. Su biblioteca, que integraban libros encuadernados por él en tela negra con la «V» y la corona de su marquesado, la dispersó la mala suerte y hace unos años aún podían verse ejemplares de aquella gran bandada sobrevolar un poco de ala caída por algunas librerías de viejo. «Antonio de Hoyos y Vinent —concluía Ruano—, marqués, grande de España, maestrante, sobrino literario del marqués de Sade, descendiente de nobles y negreros, fue una figura millonaria en anécdotas de aquel Madrid de la otra guerra. Murió en la cárcel, medio ciego y miserable, intencionadamente abandonado por los que pudieron hacer algo por él. Es toda una biografía, por supuesto no tolerada para menores.»

Tras Hoyos hubo otros que escribieron la historia de la perdición en folletos y libros, Alfonso Vidal y Planas, Diego San José, Juan Ferragut, Álvaro Retana, Carretero, *el Caballero Audaz* y los que, andando el tiempo, formarían el grupo de los 13.

Es posible que alguien cuestione la presencia de muchos de estos escritores en estas páginas del regeneracionismo, precisamente por haber sido ellos muy partidarios de la degeneración. Pero en todo fueron hombres de ese momento más que del momento que se les avecinaba, el de las vanguardias.

No podríamos cerrar este capítulo de quienes trataron de conectar con un público mayoritario, a través de temas y lenguajes castizos o casticistas, sin referirnos a quienes de manera muy directa vivían de y para el público: los autores de teatro.

En otro momento de la historia éste habría sido un capítulo aparte, habida cuenta la importancia que el teatro tenía en la vida cultural española, mucho más comparativamente que la que en la sociedad presente ha llegado a tener el cine.

Baste recordar la conmoción nacional que supuso el estreno de *Electra*. Muchos escritores probaron fortuna en el teatro porque sabían que un éxito en la escena les permitía vivir con un desahogo que no garantizaba ni el periodismo ni, por supuesto, la literatura. Hasta Galdós, un hombre al que los lectores le favorecían en número y constancia, comprendió que los ingresos que le proporcionaba el teatro eran muy superiores a los que le reportaban sus novelas o sus *Episodios*, y desde luego percibidos con inmediatez indubitable.

Por otro lado, en el teatro, entendido como se entendía entonces, se dirimía día a día la evolución de la sociedad. Era el termómetro fidedigno de cuantas oscilaciones se producían en el gusto y las ideas del pueblo.

La vida teatral era intensa, los teatros, todavía sin la competencia del cinematógrafo, eran, con los cafés o las revistas, el centro de reunión intelectual donde se solventaban famas y prestigios.

Si escritores como Azorín, Baroja, Unamuno o Valle-Inclán, por hablar de la tetrarquía de los prosistas (novelistas, autores de teatro y ensayistas), raramente superaban en el arranque los dos mil o tres mil lectores en cada libro, el teatro podía de forma instantánea ponerlos ante veinte mil o treinta mil, a poco que la obra permaneciese en cartel veinte días.

Para ello, el lenguaje y los temas habían de tratarse con menor exigencia intelectual, de eso no hay duda. Incluso, ya lo vimos en otro lugar, una obra como *Electra* hubo de dibujar con evidente esquematismo las pasiones e intereses de sus protagonistas, y se diría que fueron las emociones que el público llevó al teatro las que contribuyeron o caldearon, por decirlo en términos taurinos, el ambiente hasta las cotas que conocemos.

Y no era por el desinterés de los intelectuales hacia el teatro, en absoluto. Todos ellos, incluidos Baroja y Azorín, escribieron obras de teatro o novelas en forma teatral que

Había en Carrere algo de simpático, de figura para decorar cualquier cosa.

Carrere se jactaba de ser el poeta de la bohemia, y tuvo en su día más prestigio que ninguno de los minoritarios Juan Ramón o Machado.

Todas las obras de Carrere parecen la misma siempre, y quizá lo fuesen; por eso le endosaron con malicia el título de «Rey del refrito», que llevó sin inmutarse.

Pedro de Répide, con su rostro estucado con albayalde y perfumado de tal manera que hasta los guardias urbanos perdían un poco el control de la situación. (Pintura de López Mezquita.)

habrían podido llevarse fácilmente a escena. De hecho, una tertulia teatral como El Mirlo Blanco, que representaba o leía obras de teatro en casa de los Baroja, con la asistencia del propio Valle, Corpus, Rivas Cherif o Vighi, una tertulia de esa naturaleza, decimos, sólo expresa el interés que por el teatro sentía todo escritor del día. Sin embargo, cuando Unamuno, Azorín, incluso Valle, intentaron la aventura del teatro, fracasaron.

Para nosotros, en una sociedad donde el teatro es en el mejor de los casos, y exceptuando el de minorías tenaces de vanguardia, una cosa de perfiles poco dibujados que subvenciona el Ministerio de Cultura o al que van matrimonios de entre cincuenta y sesenta años a lucir el medio pelo de sus gabanes o los cardados de las permanentes, nos ha de resultar por fuerza difícil hacernos una idea cabal del mundo teatral del momento. Si en literatura ha podido pervivir un porcentaje elevado de las obras que se editaron en los albores del siglo, las obras teatrales importantes de los escritores eminentes que han conseguido llegar a nuestros días son tan pocas que no merece la pena ni el recuento. Y de la mayor parte tiene uno noticia por los libros, no porque las hayamos visto representadas. Es verdad que Arniches, Benavente, Álvarez Quintero o Muñoz Seca se asoman esporádicamente a las carteleras, pero ni tales apariciones pasan de ser testimoniales ni el reavivamiento ha llevado a una revisión completa del teatro español de ese primer tercio de siglo.

Está, claro, el caso de excepción de Valle-Inclán, el único que en su tiempo, paradójicamente, no vio representado sino un muy corto número de obras, y éstas con éxito escaso, y que es hoy prácticamente el único de los autores del novecientos que de una forma continuada y con el favor de las gentes del teatro y del público teatral tiene obras en cartel, caso sólo igualado, y aun superado pocos años después, por Lorca. Algo tienen en común, desde luego, ambos autores, no sólo los temas, que a menudo sitúan en ambientes rurales, sino la mera escritura, tan cuidada en ambos casos que hace que en no pocas ocasiones estemos realmente frente a obras de teatro de naturaleza poética. Puede decirse también que Lorca, que muere ocho meses después que Valle, conoció la popularidad y el éxito teatral que éste ni siquiera vio de lejos.

Nada de todas estas características son comunes a quienes vivieron y escribieron para el teatro desde 1890 en adelante. Las preocupaciones del teatro eran diferentes. El teatro era un modo de comunicación directo y los autores utilizaban esa vía a veces de modo esquemático.

Dejemos atrás el teatro de Echegaray, nuestro Premio Nobel, que se representó con éxito hasta bien entrado el siglo. O éxitos inexplicables hoy, como *Juan José*, la obra de teatro social de Dicenta, que leída causa una verdadera desolación. Vengamos directamente a Benavente.

La ubicación de Benavente, desde luego, no tiene duda ninguna. Empezó al tiempo que Valle-Inclán, desarrolló buena parte de su carrera junto a él y fue tenido desde el primer momento como uno de los hombres de la generación por Azorín.

Debemos considerarlo además dentro de la importancia que el teatro tenía en España, mucha más sin lugar a dudas que la novela o que la poesía. En eso España no había conocido la modernidad de Francia o Inglaterra, donde la novela había definitivamente desbancado al teatro, o cuando menos se trataba con él de igual a igual.

El retrato que hizo Gómez de la Serna de Benavente no tiene desperdicio. Para empezar lo llamó «flordelisado pirrimplinplin». Asegura que Benavente era un joven atildado, en contraste con el desaliño de los demás, Baroja, Azorín o Valle (quien, por cierto, terminaría vistiendo con un sobrio dandismo). También aborda de manera alusiva la cuestión espinosa: «Es amigo fiel, correcto, de buenas maneras, pero mira hacia el otro andén.» Gómez de la Serna quería decir con eso que Benavente era de la acera de enfrente, supongo; lo mismo que con lo de correcto y de buenas maneras debe de estar aludiendo a que Benavente fue dueño de una de las lenguas más ingeniosas y viperinas de su tiempo.

¿Cómo era el teatro de Benavente? Para nosotros es difícil hacernos una idea de ese teatro, del suyo y, en general, del de toda esa época, empezando por Galdós y Dicenta y acabando por Valle, porque cuando uno lo ve representado parece asistir a la exhumación de un cadáver, y cuando lo lee, eso está muerto. Ramón decía que su teatro era «especial», «como un plato de cocina español y más que español madrileño, quizá callos con langostinos».

Sabemos, porque lo leemos en sus comedias, que se ocupa siempre en ellas de asuntos microscópicos, preocupaciones de nimia burguesía, y todos los tics de las buenas familias dispuestas a convertir en grandes dramas lo que no es sino nata montada, con mucha, muchísima sacarina, para guardar la línea.

«Benavente tenía el ingenio de ser implacable con su público y de recetarle lo que sabía que iba bien a su histerismo y a su blandenguería [...] Podría haber puesto sobre su taller "proveedor de Su Majestad", la distinción de categoría mayor de la época.»

Era, es verdad, ingenioso, pero «¿hay nada, malabaristas de los sesos huecos, que canse, que rebaje, que pase más que el injenio?», se preguntaba JRJ sobre Benavente, a quien calificó de cursi sin paliativos. Hubo siempre con él una como confusión, algo que los tuvo engañados a todos. ¿Qué? El propio JRJ aún le dedicó su libro *Laberinto* en una fecha relativamente tardía como 1913, como «príncipe de este renacimiento». Y alguien como Antonio Machado declaraba en 1904: «Benavente es, a mi juicio, la más perfecta y madura expresión de una juventud que ha desanudado valientemente los dos lazos que ahogaban el arte: la tradición y la autoridad de los dómines [...] Se diría que el poeta, buen conocedor de la sociedad en que vive, está casi seguro de que la vida social no es esa fiera lucha de que nos hablan, sino un innoble juego de trapisondas.»

A veces, hoy, alguien vuelve a echar sobre el tapete tres o cuatro títulos suyos, *La casa de las fieras, La malquerida, Los intereses creados, La noche del sábado*, pero todas esas comedias no son ya sino expresión de lo cursi, porque nacieron de unas preocupaciones que, pareciendo modernas, «lo moderno», en su tiempo, lo cierto es que nacían ya tan acartonadas como *La campana de Huesca* o cualquier otro dramón del XIX, si bien con mejores maneras.

En cuanto Benavente logró formar parte de la misma sociedad que criticaba en sus obras, todo marchó sobre ruedas, para él, para la sociedad, para el rancio teatro español. Sus éxitos fueron siempre discretos (jamás conoció nada parecido al estreno de *Electra* ni nadie se partió el pecho por una función de teatro suya, aunque la regularidad de los ingresos le hizo un hombre aceptablemente rico), pero Benavente, con su figurita de gárgola de Notre-Dame, amenizaba todas las redacciones de los periódicos que se ocupaban cada tres o cuatro días de publicar a cuatro columnas la última ingeniosidad del literato, su último estreno, su última indisposición gástrica, su última maliciosa réplica a una dama de alto copete. Esa clase de frases, «Maxim's es el punto de reunión de todas las niñas bien de las casas mal y de todos los niños mal de las casas bien», y sus famosas y reeditadas millonariamente *Cartas de mujeres* son como desintegrarse de asombro. En fin. Le dieron el Nobel y vivió un personaje por encima del mal y del bien para las casas bien y para las casas mal, que decía que no le gustaba su teatro y que se avergonzaba de haber escrito la mayor parte de sus comedias con esa vanidad sutil del que dice no ser vanidoso y hace todo lo posible para no parecerlo, declinando honores. Así fue ya para la cultura una de esas catedrales inevitables, amenazada no obstante por la ruina completa, pero viviendo una plácida decadencia en la que ni siquiera los ataques furibundos de alguien como Pérez de Ayala lograron desdibujarle la sonrisa de sátiro que anda por las alamedas levantando las faldas a las modistillas para nada, porque él de eso no gastaba.

Desde el principio fue Benavente el autor teatral del grupo, quien más claramente representaba esa parcela de la literatura. Azorín el diletante, Baroja el novelista, Unamuno el ensayista, Maeztu el periodista, los Machado los poetas y Benavente el autor de teatro. Valle-Inclán era el artista, o sea, todo, el único al que le estuvo permitido desde el primer momento la novela, el teatro, la poesía, incluso el ensayo de naturaleza artística, porque a nadie hacía sombra con su obra. La sombra en Valle nacía de él, no de sus libros. Aunque Valle-Inclán y Antonio Machado hubiesen probado fortuna como actores, fue Benavente al que se le concedió la patente teatral.

Lo que ha ocurrido con Benavente no se puede explicar ni ahora ni entonces. No entiende uno cómo un hombre como él, con ideas de repertorio, pudo elevarse por encima de todos sus contemporáneos en la consideración de todo el mundo. Seguramente porque los demás estaban peor. Llegó incluso durante la guerra civil a guardar tan bien su ropa, que primero despejó toda duda de su espíritu revolucionario, cuando estuvo con los revolucionarios, y después se hizo perdonar por los fascistas cualquier ambigüedad política demostrada durante la guerra con unas frases que, más que irritar a unos o a otros, lo que producen es risa, por verle a don Jacinto la cara de cemento armado que podía poner para salir de las situaciones.

Torrente Ballester nos habla de un Benavente enteramente integrado en la estética de los noventayochistas, con un afán de singularidad parecido. Dice que fue, más que nuestro Wilde, nuestro Bernard Shaw, «todo lo Bernard Shaw que la sociedad española tolera», y concluye Torrente de una manera bastante incuestionable, al igual que Ramón: «Benavente es un burgués adinerado y bien educado que aprovecha las flaquezas de la aristocracia

Insúa escribió sus **Memorias** en tres tomos. Se dice de ellas que no están mal porque son tres tomos y porque tampoco hay gran cosa sobre la época, pero desgraciadamente tienen poco interés.

«Lo que más me atrae o inquieta de la vida son el pecado y la noche. Es como el leitmotiv de todos mis libros» (Antonio Hoyos y Vinent).

Antonio Hoyos y Vinent fue un escritor menos raro de lo que se piensa, aunque su vida es digna de una novela. Las obras que escribió, en cambio, eran sencillamente deleznables.

La prosa de Hoyos fue siempre un amasijo imposible de cursilería y casticismo, empedrado de diminutivos empalagosos y esnobismo francés.

para zaherirla. La aristocracia le paga con admiración y respeto.»

Habría que añadir que Benavente habla de la aristocracia, a la que zahiere, para la burguesía, que agradece siempre que se tenga con ella esas finezas. Y habla también mal de la burguesía para la burguesía, sólo que se las arregla siempre para hacer creer a los espectadores, todos burgueses, que de quienes habla es de todos los demás, menos de ellos, otra fineza. La burguesía que llenó los teatros y esperaba sus obras como acontecimientos le pagó siempre tales atenciones con el aplauso indesmayable. «Tuvo el talento suficiente para comprender que el rencor social es la mejor plataforma del éxito literario, pero también el buen gusto de elegir no el torpe y melodramático rencor de las clases bajas, sino el más refinado, elegante y sutil de la burguesía: la buena moral burguesa es el punto de apoyo de sus sátiras, incluso cuando la propia burguesía es el blanco de las mismas», dirá Torrente, que también en esto siguió el juicio de Ramón.

Benavente había nacido en Madrid en 1866. Tenía la misma edad que Valle, de quien fue amigo. Era hijo de un médico célebre y rico que le envió a estudiar a colegios caros de aquí y del extranjero, o lo hizo él solo, al orfanar y recibir la herencia fabulosa de su padre, por Inglaterra, que llegó a conocer bien, por Francia, incluso por Rusia, donde fue empresario de circo, se dijo. De tales viajes, Benavente obtuvo un conocimiento directo del teatro que se hacía en Europa, lo que le permitió siempre distinguirse de sus compañeros, todos bastante castizos y localistas. Al igual que el hecho de ser rico por casa le permitió diferenciarse en el comer y el vestir de todos los demás, como bien señalaba Gómez de la Serna. Benavente era el elegante por antonomasia. Nos lo recuerda JRJ: «Cuando yo era colejial admiraba un tipo de "elegante" que entonces estaba en boga y moda por el mundo: hombreras subidas, cuello de pajaritas con mucha nuez en medio, bigote para arriba, bombín. Bastante después, ocho o diez años, yo vi las primeras fotografías de Jacinto Benavente, y todavía Benavente era un tipo así. Luego fui odiando aquel "tipo de elegante" y las fotografías de Benavente y a Benavente y la literatura de Benavente.»

Escribió Benavente durante la guerra civil, en Valencia, unos recuerdos de mocedad. Son una cosa intrascendente, sin interés alguno ni para él ni por lo que dice de la época. Los tituló de manera muy original *Recuerdos y olvidos*, y van hasta el año 86.

Juan Ramón lo vio siempre como la imagen del cursi, y veía en su arte una «figura más de cartón y guardarropía con voz sólo en la garganta». Se dijo en su día que Benavente era un hombre ingenioso. Se le celebraban las frases célebres que le soltaba a la señora que tenía al lado, o al periodista que corría enloquecido a la redacción aterrado de pensar que pudiera olvidársele en el camino y perderla para la humanidad. El ingenio data siempre mucho y caduca irremediablemente. Lo que tenía de cursi lo tenía también de amanerado y retórico. El tono de sus artículos era, más o menos, como sigue: «El niño es el padre del hombre, ha dicho Wordsworth, y, naturalmente, la niña madre de la mujer.» Una frase como ésa sólo la puede escribir un hortera, pero el éxito que tuvo con esa frase y otras miles parecidas fue en su tiempo formidable y sin parangón.

«Benavente —nos dirá Ramón— estaba atento como un doctorcín a las enfermedades de moda de su tiempo.» ¿Para qué? «Benavente quiere vivir mejor que sus amigos, trabajar menos, estar despreocupado, y le acoge en vista de eso esa misma aristocracia a la que él zahiere, como ella misma se zahiere a sí misma.»

Ramón veía al «flordelisado pirrimplinplin» cruzando siempre por todas partes dando saltitos.

¿Qué sucedería luego? A Benavente le cuadraría bien el título de Shakespeare: el indómito león terminaría de fierecilla domada.

Escribió un gran número de comedias y cientos de artículos que encantaban, sobre todo, a las señoras. El público y los lectores de Benavente eran, mayormente, más que las mujeres, las señoras.

Aún hoy, cuando se habla de él, se le llama el renovador del teatro español. Incluso los Machado, cuando le dedicaron *Desdichas de la fortuna o Julianillo Valcárcel*, en dedicatoria historiada llena de «admiración sin límites», le llaman «el creador de todo un teatro». Pero ¿hay tal? Si hablamos de Echegaray, podría ser. Pero hoy habría que dejar la cuestión, porque quien piense que Benavente superó en teatro lo conseguido por Galdós está soñando. Para bien o para mal, el único que renovó algo de nuestras tablas fue Valle-Inclán, y eso es un hecho incuestionable, aunque eso de renovar no significa absolutamente nada, porque ahí está todo el teatro del absurdo tan renovador y sin embargo ridículo y pedantesco. Todos los demás, incluidos los que escribieron un teatro poético como Villaespesa, Martínez Sierra o Marquina, apenas retocaron los cimientos del teatro español. Las obras de Benavente, incluso las mejores, pensemos en *La noche del sábado*, de 1903, *Los intereses creados*, de 1907, *Señora ama*, de 1908, o *La malquerida*, de 1913, eran obras como las de Echegaray, con otras ideas. Mejor urdidas, mejor escritas, más elegantes, pero con un concepto de teatro parecido, de la misma manera que la poesía de Salvador Rueda no era en esencia demasiado diferente de la que escribía Manuel del Palacio. Pero el teatro era el mismo. La acción del teatro de Benavente transcurre por fuera de los personajes, que jamás actúan ni son personajes del drama, sino portavoces de una idea. Lo que en escena ocurre viene deducido más por lo que dicen los personajes que les sucede que por lo que en verdad sucede. Si en Shakespeare, que tanto admiró Benavente y que tradujo magníficamente, la acción a menudo descansa en lo inexplícito de la poesía, Benavente no supo jamás qué cosa fuese la poesía ni nada que se le pareciera. Ni siquiera tuvo la atracción de Galdós por las personas, que éste amaba de veras. Su vuelo es rasante siempre y es a la poesía lo que la pianola a la música. Sus obras parecen siempre venirnos en rollos, a los que una vez introducidos en la caja de resonancia ha de dárseles vueltas para que suenen. Un poco movidas o más lentas, las obras de Benavente van encaminadas siempre a un final fatal, que Benavente supo distraer siempre con frases ingeniosas, situaciones rocambolescas e inesperadas que hacían creer al público que desembocarían donde no podrían desembocar. A eso se le llamó la alta comedia, porque hacía que el espectador se sintiese inteligente. Así hay que entender la crítica feroz que Pérez de Ayala le hizo en *Las máscaras*, no sin razón, por oposición a alguien que, según Pérez de Ayala, expresaba la gracia natural del teatro, Arniches, relegado a papeles secundarios por la intelectualidad del tiempo, como alimento de masas, pero en cuyos dramas lo inesperado, más modesto, era más natural, como sucede en la misma vida.

Durante algunos años, ya que no memoria de sus obras, la sociedad literaria guardaba al menos memoria de sus frases ingeniosas. Hoy ni eso. Cuando leemos alguna en entrevistas de los periódicos viejos nos quedamos anonadados, pues entendemos menos aún a qué vino aquélla.

Así como Roso de Luna transmigró a un gallo de Madagascar, para contento de sus parientes, que siempre se mostraron orgullosos de la elección, Jacinto Benavente se reencarna cada veinte o treinta años en un escritor de su misma estirpe, que estrena obras de teatro para señoras, que detesta a las señoras, y con cuya cursilería podría abastecerse a todos los pasteleros de España. Al final de sus memorias nos dice Benavente: «En adelante, los recuerdos serán más penosos y ¡habrá que olvidar tanto!» ¿A qué recuerdan esos signos de admiración?

Escribió también Benavente cientos de artículos, que reunía en libros misceláneos, y sus entrevistas llenaron las redacciones durante medio siglo. Leer tales colecciones de máximas, cartas y artículos es una experiencia dolorosa, pues uno termina perdiendo toda esperanza en la evolución y mejora del género humano. Luego todo eso se volatilizó. De vez en cuando, en algún teatro de Madrid, reponen una de sus cuatro o cinco obras a las que acude durante dos o tres semanas un público que deja lleno de claros el patio de butacas. La sociedad de la que Benavente habló ya no existe, él, que sólo escribió para la sociedad.

Más vivo está todavía el teatro de Arniches. Algo permanece del alma popular, algo invariable que puede reconocerse en sus tipos castizos.

También Arniches contaba la misma edad que Valle y Benavente. No participó, sin embargo, en las batallas de sus compañeros y podemos afirmar que llevó una vida muy diferente en preocupaciones a la de todos ellos.

Se diría que se produjo al principio del siglo un reparto del público. Benavente o Linares Rivas se quedaron con la burguesía; Valle con la muy exigua intelectualidad, y Arniches y los hermanos Quintero con el pueblo. Los tres públicos eran incompatibles. El que gustaba de uno de estos autores no podía gustar de sus contrarios.

Es posible que las obras de Arniches no hayan conocido más fortuna que las de Benavente en cuanto a pervivencia entre nosotros, pero no es menos cierto que muchos de sus hallazgos del lenguaje han pasado al acervo popular y viven hoy entre nosotros en ese anonimato ideal que quería Antonio Machado para la verdadera poesía.

Hizo Arniches un teatro diverso, ameno, lleno de golpes de efecto para provocar la risa, que dieron origen al astracán, un esperpento de sal gorda. Escribió mucho género chico que musicaron los grandes zarzuelistas de la época, Chueca, Chapí y Serrano, pero fueron sus tragedias grotescas las que le dieron una gran fama entre el público, más que entre la crítica, a excepción de Pérez de Ayala, el crítico más exigente del momento que, quizá para contraponer su figura a la de Benavente, se excediera en los elogios. Si hubo

El retrato de Benavente que hizo Gómez de la Serna no tiene desperdicio. Para empezar lo llamó «flordelisado pirrimplinplín».

Para nosotros es difícil hacernos una idea del teatro de Benavente y, en general, del de toda esa época, porque cuando uno lo ve representado parece asistir a la exhumación de un cadáver, y cuando lo lee, eso está muerto.

El casticismo andaluz no tuvo más alto representante que el teatro de los hermanos Quintero. (En la foto, junto a Pérez Galdós.)

En las obras de los Quintero siempre encontraremos un diálogo vivo (eran maestros en los diálogos) y un castellano brillante, sin consecuencias. Obras para pasar el rato, dulces, como una brisa atravesando una atmósfera apelmazada y sofocante. Nada más.

quien recordara los defectos de Arniches, su esquematismo psicológico y un sentimentalismo abusivo moteado de chistes fáciles, fue el propio Pérez de Ayala, quien nos recordaría que muchas de esas piezas cortas eran ya del «género grande: el género de la verdad, la humanidad y el ingenio». Se ve que el afarolado es de todos modos un poco excesivo.

Andrés Amorós, que ha estudiado la obra de Arniches, habla de que, «salvando indudables diferencias de calidad [y sin salvarlas, diríamos nosotros], cabría relacionar la tragedia grotesca con el esperpento de Valle-Inclán, en cuanto caricaturas críticas». El parecido es obvio en obras como *La señorita de Trévelez* o *¡Que viene mi marido!*, que periódicamente conocen también reestrenos en algún teatro de la capital. Nos recuerda también Amorós que fue precisamente la primera de estas obras, que para Pérez de Ayala era «una de las más serias, humanas y cautivadoras del reciente teatro español», la que le sirvió de base a Juan Antonio Bardem para una de las grandes películas de posguerra, *Calle Mayor*.

Y si Arniches representó lo castizo popular circunscrito a Madrid, el casticismo andaluz no tuvo más alto representante que el teatro de los hermanos Quintero.

Ambos nacieron en Utrera, Sevilla. Uno, Serafín, el año 1871, y otro, Joaquín, dos años después.

Sus comedias, ligeras y bien construidas, llenaron los años de nuestra infancia en inolvidables sesiones de televisión en blanco y negro y entraban indefectiblemente en todos los repertorios escolares, cuando todavía se representaba teatro en los colegios. Más que una situación, o una intriga, o unos personajes, los Quintero eran un perfume y un aire. Todo eso era y es menor, pero, a diferencia de Benavente, no pretendían nada más: mamás que se abanicaban mientras sostenían diálogos de esta naturaleza con su hija y el pollo que la pretendía:

LA MAMÁ: Ea.

MARIQUILLA: Ojú qué caló.

DON JULIÁN: Digo. No se pué aguantá.

LA MAMÁ: Mariquilla, sosa, tráele a don Julián un vaso de agüita fresca.

No parece posible que ese teatro costumbrista conozca la resurrección, pero como el botijo o el abanico tendrá siempre un lugar en la arqueología sentimental de los recuerdos, y siempre que se superen los treinta y ocho grados a la sombra. Este teatro, por encima de Despeñaperros se entenderá mal o no se entenderá, porque no podrían resistir ninguna de estas obras una comparación con el teatro que en ese momento se venía haciendo en Europa, de Pirandello, de D'Annunzio o, años atrás, de Ibsen o Wilde.

Lo mismo que se dijo de Benavente y de Arniches puede decirse de alguna de las obras de los Quintero, que escribieron un ciento de ellas, de desigual fortuna. Desde las que eran un prodigio de frescura y perfección hasta las que no pasaban de ser un grosero asunto mal expuesto. Cada cierto tiempo vuelven a los escenarios sus sainetes y sus comedias; *Las de Caín*, de 1908, o *El patio*, de 1900, o *Las flores*, de 1901, son sin duda las mejores. En ellas siempre encontraremos un diálogo vivo (eran maestros en los diálogos) y un castellano brillante, sin consecuencias. Obras para pasar el rato, dulces, como una brisa atravesando una atmósfera apelmazada y sofocante. Nada más.

De Pedro Muñoz Seca, más joven que los anteriores (había nacido en el Puerto de Santa María en 1881), cabría decir un poco lo que de los anteriores en cuanto al éxito que obtuvieron sus obras, pero tampoco mucho más. Su teatro suele ser una exageración de sus dotes indudables de cómico, sostenido casi siempre sobre un solo personaje, *el fresco*, como ha estudiado Pérez de Ayala o uno de los críticos más agudos del teatro de entonces, Díez-Canedo: una especie de heredero del «senequismo vengativo». *El fresco* lo sacaría Pedro Muñoz Seca transformado en muchas de sus obras, hasta terminar en *La oca*, la obra que seguramente le costó la vida, donde apareció como agitador y reformador político. Fue, con todo, su gran creación *La venganza de don Mendo*, una obra que se sale de su repertorio y una de las más perfectas en su género en el teatro español, imposible de ver sin soltar la carcajada cada cinco minutos, tan grandes y oportunos son sus efectos cómicos. Si bien es cierto que es obra intraducible, en tanto se sustenta en los juegos de palabras constantes y una rima disparatada, es un verdadero y afortunado *tour de force* para ridiculizar los excesos de las obras de teatro histórico en verso, tan en boga en aquellos años. Quizá la fuerza de sus diálogos provenga de la apariencia de haber sido escritos «en serio», o al revés, con una comicidad de la que son ajenos los personajes, que se conducen con toda seriedad por la escena soltando los ripios más disparatados. Desde su estreno en 1918 es posible que sea, con el *Don Juan* de Zorrilla, la obra española de teatro que más veces se haya repuesto en escena, lo que dice de la enorme popularidad de la que aún goza.

Ése fue, pues, el teatro español durante esos años, el que iba de Benavente a Muñoz Seca, pasando por Arniches, los Quintero. El público, como hemos dicho, orilló discretamente el teatro de Valle o el de Unamuno o el de los Machado, por diferentes y muy lógicas razones, por lo mismo que la gente, entre *Hamlet* y el Pato Donald de Disney, ha preferido siempre éste.

Si bien el teatro de Benavente fue más ambicioso que el de Arniches o el de los Quintero, han querido los años que sea el de estos últimos y el de Arniches el que más haya pervivido en forma de tipologías populares. En tanto el de Benavente apenas son hoy cuadros de estampas inmóviles, la gracia de Arniches o el gracejo de los Quintero es posible encontrarlos vivos en cualquier taberna de la Cava baja o del Arenal de Sevilla. Todos ellos escribieron un teatro de costumbres; unos las costumbres de la burguesía y la aristocracia, y otros las del pueblo. Les valió para vivir, y bastante bien, durante unos años. Pero lo primero que cambian siempre son las costumbres.

Y aquí dejamos el teatro para terminar hablando de poesía. La transición es brusca, pero no se le ocurre a uno hacerlo de otra manera. De lo más popular a lo más minoritario.

Así como los escritores que eran jóvenes alrededor del novecientos se vieron impelidos a desmarcarse de lo anterior, y el que hacía novela tuvo que enfrentarse a Clarín o Galdós, y el poeta a Manuel del Palacio o Campoamor, y el ensayista a Castelar, y el autor teatral a Echegaray, los que les siguieron a ellos, los que vinieron tras de Baroja, Azorín o Unamuno, los Machado o Juan Ramón, se vieron situados en una posición análoga.

Tarde o temprano, las diferencias entre Unamuno y Ortega o Azaña se harían patentes. Incluso novelistas como Pérez de Ayala o Gómez de la Serna estaban cuestionando la manera de hacer novelas de don Pío (crítica que por supuesto encabezó el propio Ortega, con toda la simpatía que se quiera). Pero fue en la poesía donde la ruptura no vendría sino mucho tiempo después. La continuidad lírica la tenemos en España desde el novecientos hasta el año 25 o 27, según donde queramos poner ese nuevo mojón. La generación intermedia era una generación modernista. El modernismo español llegó hasta el día en que de la poesía española se apoderaron los aires vanguardistas del surrealismo. Corrieron entre medio vientecillos popularistas y romanceados, pero todos estaban teñidos de modernismo. Tampoco podemos contemplar el ultraísmo más que como un pasajero sarampión que ni siquiera dejó huellas en el paciente, aunque algunos de los enfermos de ultraísmo recobraran la salud años después en otros sanatorios, como les sucedió a Ruano, Lasso de la Vega, un interesante poeta que empezó de modernista, Larrea o Gerardo Diego.

Y así como en novela o en ensayo no surgió en España nadie que se aproximara ni de lejos a obras como las que escribían Unamuno o Baroja, podemos acercarnos a la obra de un puñado de poetas, epígonos del espíritu de Machado o de Juan Ramón, continuadores de su mundo poético y de su mismo impulso.

Pese a que las enseñanzas de Rubén Darío y la impronta que dejó en toda la poesía siguiera notándose en todos ellos, fueron Unamuno, Antonio y Manuel Machado y Juan Ramón Jiménez los poetas que van a estar en el punto de mira de todos aquellos poetas que, más jóvenes, continuaban el camino iniciado por ellos.

Hemos hablado ya de Díez-Canedo.

A menudo hemos oído llamarles «líricos menores» a él o a Mesa; otros, como Fortún o Izquierdo, ni siquiera habían entrado, o lo han hecho en fecha relativamente reciente, en las páginas de la literatura o en la consideración de los poetas contemporáneos. De algunos, como Mario Verdaguer, autor de un admirable libro de poemas que tituló jammesianamente *En el ángelus de la tarde*, o Andrés González Blanco, autor de unos no menos magníficos *Poemas de provincia*, ni siquiera se tenía noticia, pese a que de este último tengamos una buena y antigua monografía.

Es cierto que la rareza de los libros de poemas de todos ellos o la imposibilidad de encontrarlos ha contribuido en buena medida a reunir su obra en el apartado de lo menor. No tiene, si no, otra explicación que Torrente Ballester, en su citada historia, despache a Díez-Canedo en un par de líneas.

Amigo de Canedo y de Juan Ramón, que se encargaron personalmente de la edición de su libro póstumo *Reliquias*, Fernando Fortún fue el artista precoz y malogrado del modernismo español. Apenas veinticuatro años fueron suficientes para dejarnos una de las obras más singulares de ese tiempo. Había nacido en 1890 y moriría en 1914, y de los veinticuatro años diez los dedicó enteramente a la poesía.

De la vida y la obra de Fortún escribió por primera vez Juan Manuel Bonet, que lo situó en la época, con sus coordenadas estéticas, que pasaban por Baroja o Rivas Cherif, por Canedo o JRJ, por Villaespesa o Tomás Morales, que le

*Fernando Fortún fue el artista precoz
y malogrado del modernismo español. Apenas
veinticuatro años fueron suficientes
para dejarnos una de las obras más singulares
de ese tiempo.*

*En todos los poemas de Fortún había
la certificación de que moría un mundo viejo.
Había nacido el cinematógrafo y con él algunos
de los poetas más falsamente modernos que
conocería la poesía española.*

*La literatura está por encima de las generaciones. Todos los citados podrían haber nacido
en 1870 y haber muerto alrededor de 1945, porque a todos ellos les interesaron las mismas cosas
y cantarlas y decirlas con una voz parecida: una voz silenciosa, mate, apenas con otros brillos
que no fuesen los de la expresión. (En la foto, Azorín, con pañuelo blanco, y Baroja, con bufanda,
en una taberna de la Cuesta de San Vicente, en Madrid, a primeros de siglo.)*

dedicó una hermosa elegía encabezada por el recuerdo de Rodenbach.

En muy pocos años, Fortún pasó de una poesía romántica, hija «de los alborotos y las inocencias de los dieciséis años», a todos aquellos poemas que se incluyeron en *Reliquias*, inéditos hasta entonces en libro, y que son a la poesía lo que ciertos nocturnos a la música de John Field o Chopin. Juan Ramón le veía también como un pequeño Chopin. Fortún apenas es un puñado de poemas, unas cartas, unas prosas... Entre los poemas nos encontramos, sin embargo, con algunos de los más emblemáticos del modernismo español: visiones de un romanticismo imposible, mujeres que beben vinagre para empalidecer su lánguida faz, oscuras callejas de provincia por las que viene anunciándose la silla de posta, los abanicos del ochocientos, «los pretéritos días»... Sin duda fue uno de los poetas más puros y grandes de su época, pese a su juventud. Durante años, Fortún no existió y hemos logrado al fin ponerlo en la sala de espera. Son pocos poemas, insistimos, pero lo mejor de la época.

«En nuestro pequeño grupo espartano ordenado por una amistad apolínea, pura, pero sin aquella sequedad ascética con que aspiraba a la efímera e inútil (y vana) corona de perejil, tú, Fernando —dirá JRJ—, eras el más joven y quizá el más dulce.» Lo vio también Juan Ramón como alguien «casi niño, algo mundano y ligeramente indolente».

Tal vez fuese Fortún el primero que fue inventariando el temario postsimbolista español. Lejos quedan en él el modernismo de Rubén, teniéndolo tan presente, o sus homenajes a Bécquer y Campoamor.

Quiso que la vida de los tres poetas más dotados de este postsimbolismo se truncara muy pronto. Ellos, Tomás Morales, Quesada y el propio Fortún, estaban llamados a darnos aún obras más importantes; los tres demostraron una acendrada vocación literaria; los tres vivieron para la poesía sin hacer concesiones a los gustos fáciles de la época.

Curiosamente, el interés por su poesía ha conocido un

inusitado renacer en los últimos años. Son poesías de clima, de pintura, impresionistas en la forma y sentimentales en el fondo: «Ventanas de hospital o de convento / que igualan los oscuros interiores. / Vida de guarnición. Aburrimiento... / Redoblar soñoliento de tambores... / Una plaza de acacias empolvadas...» Todos y cada uno de los poemas de *Reliquias* son perfectos en sí mismos, en toda su poquedad y silencio, sus sonetos románticos, sus «Cromos», sus estampas pasadas de moda. Son poemas en los que resuenan los clarines de Laforgue, la melancolía de Juan Ramón, los poemas provincianos de González Blanco. Era una poesía detenida, enferma de tristeza, nacida para el fracaso, para la intimidad, para el silencio.

En todos ellos había la certificación de que moría un mundo viejo. Había nacido el cinematógrafo y con él algunos de los poetas más falsamente modernos que conocería la poesía española. Era la suya una batalla ya perdida de la que sólo conseguirían emerger, y a veces con no poco esfuerzo, poetas más grandes como los Machado, Unamuno o el propio Juan Ramón, quienes en algún momento de su vida estuvieron a punto de perecer en el naufragio de los tiempos modernos, a manos precisamente de los vanguardistas que asaltaron sus obras como palacios de invierno.

Si la propia incuestionable grandeza de Juan Ramón, Unamuno o Machado los puso a salvo de tales embates, la modernidad les pagó a todos los demás, los Fortún, los Morales o los Alonso Quesada, con el desplazamiento y la sombra.

No fue muy diferente del de Fortún el caso de Tomás Morales, acaso el más modernista de los tres.

Había nacido en Gran Canaria en 1885 y era médico, lo que le permitió, mientras estudiaba la carrera en Madrid, frecuentar los círculos modernistas de esta ciudad. Murió en Las Palmas en 1921, lo que quiere decir que murió con treinta y seis años. Su obra, que había empezado en 1908, la reunió en un solo libro al que dio el título *Las rosas de*

Hércules, cuyo primer volumen apareció bajo los cuidados del autor en 1919 y el segundo, ya póstumo, en 1921, con un prólogo de Díez-Canedo.

Morales fue sin duda el poeta del mar. Así es como viene enunciado en todas las historias de la literatura, y pese a ser un lugar común no hay otra forma de decirlo. Fue el mar su principal tema, como si hubiese aprendido de Goethe la máxima en la que definía a los maestros por la capacidad de centrar su interés en una sola cosa.

Fue la suya una poesía de celebración perpetua de su ciudad, de sus amigos, de los puertos de sus islas, de los barcos que veía entrar y salir de las radas canarias. Hay en ese carácter celebrativo mucho de ocasional, lo que a menudo lastra su poesía de sones de compromiso. Son poemas también resonantes, con una muy voluminosa voz, empastada y bien puesta. Más elocuentes que los de los otros, quizá porque su vinculación a Rubén es mayor aún. Canedo vio también en esa poesía atlántica ecos de la poesía latina de Catulo y Ovidio, de Ausonio y Claudiano, pomposas alegorías, opulentos decorados. La sonoridad del Atlántico pasó, como por encanto, a la sonoridad de sus versos, que suenan todos poco más o menos, con amplificada voluptuosidad, como aquel comienzo de su memorable «Canto a la ciudad comercial»: «En pleno Océano, sobre el arrecife de coral cambiante que el mito de Atlante nutriera de símbolos y de antigüedad; donde el sol erige su solio pagano y Céfiro cuenta, perenne, la hazaña de Alcides, se asienta la ciudad que hoy canto: ¡mi clara ciudad!» Es importante hacer referencia al aspecto tipográfico de estos libros, porque es parte de su propia estética. Al pintor Néstor, un artista barroco y carnavalesco, le encargó Morales la ornamentación de sus poesías. El resultado fueron esos dos libros, con sus orlas rojas, sus conchas y sus viñetas que recordaban por un lado las ediciones de Rubén o de Valle y por otro los misales romanos.

Y por último Alonso Quesada, último en orden, que no

en importancia, pues acaso sea él el que más alto llegó en su también corta carrera de poeta.

Alonso Quesada, seudónimo de Rafael Romero Quesada, había nacido en Las Palmas de Gran Canaria en 1886 y murió antes de cumplir los cuarenta. En cierto modo fue un Pessoa insular, como él asentador y oficinista en compañías inglesas. La experiencia de ese trabajo la llevó a sus versos, cuyos temas en realidad no serían muy diferentes de los de Morales, pero hay algo en ellos que los hace enteramente modernos, con una voz que en la literatura española nadie antes que él había ensayado.

El título de su primer libro, de 1915, pues otro humorístico anterior no cuenta, lo tomó de Antonio Machado, *El lino de los sueños,* y se lo prologó Unamuno, al que había conocido y con el que se había carteado desde 1910. El segundo y último, que terminó poco antes de su muerte, en 1925, lo tituló *Los caminos dispersos* y se publicó póstumo en 1944. En él figura como prólogo la necrológica que a su muerte escribió Gabriel Miró. Una obra, pues, no muy extensa que quedaría completada con otros poemas dispersos e inéditos, como aquel extraordinario «Poema truncado de Madrid» que fue publicado en la revista *España* y del que Ramón habló en su *Pombo.*

Ha sido Quesada, sin lugar a dudas, el gran poeta lírico canario de todo el siglo y uno de los seis o siete poetas españoles, o de los diez o doce, como habría dicho humorísticamente Juan Ramón.

Si Fortún dijo su verso con voz callada, Alonso Quesada es el poeta de la media voz. Todo en él está dicho a media voz. Oíd, si no, esa «A la hora del Ángelus» que tanto le gustaba a Unamuno:

EN SAN TELMO HA SONADO LA ORACIÓN

¡Mi alma no se renueva!
El cielo está cubierto y la memoria

todo lo olvida por estarse quieta.
¡La memoria en silencio!
¡Es el instante de las cosas ciertas!

Todo el amor, todo el dolor, ¡oh, amada!
detener un minuto en su carrera,
y oír cómo ese toque de oraciones
vibra perdido dentro el alma hueca...

Fue sobre todo el cantor de lo pequeño. «Alabanza de lo cotidiano», tituló uno de sus más hermosos poemas, aquel que empezaba «Esta tarde, esta calle no es mi calle».

Alonso Quesada llevó una vida gris, era tímido y dejaba para su poesía las luces más vivas de un corazón sombrío y funebrista.

Hubiera podido ser enteramente uno de los heterónimos de Pessoa, por vida y por obra, que cuidó con esmero, incluso con golpes sutiles de humor, el humor de los funebristas bondadosos.

Los poemas de su último libro, quién sabe si escritos en la alucinación de la muerte, son extrañamente modernos, sin que llegaran a sonar nunca con los pitidos del ultraísmo que quiso acunarlo. Hay zonas de desolación y yermo, y son poemas de un misticismo real, no decadente a lo Hoyos. Cuando Quesada nos habla de la muerte no es una posturita más del kamasutra, desde luego. Eran poemas llenos de angustias y zozobras, de una alma que sufriendo no sabe a quién acudir: «Mar doloroso de amor y de misterio, voz eficaz para los corazones del mañana seguro y eterno: encarcelado siempre dentro de yo mismo, voy sobre ti, para anularme, lejos...»

La literatura española, tan pródiga en gestos, ha desdeñado esta poesía sin llegar a olvidarla del todo, lo que quizá es doble desdén. Las próximas historias de la literatura habrán de buscar para estos poetas el lugar no ya que merecen sino el suyo propio, al que tienen derecho, junto a

Manuel Machado o Unamuno, un lugar en primer lugar para Quesada, desde luego, uno de los más eminentes, pero también para aquellos que siendo inferiores han proyectado una sombra que la suya, tan liviana y silenciosa, ha terminado por desaparecer mientras sigue diciendo: «¡Silencio!... Silencio, lazarillo piadoso de mi alma...»

El ejemplo de esa poesía tuvo sus continuadores en otros poetas más jóvenes que desaparecían de escena apenas asomaban, o eran admitidos a ella con escándalo, como cuando Gerardo Diego en la ampliación de su antología incluyó a poetas de esta estirpe postsimbolista: José del Río Sainz, el otro poeta del mar y los navíos, o Basterra, el poeta fundador de una escuela romana del Pirineo, o el propio Quesada...

Pero son poetas de una voz muy pura, los Francisco Izquierdo, autor de aquellas mínimas *Medallas* acuñadas también en el troquel del mar canario, y que sacó en La Habana, donde vivía, o Saulón Torón, también canario, o, siguiendo el hilo, Sánchez Mazas, poeta que nació a la poesía de la mano de Unamuno y el ritornelo de Darío (quién les diría a ambos, al indio y al vasco, que sus obras respectivas iban a encontrarse en nueva sangre poética), o el propio Agustín de Foxá, que cantó como nadie las tardes del Retiro y los placeres burgueses de una vida de señorito clorótico, o incluso el gallego Luis Pimentel.

La literatura está por encima de las generaciones. Todos los citados podrían haber nacido en 1870 y haber muerto alrededor de 1945, porque a todos ellos les interesaron las mismas cosas y cantarlas y decirlas con una voz parecida: una voz silenciosa, mate, apenas con otros brillos que no fuesen los de la expresión, imágenes profundas e indelebles, pero poco rutilantes. Ése fue todo su estilo, en poetas que naciendo de alguien como Rubén, que lo tuvo deslumbrante, trataban de borrarlo de sus propias obras.

¿Dónde han quedado las *Jaculatorias* de Juan Pujol que publicó en el año ocho? ¿Y aquellos poemas espléndidos del *Ángelus* de Mario Verdaguer?

Queda por hacer la historia de nuestra poesía y de nuestra literatura más allá de los trillados caminos de los manuales, reconstruir un mapa complejo y rico en parajes deleitosos y tranquilos.

En realidad, la mayor parte de estos poetas y escritores desarrollaron su obra en la segunda y tercera décadas del siglo, cuando ya los escritores del novecientos eran viejos o iban camino de la vejez. Pero fueron esos escritores viejos en quienes ellos pusieron los ojos al empezar a escribir sus propias obras. La modernidad los dejó a todos ellos momentáneamente marginados. Sólo ahora, cuando empezamos a evaluar convenientemente los frutos de la modernidad, cuando la propia vanguardia ha empezado a corromperse como una fruta tan vistosa como efímera, podemos darnos cabal cuenta de lo que los lectores y la propia poesía han estado perdiéndose durante más de medio siglo. Pero así ha sucedido siempre.

Los golpes del péndulo de la moda son como los cometas, pasan y tardan en volver un tiempo. Y también nosotros, cuando echamos la vista alrededor, apenas encontramos cosa que nos satisfaga, y viene a pasarnos lo que a aquellos escritores de 1900, que sólo encontraban paz para su desasosiego entre los abuelos, por lo mismo que ellos hoy, nietos del Cid, son ya abuelos de tantas obras.

Un corto epílogo

La generación del 98 o como quiera que se le vaya a llamar dentro de cien años fue una generación de escritores, por lo mismo que la del 14 fue una generación de intelectuales. Se dirá que ambas cosas no tienen por qué ser antagónicas ni incompatibles, que se puede ser intelectual y escritor al mismo tiempo, y es cierto. Pero en la del 98, cuyo proyecto más claro fue siempre el literario, florecieron los novelistas y los poetas sobre todo. No hubo entre todos aquellos hombres del 98 ni un solo pensador como Ortega ni un político como Azaña. El único que pudo ser ambas cosas fue Unamuno, y ni supo ni pudo ni quiso serlo. Demasiado poeta para tomarse en serio la filosofía de los filósofos y la política de los políticos.

Es posible que alguien quiera venir ahora a repartir los beneficios obtenidos por aquella generación de escritores entre todos los demás, entre políticos, industriales, curas y militares, y quiera presentarnos la historia como algo que incumbía a todos de la misma manera, pero basta la más superficial comparación de bulto entre los escritores y el resto de la sociedad española para comprender que el proyecto de unos tuvo poco que ver con el de todos los demás, y que todo lo grandes y generosos que fueron los primeros, fueron sordos los segundos, en general, cuando no desdeñosos u hostiles para con aquel sueño de hacer de España un país más limpio y más culto.

El principal error, yo diría que el único y por otro lado lógico, entre los del 98 fue pensar que la literatura, y aun la historia de España, empezaba con ellos, así como que había que trazar una profunda raya en el suelo para dejar atrás las sombras y quemar las naves. Suele ser privilegio de los hijos clavarles a los padres un cuchillo por la espalda, o incluso de frente. En la pira quisieron echar lo mejor del XIX, como es sabido, empezando por don Benito Pérez Galdós, sin comprender que en literatura el 98 empieza en él, lo mismo que las ideas regeneracionistas y liberales españolas, no sólo las republicanas, también empiezan en él. Pero un error parecido al que cometieron los jóvenes del 98 sería venir ahora contando la historia al revés: que el verdadero proyecto liberal y literario estaba realizado en España en los tiempos de la Restauración y que la irrupción de aquellos jóvenes iconoclastas y ambiciosos puso fin a algo que los viejos traían más largamente meditado y maduro en la política y en la literatura.

A menudo la historia que se ha escrito en España por los españoles ha sido una historia de exclusiones o de guerras civiles. Por primera vez podemos pensar que nada de lo sucedido en 1898 hubiera sido posible sin todo lo que ocurrió en 1868, y que de la misma manera que no entenderíamos a Juan Ramón Jiménez o a Machado sin Bécquer, no comprenderíamos a Baroja sin Galdós ni a José Martínez Ruiz sin Clarín, pues la verdadera progresión se lleva a cabo efectuando sumas, no restas, y si el 98 nos ayudara a comprender la España galdosiana, mucho habríamos recorrido del camino.

Cuando se hace el repaso de los escritores de esa época suelen salir únicamente a relucir media docena de nombres, para seguir con las restas. Basta dejar la mirada sobre la época para comprobar, no obstante, que hubo además una pléyade de muy sensibles e interesantes escritores, cuyas obras, poco a poco, parecen ir emergiendo de la ciénaga de los lugares comunes o del desconocimiento. Restituirles al puesto que sin duda tuvieron en su tiempo o merecieron tener es la suma que nosotros deberíamos realizar.

Es un hecho constatable que durante los últimos cuarenta años se produjo en España un distanciamiento de estos escritores del novecientos y una gran parte de los escritores e intelectuales españoles de la posguerra. A veces, sin haberlos leído, no era infrecuente oír que se condenaba a los del 98, con la excepción de Valle, por reaccionarios y españolistas o por un casticismo que les parecía reñido con el vago cosmopolitismo al que decían aspirar. Dicho de otra manera: que leerlos significaba encerrarse en una España incompatible con Europa o el mundo, como si al acercarse a Galdós o a Baroja estuvieran renunciando a Proust o a Faulkner. Vimos muchas veces cómo tales escrupulosos se habían desinteresado, con asombrosa irresponsabilidad, de un legado sólo comparable al de nuestro Siglo de Oro, para abandonarlo a la suerte de unos lectores incondicionales y constantes, que nunca les han faltado, y de unos filólogos y universitarios no siempre brillantes pero sí lo bastante generosos como para velar armas por tal patrimonio en espera de mejores tiempos.

Cabe pensar, los síntomas son abundantes y claros, que esos tiempos no están del todo lejos.

Tuvo razón Juan Ramón Jiménez cuando comparó estos años con un verdadero Renacimiento español. Alguna vez se le llamó a esta época la Edad de Plata, pero a medida que vamos alejándonos de ella podemos advertir sin lugar a duda que el discreto brillo que despide tal conjunto de hechos y de obras es de un metal aún más puro y noble, pues pocos siglos habrán visto reunidas tan diversas, acusadas y sugerentes personalidades con tan admirables manifestaciones del ingenio humano.

Madrid, 18 de junio de 1997.

Índice onomástico

Las cifras en cursiva remiten a las ilustraciones